城市轨道交通规划与管理研究

黄义强　陈　璐　张　溪　著

西北工业大学出版社
西　安

图书在版编目(CIP)数据

城市轨道交通规划与管理研究/ 黄义强,陈璐,张溪著. —西安:西北工业大学出版社, 2023.9

ISBN 978-7-5612-8913-6

Ⅰ. ①城… Ⅱ. ①黄… ②陈… ③张… Ⅲ. ①城市铁路—交通规划—研究②城市铁路—交通运输管理—研究 Ⅳ. ①U239.5

中国国家版本馆 CIP 数据核字(2023)第 177391 号

CHENGSHI GUIDAO JIAOTONG GUIHUA YU GUANLI YANJIU

城市轨道交通规划与管理研究

黄义强　陈璐　张溪　著

责任编辑:孙　倩　　**策划编辑**:张　晖
责任校对:高茸茸　　**装帧设计**:董晓伟
出版发行:西北工业大学出版社
通信地址:西安市友谊西路 127 号　邮编:710072
电　　话:(029)88491757,88493844
网　　址:www.nwpup.com
印 刷 者:西安真色彩设计印务有限公司
开　　本:787mm×1 092mm　1/16
印　　张:13.75
字　　数:343 千字
版　　次:2024 年 5 月第 1 版　2024 年 5 月第 1 次印刷
书　　号:ISBN 978-7-5612-8913-6
定　　价:56.00 元

前 言

随着我国经济的快速发展，城市轨道交通项目的建设形成了系统化和规模化的特点，整体结构设计建设程序、业务区城较复杂，需要采取相应措施确保整个项目按时、保质、保量完成。构建管理系统可以通过相应的技术手段和管理方法，解决项目建设中存在的具体问题，实现对轨道交通建设项目的综合管控，使项目发挥实际作用，加快城市化进程。

在城市发展的过程中，交通拥堵问题愈加突出，面轨道交通工程的建设可以有效减轻城市交通压力。城市轨道交通是一种大运量、快速、准时、舒适的客运交通系统，能有效解决大城市人口密度大、交通流量大、道路拥堵严重、交通事故多发等诸多问题。随着国内一些大城市的轨道交通网络化建设进程快速推进不同类型的轨道交通线路并行发展，新线路、新技术、新设备密集投人使用，大大改变了原有的运营组织、管理和维护保障模式，呈现出线网结构和规模日趋复杂、不同轨道交通线路制式和功能多元化、列车运行方式多样化. 客流需求时空分布多重性等特征。城市轨道交通是一个集土木建筑、轨道工程、车辆、供电，通信信号，运营管理等于一体的复杂综合系统。

城市轨道交通具有运能大速度快. 安全准时、节省能源、环境污染小等特点，是城市公共交通系统的骨干。轨道交通规划是一项复杂的工程，不仅需要城市轨道交通规划管理机构提供必要的技术支持，还需要相关部门提供长期的管理和控制工作。因此加大对城市轨道交通规划与运营管理的研究是十分必要的。

本书从城市轨道的基础理论人手，论述了城市轨道交通相关设施服务的规划设计，并对城市轨道交通的运营管理做了系统分析。本书内容全面，系统性强，可作为高等院校交通工程专业、交通运输专业、土木工程专业及其他相关专业的学习参考用书，也可供从事交通运输系统设计的工程技术人员参考阅读。

本书由武昌理工学院黄义强，重庆移通学院陈璐、张溪著。具体分工如下，黄义强负责第一章、第二章和第因章的内容撰写；陈璐负责第五章、第七章和第八章的内容撰写；张溪负责第三章和第六章的内容撰写。全书由黄义强统稿。

在编写本书的过程中，笔者参阅了大量参考资料与文献，在此向这些作者表示感谢。

由于水平有限，书中难免存在不足之处，还望广大读者不吝指正。

著 者

2023 年 10 月

目录

第一章　城市轨道交通概述

第一节　城市轨道交通的概念和特点

城市轨道交通是大城市，尤其是特大城市的重要基础设施，对于改善城市交通状况、优化环境、构建现代化立体交通系统起着非常重要的作用。我国正掀起发展和建设城市轨道交通的高潮，这必将促进城市的发展。

一、城市和城市轨道交通

（一）城市

城市是在人类社会发展过程中，由于人们在政治、经济、科学、文化、生活等方面的需要而形成的活动中心，是人类文明和社会进步的标志。城市代表了一个社会发展的高峰，集中了人类智慧与成就，同时也集中了社会与时代两方面的矛盾。

从地理形态上定义，城市是指地处交通方便、覆盖有一定面积的人群和建筑物的密集结合体。从功能与职能内涵上定义，城市是具有中心性能的区域焦点，是从事第二、第三产业人口的集中居住地。

随着经济发展和科技进步，劳动生产率的提高，农村人口逐渐向城市聚集，城市数量增加，规模不断扩大，人口急剧增长，出现了人类社会发展的大趋势——城市化。城市形态发展的最终趋势，是形成人口高度集中的超级大城市，或向多中心组团式城市、大都市圈，多个城市组合而成的城市群、城市带形态发展。

（二）城市轨道交通

1. 定义

城市轨道交通是以轨道交通运输方式为主要技术特征，在城市公共客运交通系统中具有中等以上运量的轮轨交通系统，主要为城市公共客运服务，是一种在城市公共客运交通中起骨干作用的现代化立体交通系统。城市轨道交通号称“城市交通的主动脉”。

城市轨道交通车辆在固定导轨上运行，有别于道路交通；服务于城市公共客运，也有别于城际铁路、市郊铁路及大都市圈范围内的铁路。

城市轨道交通定义为“采用专用轨道导向运行的城市公共客运交通系统，包括地铁系统、轻轨系统、单轨系统、有轨电车、磁浮系统、自动导向轨道系统、市域快速轨道系统”。目前中国城市轨道交通主要分为地下铁道（以下简称地铁）和轻轨交通（以下简称轻轨）两种形式。

市域铁路是大都市市域范围内的客运轨道交通系统，服务于城市与郊区、中心城市与卫星城、重点城镇间，服务范围一般在 50～100 km 之内，设计速度为 100～160 km/h，平均站间距不小于 3km。市域铁路属于城市轨道交通的范畴。

2. 地铁和轻轨

地铁，国际隧道协会将其定义为轴重相对较重、单方向输送能力在 3 万人次/h 以上的城市轨道交通系统。

轻轨的输送能力为 1.5 万～3.0 万人次/h。它的车辆轴重较轻，施加在轨道上的荷载相对于地铁的荷载来说比较轻，因而称之为轻轨。国际公共交通联合会(UITP)确定了现代有轨电车交通的统一名称，英文为 Light Rail Transit，简称"轻轨"，缩写为 LRT。而在我国，根据城市快速轨道交通工程项目建设相关标准，用轻轨来命名中等运量的城市轨道交通，这和欧洲所说的轻轨有所区别。

轻轨与地铁的不同之处在于轻轨运量较小，采用较小的车辆，线路曲率半径较小以及"最大坡度"较大。它们的线路大体上是相同的，供电设备、信号设备、通信设备、机电设备以及运营管理是完全相同的。

地铁在中心区全部或大部分位于地下隧道内，在市郊则采用地面和高架线路；轻轨除采用地面和高架线路，也可采用地下线路。

不能认为，位于地面和高架的线路是轻轨，而地铁必须位于地下隧道内。例如，上海轨道交通 3 号线全部采用高架线路，许多人称之为轻轨，这是不正确的。因为 3 号线完全是按地铁标准设计的。而 6 号线和 8 号线，大部分位于地下隧道内，却是按轻轨标准设计的。也不能认为，轻轨的轨道较轻。虽然轻轨的轴重较轻，但是为了保证列车运行的平稳，仍然采用与地铁一样的钢轨。

另有单轨交通，也可纳入轻轨的范畴。单轨交通又称独轨交通，分为跨座式和悬挂式两种，前者车辆跨在一根走行轨道上行走，其重心位于走行轨道上方；后者车辆悬挂于可在轨道梁上行走的走行装置下面，其重心位于轨道梁的下方。

3. 城市轨道交通的网络化

单一的城市轨道交通线路不能满足市民出行的需要，更不能缓解城市交通的拥堵状况。必须形成多条线路互换的、基本覆盖城市主要区域的城市轨道交通网络，才能有效解决城市交通的问题。城市轨道交通的网络化是大城市，尤其是特大城市发展的必然趋势。

城市轨道交通的网络由三条以上独立运行的线路构成，而且每条线路至少有一个以上与其他线路换乘的车站。城市轨道交通的网络化对于客流组织、客运服务以及应急处置都提出较高的要求。

我国北京、上海、广州、深圳、南京、武汉、重庆、成都、天津、香港、台北等已经实现了城市轨道交通的网络化运营。

二、城市轨道交通的设备组成

城市轨道交通设备基本上可分为线路、站场、车辆、供电、信号、通信及其他设备(包括自动售检票、门禁、火灾自动报警和自动灭火、车站机电设备、环境与设备监控、综合监控)。这些设备是城市轨道交通的"硬件"，是正常运营的物质基础和安全的技术保证。

城市轨道交通系统采用了以计算机处理技术为核心的各种自动化设备，从而代替人工的、机械的、继电的设备运行和安全保证系统。如ATC(列车自动控制)系统可以实现列车自动驾驶、自动跟踪、自动调度;PSCADA(电力监控)系统可以实现主变电所、牵引变电所、降压变电所设备系统的遥控、遥信、遥测;BAS(环境监控系统)和FAS(火灾报警系统)可以实现车站环境控制的自动化和消防、报警系统的自动化;AFC(自动售检票系统)可以实现自动售票、检票、清分等功能。这些系统全线各自形成网络,均在OCC(控制中心)设中心计算机,实行统一指挥、分级控制。

(一)线路和站场

每一条城市轨道交通线路都是由线路(区间隧道或地面线路或高架线路)、车站及附属建筑物组成。城市轨道交通线路是城市轨道交通车辆运行的基础,按其空间位置,有地下、地面和高架三种形式。上部建筑沿用传统铁路方式,由钢轨、轨枕、联结零件等组成。线路下部基础由路基、道床等组成,现多采用整体道床结构。跨座式单轨铁路的车体重心在轨道梁的上方,运行时车体跨坐在轨道梁上。

城市轨道交通线路按其在运营中的作用,分为正线、辅助线和车场线。辅助线包括折返线、渡线、联络线、停车线、出入段线、安全线等。车场线指牵出线、停车线及车辆段内的各种作业线和试车线。

道岔,可以把不同位置和方向的轨道相互连接起来。车站是城市轨道交通的重要组成部分,是集散客流的基本设施。车辆段用于列车停留、折返、临修及检修。包括停车库、检修库、运用管理部门等。

(二)车辆

车辆是城市轨道交通的重要组成部分,应具有先进性、可靠性和实用性,满足容量大、安全、快速、美观和节能的要求。城市轨道交通车辆有动车和拖车,带司机室车和不带司机室车等多种形式。动车又分为带有受电弓的动车和不带受电弓的动车。在运营时采用动拖结合、固定编组,形成电动车组。

车辆由车体、转向架、车钩缓冲装置、制动装置、受流装置、电气系统以及内部设备组成。

车体分为有司机室车体和无司机室车体两种。现均采用整体承载的钢结构或铝合金结构,为在最轻的自重下满足强度的要求。

转向架分为动力转向架和非动力转向架,分别安装在动车和拖车上。车钩缓冲装置用于连接车辆,并改善列车纵向平稳性,连接车辆之间的电气和空气的管路。

制动装置使运行中的车辆按需要减速或在规定的距离内停车。受流装置从接触导线或导电轨将电流引入车辆。车辆电气系统包括车辆上的各种电气设备及其控制电路。

车辆内部设备包括照明、通风、取暖、空调、座椅、拉手等服务于乘客的车体内的固定附属装置,以及蓄电池箱、主控制箱、电动空气压缩机组、总风缸、电源变压器、各种电气开关和接触器箱等服务于车辆运行的装置。

(三)供电

城市轨道交通供电系统是最重要的基础能源系统,为各种用电设备提供动力电源,确保轨道交通列车和照明、通风、空调、给排水、通信、信号、防灾报警、安全门、自动扶梯等系统的正常运行。供电系统包含城市供电局地区变电站与轨道交通主变电所之间的输电线路、轨道交通供电系统内部输配电网络、直流牵引供电网和车站低压配电网、电力监控系统、防雷设施和接地系统等。

变电所可分为主变电所、牵引变电所、降压变电所或牵引降压混合变电所。电源及供电系统采用集中供电方式,中压供电网络与牵引供电系统共用,电源由主变电所供给。车站及区间动力、照明负荷由车站降压变电所供给。

动力、照明供电范围为各车站和区间、车辆段、综合维修基地的所有动力、照明用电,以及城市轨道交通物业用电。

接触网是城市轨道交通的输电网。通过电动车组的受电弓和接触网的滑动接触,牵引电流由接触网进入电动车组,驱动牵引电动机使列车运行。牵引变电所向接触网供电。

电力监控(PSCADA)系统对城市交通供电系统变电所、牵引网设备进行实时监视和数据采集,使调度管理人员实时监视供电系统的运行情况,及时掌握和处理供电系统的各种事故、报警事件,准确实施调度指挥、事故抢修和事故处理,保证供电的可靠性、安全性。

(四)信号

城市轨道交通信号系统的主要作用是保证行车安全和提高线路通过能力,是城市轨道交通的主要技术装备。

联锁设备是重要的信号设备,用来在车站、车辆段实现联锁关系,建立进路、控制道岔的转换和信号机的开放,以及进路的锁闭和解锁,以保证行车安全。联锁设备分为正线联锁设备和车辆段联锁设备。联锁设备现均采用计算机联锁。

列车自动控制(ATC)系统是城市轨道交通信号系统的最重要的组成部分,它实现行车指挥和列车运行自动化,能最大限度地保证列车运行安全,提高运输效率,减轻运营人员的劳动强度,增强城市轨道交通的通过能力。ATC 系统的技术含量高。ATC 系统包括三个子系统:列车自动防护(ATP)、列车自动运行(ATO)、列车自动监控(ATS)。

按照闭塞实现的方式,城市轨道交通的闭塞可分为固定闭塞、准移动闭塞和移动闭塞。移动闭塞式 ATC 系统可以实现较大的通过能力,技术水平较高,具有广阔的发展前景。

ATP 按地面信息的传输方式分为点式和连续式两种结构。按地一车信息传输所用的媒体分类,连续式 ATC 系统可分为有线与无线两大类,前者又可分为利用轨间电缆与利用数字编码音频轨道电路两类。采用无线传输的 CBTC 是新型的列车自动控制系统。最新的动向是发展全自动无人驾驶。

(五)通信

城市轨道交通必须配备专用的、完整的、独立的通信系统,来构成城市轨道交通各部门之间的有机联系,以便于集中统一指挥,保证城市轨道交通列车安全、可靠、准点运行,实现行车调度和列车运行自动化。

城市轨道交通通信系统包括传输系统、公务电话系统、专用电话系统、无线通信系统、广播系统、时钟系统、视频监控系统(CCTV)、乘客信息系统(PIS)、电源及接地系统等。

(六)其他机电设备

供电、信号、通信设备属于机电设备,除此之外的其他机电设备包括:通风、空调、采暖设备，给排水及消防设备，火灾自动报警，自动售检票，环境与设备监控，自动扶梯和电梯，站台安全门，防淹门，门禁。这些系统还集成为综合监控系统。

城市轨道交通地下车站的内部空气环境采用通风或空调系统进行控制，分为通风系统和空调系统。通风空调系统按控制区域分为隧道通风系统和车站通风空调系统两大部分。隧道通风系统分为区间隧道通风系统和车站隧道通风系统。车站通风空调系统分为车站公共区通风空调系统（大系统）、车站设备和管理用房通风空调系统（小系统）和空调循环水系统。

城市轨道交通给排水系统包括给水系统、排水系统和水消防系统。给水系统由车站、区间生产和生活给水系统组成。排水系统由雨水系统、污水系统和废水系统组成。

火灾自动报警系统（FAS），对城市轨道交通全线进行火灾探测、报警和控制。FAS 有中央级和车站级两级监控。FAS 系统由控制中心系统、车站级火灾自动报警系统和现场设备组成。城市轨道交通的主变电所、变配电所、信号设备室及车站控制室等一些电子电气用房采用自动灭火系统进行保护。自动灭火系统由存储输送灭火介质的管网子系统和探测报警的控制子系统组成，平时由自动灭火系统的控制子系统来监视防护区的状态，火灾时能自动报警，并按预先设定的控制方式启动灭火装置，达到扑灭防护区火灾的目的。

环境与设备监控系统（BAS）是将城市轨道交通沿线车站、区间和相关建筑内的环控、低压、照明、给排水、安全门等设备，以集中监控和科学管理为目的而构成的综合自动化系统。其接受 FAS 和 ATS 等系统的灾害信息，控制相关设备转向灾害模式，从而实现城市轨道交通防灾自动化，对车站设备实现科学管理和合理维护。

自动售检票系统（AFC）用于自动售票、自动检票和自动统计、结算。它是集机械电子、计算机应用、计算机网络管理、通信传输、票务政策及票务管理等功能于一体的控制系统和信息管理系统。AFC 通常由中央计算机、车站计算机、票房售票机、自动售票机、进/出闸机、验票机和车票等部分组成。

自动扶梯、电梯设置在车站内和出入口。自动扶梯将地面上的乘客送入地下站台或高架站台，以及将地下站台或高架站台下车的乘客送到地面。电梯主要为行动不方便的乘客提供出入城市轨道交通的一条无障碍通道。

安全门系统是为了在城市轨道交通地下车站达到节能与保护乘客安全的目的而设置的。为了起到保护乘客的目的，在高架车站则常常设置半高安全门。安全门系统主要由门体、门机、电源与控制等部分组成。其中控制系统主要由安全门中央接口盘、安全门就地控制盘、门控单元以及通信介质和通信接口构成。安全门的控制模式有系统级控制、站台级控制和人工操作三种控制模式。

防淹门应用于地下线路穿越江河或湖泊等水域时，防止因意外使水流进入隧道和车站，是城市轨道交通的重要防灾设备。防淹门系统由闸门等机械部分和液位传感器、控制柜等监控部分组成，自动控制闸门的启闭。

门禁系统的功能主要是方便授权人员在受控情况下方便地进入设备管理区域。门禁系统由中央计算机、车站计算机、主控制器、电源箱、就地控制器、读卡器、电子锁、员工票以及通信网络组成。

三、城市轨道交通的特点

城市轨道交通的技术装备和运输组织工作远比地面交通复杂。但由于服务范围限于城市内部,服务对象比较单一,其运营管理比铁路简单得多。然而城市轨道交通的高密度、大运量需要现代化的设备和技术来保证。

(一)与城市道路交通相比的特点

1.城市轨道交通的优势

城市轨道交通具有城市道路交通无可比拟的优势:运能大,运行准时、速达、安全;能耗低,无污染,利于环境保护;用地省,能实现大运量的要求,具有良好的社会效益。

(1)容量大

地铁单向每小时运送能力可达 30 000～70 000 人次,轻轨交通在 10 000～30 000 人次之间,而公共汽车、电车为 8 000 人,在客流密集的城市建设轨道交通可极大地疏散公交客流。

(2)运行准时、速达

城市轨道交通是一种独立的有轨交通系统,有专用线路,与道路交通相隔离,不受地面道路情况的影响,不受其他交通工具、气候的干扰,一般不会出现交通阻塞而延误运行时间的问题,可保证乘客准时、迅速地到达目的地。

(3)安全

城市轨道交通或在地下或高架,即使在地面也与道路交通相隔离,与其他交通工具无相互干扰,且自身有可靠的安全保障措施,如果不遇到自然灾害或发生意外,运行安全有充分的保障。

(4)能耗低

由于城市轨道交通是大运量集约化的客运系统,且采用了多项高新技术,按每运送一位乘客的能源消耗评价,是其他任何一种城市交通方式所无法比拟的,节约了大量能源,对能源的适应性也相当强。在同样运输工作量的前提下,小轿车的能耗是轨道交通的 6～13 倍,公共汽车是轨道交通的 1.8 倍。

(5)无污染

城市轨道交通采用电力牵引,几乎没有污染,噪声小,有利于保护环境,符合生态化的要求,对于现代都市的可持续发展带来了极大的长远利益,堪称“绿色交通”。从环境污染量来看,如二氧化碳、氮氧化合物、硫氧化合物排放等,轨道交通要比轿车及公共汽车小得多,轿车的二氧化碳的排放量是轨道交通的 10～20 倍。

(6)用地省

城市轨道交通多建于地下或高架,即使在地面占地也有限,充分利用了城市空间,节省日益宝贵的土地资源。从土地占用量来看,在同样的运能下,道路公交是轨道交通用地的 8～10 倍,轿车用地就更大了。城市轨道交通路线越长,形成线网的规模越大,其优势就越明显。

2. 城市轨道交通的局限性

城市轨道交通确实具有优势，但也存在一定的局限性。

(1)建设投资巨大

城市轨道交通建设要求高、施工难度大、技术含量高，因此，城市轨道交通路线建设一次性的工程投资巨大，一个城市没有相当强的整体经济实力，是无法承受如此巨额的投资负担的。

(2)建设周期长

由于城市轨道交通建设难度大、周期长，一条线路往往需要几年才能建好，对于地面交通会造成一定的影响。

(3)建成后不易调整

城市轨道交通路线和车站一般均是永久性结构(比如地下隧道、高架结构等)，一旦建成后就难以迁移和变动，几乎没有调整的可能性，不像地面公共交通可以机动地调整路线和设置站点，以满足乘客流量和流向变化的需要。

(4)运营成本高

城市轨道交通系统能源消耗绝对量大，包括列车牵引、环境控制、车站机电设备及通信信号设备等日常运转的能耗等。防灾系统使用机会虽然不多，但其日常维护保养的成本也相当高，再加上车站服务工作、运营管理的大量人员、设备的费用等，使整个轨道交通系统运营成本居高不下。

(5)存在安全隐患

虽然城市轨道交通有比较完善的防灾系统，但一旦遇有自然灾害尤其是火灾，乘客疏散困难，容易造成人员伤亡。

(6)经济效益有限

城市轨道交通系统带有较强的公益性，较多地关注社会效益，无法按运营成本核收票价，极易导致运营亏损。

(二)与铁路相比的特点

城市轨道交通虽然和铁路同为轨道交通，但与铁路相比有一些不同之处。

1. 运营范围

城市轨道交通运行范围是城市市区及郊区，一般只有几十公里，运距短，不像铁路那样纵横数千里，而且连接城乡。城市轨道交通往往单条线路运行，列车不跨线运行，而铁路则全路成网，必须跨线运行。

2. 运行速度

城市轨道交通因在城市范围内运行，站间距离短(通常在 1～2 km)，且站站须停车，列车运行速度通常不超过 80 km/h。而普速铁路最高运行速度在 120 km/h 以上，高速铁路最高运行速度达 350 km/h。铁路快车停站少，直达列车则中途一站不停。

3. 服务对象

城市轨道交通的服务对象单一，只有市内客运服务，没有货运及行包服务，而且列车不分等级，不像铁路那样客、货混运，而且列车等级众多。

4. 线路与轨道

城市轨道交通大部分线路在地下或高架，较少在地面，均为双线。线路允许的设计坡度较大，列车质量较小，不受车辆牵引力的限制，因此没有限制坡度的概念。正线一般采用9号道岔，车辆段采用7号道岔，这些都与铁路不同。另外，城市轨道交通还有铁路没有的跨座式和悬挂式。铁路有单线、双线、多线，一般采用12号道岔，还有18号、42号、62号道岔。

5. 车站

城市轨道交通正线车站一般无配线，多数车站也没有道岔，站台长度较短，换乘多为立体方式，不像铁路车站有数量不等的道岔及股道，较复杂的咽喉区，换乘为平面方式。

6. 车辆段

城市轨道交通的车辆段不像铁路车辆段那样只有车辆检修的功能，而类似于铁路的区段站，要进行车辆检修、停放及大量列车编解、接发和调车作业。

7. 车辆

城市轨道交通采用电动车组，没有普通铁路那样的机车和车辆的概念，也没有铁路那样众多类型的车辆。

8. 列车编组

城市轨道交通列车编组通常为4～8辆，铁路动车组最少为8辆，其他客车可达20辆，货车则为几十辆，甚至上百辆。

9. 供电

城市轨道交通的供电包括牵引供电和动力照明供电。城市轨道交通均为电力牵引，也就没有非电气化铁路的说法。城市轨道交通的动力、照明供电尤为重要，一旦供电中断，将陷入整体瘫痪状态。城市轨道交通均为直流电力牵引，有接触网和接触轨两种形式，接触网供电电压1500V，接触轨供电电压750V(或1500V)。铁路则为工频交流电力牵引，供电电压25kV。

10. 信号

城市轨道交通密度高、间隔短，普遍采用自动监控列车速度和自动调整列车追踪间隔的控制方式，某些方面的技术含量高于一般铁路。

城市轨道交通没有铁路那样数量和类型众多的信号机。

城市轨道交通车辆段可采用50Hz轨道电路，过绝缘节采用一条线，称之为Z字线。而电气化铁路不能采用50Hz轨道电路，过绝缘节必须采用扼流变压器。

11. 运营管理

城市轨道交通运营条件十分单纯，除了进、出段和折返作业外，没有越行、交会，正线上一般没有调车作业，易于实现自动监控，运输组织和运营管理没有铁路那样复杂。

四、城市轨道交通的效益

城市轨道交通的效益主要分为经济效益和社会效益。

(一)经济效益

城市轨道交通是属于资本密集和技术密集的行业,其建设要求高、施工难度大、设备技术标准高,不仅建设成本高,而且运营成本也高,无法按运营成本核收票价。因此,除非个别城市轨道交通因乘客量巨大,产业开发经营较佳而略有盈余外,全世界的城市轨道交通绝大多数处于亏损状态,其盈利模式是世界性难题。

(二)社会效益

城市轨道交通虽然没有可观的经济效益,但是带来的社会效益却是难以估量的。

1. 扩展了城市空间

轨道交通多建于地下或高架,较少占用地面,节约了非常宝贵的城市土地资源,开辟了城市新空间。

2. 疏通了地面交通

轨道交通吸引部分以至大部分客流,大大减少了地面车辆,从而使地面道路畅通,消除或缓解了交通阻塞现象。

3. 净化了环境

轨道交通零排放、低噪声大大减少了对环境的污染,非常有利于环境保护,实现了生态化的要求,为都市的可持续发展创造了有利条件。

4. 便利了市民生活

轨道交通便利了市民出行,在相当的程度上满足市民各方面的交通需求。

城市轨道交通还带来了新产业发展,具有开发沿线土地,使城市布局合理,增添现代都市景观等附加效应。

第二节　城市轨道交通的类型

一、概述

轨道交通的分类迄今仍是一个颇具争议的问题。世界各国根据相对位置、运营范围、系统容量、路权等不同标准提出不同分类,同时传统的分类方式也不再适合轨道交通发展的现状。尽管如此,轨道交通往往会从不同的角度进行分类,且这一分类并不绝对,将同一轨道划入不同的轨道交通类型即在一定程度上反映了这种现象。就最普遍的分类方法而言,在我国,城市轨道交通可分为地铁、轻轨、单轨、现代有轨电车、自动导向系统、磁浮交通系统以及市域快速轨道交通系统等类型。其中,地铁作为大运量的轨道交通系统,在我国以及世界其他地区得到广泛的应用,我国已通车及在建的城市轨道交通系统绝大多数都属于地铁系统。而随着城市轨道交通发展的逐步深入,制式的选择也将更趋多样化,以满足广大人民群众日益增长的多样化出行需求,并促进城市及其周边区域的合理可持续发展。各种常见的轨道交通制式见表1—1。由于磁浮系统商业化运营尚未广泛普及,暂未能获取更多数据,故不予列出。

表 1—1 常见轨道交通制式

制式	地铁	轻轨	单轨	现代有轨电车	自动导向系统	市域快速轨道
支承导向	钢轮双轨	钢轮双轨	胶轮单轨	钢轮双轨或橡胶轮胎	胶轮单轨	钢轮双轨
运量等级	大运量	中运量	中运量	小运量	小运量	大运量
路权形式	专用	专用	专用	非专用	专用	专用
小时运能（人/h)	3～7	1.5～4	0.5～2	0.8～1.5	0.5～2	4～8
最高速度（m/h)	100	80	75/80	60	60	120
旅行速度（m/h)	35～45	35～40	30/45	15～25	25～30	50～60
最小行车间隔(min)	1.5	1.5	2.5	2	1	5
编组辆数(辆)	4～8	3～6	2～6	单节或铰接	1～6	4～10
车辆定员(人)	250～300	200～250	100～200	100～200	20～150	250～300
平均站距(km)	0.8～1.5	0.8～1.5	0.8～1.5	0.5～1	0.5～1.5	2～5
站台高度	高站台	高站台		低站台	高站台	高站台
最小曲线半径(m)	300	50	50	50	25	800
最大坡度(%)	35	60	100/60	60	60	12/15

二、地铁

地铁，英语称为 Metro(源自法语“Métro”，在英美等国实际不常用)、Underground(英国常用)、Subway(美国常用)，最初指修建在城市地下隧道中的铁路，但目前地铁早已突破原有的只在地下运行的限制，从早期单一地下隧道线路发展成地下隧道、地面与高架线路相结合的线路系统，在市区段采取地下线路，在郊区则出于对建设成本控制的考虑更多采用地面或高架线路。因此，有必要对原有的定义进行修正。国际隧道协会将地铁定义为轴重相对较重，单方向输送能力在每小时三万人次以上的城市轨道交通系统。按照我国的建设标准，地铁系统采用钢轮钢轨导向，标准轨距为 1 435 mm，主要在大城市地下空间修筑的隧道中运行，当条件允许时，也可穿出地面，在地上或高架桥上运行。一般来说，地铁线路全部封闭，在市中心区全部或大部分位于地下隧道内，因此可实现信号控制的自动化。地铁具有容量大、速度快、安全、准时、舒适、运输成本低、不占城市用地等方面的优点，但其一大劣势是建设成本较高。基于上述特点，地铁适用于出行距离较长、客运需求较大的城市中心区域。

地铁系统的基本车型为 A 型车、B 型车和直线电机 B 型车(Lb 型车)三种。A 型车车辆基本宽度为 3 000 mm；B 型车及直线电机 B 型车车辆基本宽度为 2 800 mm。每种车型有带驾驶室和不带驾驶室、动车和拖车的区别。在我国，地铁系统的列车编组通常由 4～8 辆组成，最常见的是 6 辆编组，列车长度为 70～190 m，最高车速不小于 80 km/h，主要标准及特征见表 1—2。

表1－2 地铁系统主要标准及特征

项目名称	标准与特征		
车型	A型车	B型车	Lb型车
轮轨特征	钢轮钢轨		
电机形式	旋转电机		直线电机
车轴数	四轴		四轴
轴重(t)	≤16	≤14	≤13
车辆基本宽度(m)	3.00	2.8	2.8
车辆定员(人)	310	230	230
列车最高速度(km/h)	80～120	80～100	90
起动加速度(m/s^2)	0.83～1.0		0.95～1.0
常用制动减速度(m/s^2)	1		≥1.0
紧急制动减速度(m/s^2)	1.2		≥1.0
电网电压(V)	DC1500V	DC1500/750V	
供电方式	接触网供电	接触网或第三轨供电	
正线最小曲线半径(m)	300	250	80
最大爬坡能力(‰)	35	35	60
客运能力(万人次/小时)	4.5～7.0	3.0～5.0	2.5～4.0
旅行速度(km/h)	≥35		

三、轻轨

所谓轻轨，最初指“轻型轨道交通系统”，国外将有轨电车也纳入“轻型轨道交通系统”的范畴。在我国，所谓“轻型轨道交通系统”的道床、轨道结构、运行车辆和运行管理系统与地铁相似，享有独立路权。与地铁相比，轻轨运量较小，因而编组车辆少、运营线路短、行驶速度慢、行车间隔略长，其运行管理模式有所不同。因此，其与地铁的最主要区别就是运量上的差别。根据我国规范，轴重较轻、每小时客运量为1万～3万人次的轨道交通系统称为轻轨，其走行形式可以是钢轮钢轨的双轨，也可以是单轨。

关于轻轨与地铁，历来有多种错误认识。有的认为在地下的轨道交通线路称为地铁，在地面以上的称为轻轨；有的认为轨重较重者为地铁，较轻者为轻轨；更有甚者将城际铁路与轻轨混为一谈。

四、单轨交通

单轨交通，是指车辆在一根轨道上运行的轨道交通系统，其线路通常为高架结构，路轨可以是钢梁、钢筋混凝土梁等形式，宽度一般为0.85 m。橡胶轮胎车辆在单根轨道梁上部或下部运行，在轨道梁上部运行的称跨座式单轨，在轨道梁下部运行的称悬挂式单轨。单轨交通的突出优点表现在以下几点。

(一)占用土地少

高架单轨轨道结构窄，又可架设在道路上方，不需要很大空间，每根支柱直径仅为1～1

.5 m，双线轨道梁的线路断面总宽度一般为 5～7 m，在高架轨道系统中是最窄的。

(二)运量较大

单轨列车一般由 4～6 辆组成，理论上列车运输能力每小时为 5 000～20 000 人次，其运量与轻轨系统接近。

(三)能适应复杂地形

爬坡能力强、转弯半径小，非常适合山高坡陡、弯多路窄的地形条件。由于使用橡胶轮胎，可以适应复杂地形，适宜在狭窄街道上空穿行，可减少拆迁。

(四)建设工期短，造价低

高架单轨结构简单，易于建造，因此工期较短，造价较低，一般为地铁的 1/3。

(五)能确保安全、正点

由于车辆与轨道的特殊结构，在轨道梁两侧均有起稳定作用的导向轮，没有脱轨的危险；采用高架轨道，与其他交通各行其道，互不干扰，特别是不受公路拥挤的影响，不会发生撞车事故，能保证安全、正点运行。

(六)噪声与振动均低，且无排气污染等公害

由于采用橡胶轮胎，取消了传统的钢轨和钢轮，所以振动和噪声大幅降低，此外，电力驱动也不存在污染环境的问题。

(七)对日照和城市景观影响小

高架单轨占用空间少，沿线不会投下很大的遮光阴影，并且对城市景观还能起到一定的点缀作用。

(八)乘坐舒适，可用于观光

由于橡胶车轮和空气弹簧转向架的采用，列车运行平稳，再加上空调等现代化设备的使用，乘客乘坐环境舒适，视野广阔，瞭望条件好，在城市中运行可兼有游览观光的作用。

单轨交通有以下几方面的缺点：第一是它的运量在实践中还没有达到过计算运量，所以，对单轨交通车辆的最大运量问题尚需进一步论证；第二，单轨交通折返设备因其需承载线路、列车做转动或平移，故建造与投资均有难点，这是单轨交通发展的一个限制因素；第三，单轨系统的转辙器构造复杂，且转辙时间比普通道岔长，这将加大单轨交通的行车间隔。

五、现代有轨电车

现代有轨电车与地铁相比，因其车辆容量小、最高运行速度较低(仅为 70 km/h)、存在平交道口以及站间距短(一般为 500～800 m)，故轻轨运量较低，一般为 1 万～3 万人/h。现代有轨电车的线路敷设往往因地制宜，既可修在市区街道上，又可修建在地下隧道或高架轨道上，但在大多数情况下有轨电车常敷设在地面上，与既有道路平行，并且存在平面交叉，通常采用缘石、栅栏或通过设置高差的形式将线路与其他交通分离。

相比老式有轨电车而言，现代有轨电车有以下几个优点。

(一)客运能力大

传统有轨电车车厢长度一般不足 20 m,按定额标准 4 人/m^2 计算,列车载客量一般不到 100 人。现代有轨电车的主流产品,车厢长度一般为 20～40 m,列车载客量达 150～300 人,单向设计客运能力为 0.5 万～0.8 万人次/h;如果将两列列车串联起来,单向客运能力可达 1 万～1.2 万人次/h。

(二)速度高

传统有轨电车最高设计速度一般为 30 km/h 左右,实际旅行速度为 10 km/h 左右。而现代有轨电车的设计速度可达 70～80 km/h,在城市中心地区的旅行速度一般为 20 km/h 左右,在郊区的旅行速度可达 30 km/h。如果在城际铁路上运行,旅行速度则可达到 70 km/h。

(三)弹性灵活

1. 车辆定制服务与模块化设计

现代有轨电车主流厂家都具有较强的设计能力,能够提供订单化服务,车头、车尾、车体尺寸及车体结构的定制灵活性较大,可以满足不同客户的需求。此外,由于现代有轨电车主流产品都采取了模块化设计,不仅车辆维修养护容易,而且能够较快增加列车车厢、延长列车长度,客运能力具有较大弹性空间,考虑到运能的运用效率及国外实际运营客流情况,现代有轨电车单向可满足 0.3 万～1.2 万人次/h 的客流需求。

2. 多种供电制式

现代有轨电车除了采用传统架空线供电外,在部分景观、空间限制区段,可以采用蓄电池供电(仅限局部困难路段)或地面第三轨供电(目前仅限于钢轮钢轨),供电电压在 500～900V 波动。超级电容储能式有轨电车也逐渐普及,这种有轨电车摒弃了传统的接触网,车辆利用储能装置实现无接触网运行,车站设有充电受流系统,当车辆进站时,通过车辆上的被动式受电器对储能系统进行快速充电。列车启动离站时,充电装置能够自动检测迅速停止充电。由于不再使用接触网,对城市景观及道路交通没有影响。走行轨不再作为回流通路,对沿线城建设施无电腐蚀;相对于常规接触网受流系统,仅杂散电流一项,每 km 可以节省 30 万元～50 元万整治费用。因其能实现无接触网运行,全线路无接触网,线路建设投入和维护成本低。

(四)舒适新颖

现代有轨电车多数采用流线型车身、大窗、对开门、低地板等新颖设计,旅客水平上下车非常便捷,在车厢内乘坐也较为舒适。由于采用了大量的隔音材料、消音器等设施,现代有轨电车行驶时噪音比道路上的机动车交通要低 5～10dB。根据国际电工委员会(International Electrotechnical Commission,IEC)标准测试,以 40 km/h 行驶时,有轨电车车厢内噪声为 70 dB、车厢外 7.5m 处噪声为 75～78dB。

(五)Translohr 导向轮与导向轨

根据运行系统的不同,现代有轨电车主要分为钢轮钢轨和胶轮＋导轨两种制式,钢轮钢轨式现代有轨电车在地面的两条U型钢轨既承担钢轮的重量，又对钢轮起导向限制作用。一般情况下钢轨顶面与城市道路路面平齐。胶轮+导轨式现代有轨电车轨道由类似道路的行车道和一条引导车辆运行的特殊导轨组成，车辆走行系统与汽车一样为橡胶轮胎，起承受车体重量的作用；导向轮在导轨的限制下引导车辆运行。Translohr有轨电车系统的道岔由1根直轨、1根曲轨、转辙机和连接装置等组装在道岔盒内，分右开式和左开式两种。

六、自动导向系统

自动导向系统（Automated Guideway Transit，AGT）是指新交通系统中利用导轨导向且自动控制运行的新型轨道交通系统。此类系统早期在美国被称为水平电梯、空中巴士等。法国与日本将其进一步发展，并用于城市内的运输系统。在法国，此类交通系统被称为VAL（Vehicule Automatique Leger），意为自动轻型交通。

AGT系统无论是轮轨运行还是"水平电梯"运行，其共同的特点是始终沿着一条固定的轨道自动运行，运行的速度视运距的远近有快有慢。整个系统无人值守，完全由电脑自动控制运行。AGT系统可依其服务容量与路径形式分成下列三种：

（一）穿梭/环路式快速运输系统（Shuttle/Loop Transit，SLT）

穿梭/环路式快速运输系统是AGT系统中最简单的一种，分穿梭式与环路式两种。穿梭式使用较大型车厢（容量约100人），通常具有站位，沿着固定路线行驶；从甲地驶到乙地，再从乙地驶回甲地，如此来回输送，其作用如同高楼中的自动电梯，故又称为水平电梯。除可作两点间直接输运外，中途亦可设站。环路式则沿环状路径绕圈行驶，中途设站停留。

（二）群体快速运输系统（Group Rapid Transit，GRT）

群体快速运输系统的主要服务对象为具有相同地点与目的地的群体乘客，通常使用载运量为12～70人之中型车厢，故可视为一种自动行驶的公共汽车。其与SLT不同之处在于，因容量较小，除可有较密的班次外，还可设置分岔路线，以便选择性地绕行主线、支线收集乘客，运行班次间隔可从3～60s，服务方式可分为定时排班或中途不停留的区间快速运输。

（三）个人快速运输系统（Personal Rapid Transit，PRT）

从技术层次及载运型态而言，个人快速运输系统才是真正的运"人"快速运输系统（True Personal Rapid Transit）。其主要特色为使用具有2～6人容量的小型车厢，在精密电脑自动化控制系统管制下，在复杂的路网中运行，并经由岔道转出/进入主干线运载乘客。

穿梭/环路式快速运输系统虽然在技术应用层面上较简单，但它既可提供机场或城市特定区内的环流交通功能，也可以在各种活动中心（如购物中心、运输中心、娱乐园区等）间作串联式的联络服务，因此，其运载容量不但高于群体快速运输系统与个人快速运输系统，而且可以"单节"或"连挂"成列车的方式，适应中运量系统范围内的客运需求，故在美国称为"运人系统"。

自动导向交通线路路权专用，采用计算机进行全自动控制，可以实现无人驾驶的高密度运营。车辆既可单车运营,又可编成列车运行。自动导向系统的线路通常都采用高架形式,也有因城市地形、地貌、已有建筑物等原因,部分走行于地面或地下隧道内,其支撑或维护结构,如高架桥、隧道等与常规的城市轨道交通采用的结构没有实质区别。

自动导向系统的轨道,一般采用两条平行的钢筋混凝土长条形板带,供车辆橡胶走行轮在下面行驶。导向轨则有两种布置形式,一种布置于轨道线路的两侧,车体侧向的水平轮沿导向轨铅垂面导向运行;另一种是导向轨设于两条轨道之间。有的采用在线路中心线处设工字形钢质导轨,两水平导向轮夹其腹板导向行驶,有的为两条行车轨道间的中央沟槽中,导向轮沿车轨道侧壁导向行驶。

自动导向系统改变行驶路线时采用的道岔,有水平移动式道岔和竖向沉浮式道岔两种,普遍采用的是水平移动式道岔。车辆走行轮和导向轮均采用橡胶车轮。车辆行驶通常采用直流 750V 电源,自动控制、无人驾驶,也有的在一名驾驶员监护下自动控制运行。

自动导向系统由于全自动化运作,车辆体型相对短小,质量轻和其构造具备的特点,使其具有许多一般中运量轨道交通难以相比的优点。计算机控制的自动导向系统,可以使行车间隔缩小至 1min,实现高密度、小编组、安全快速运行,克服了常规地面交通运行密度高但速度不快、地铁等轨道交通速度快而难以达到高密度运行的缺点,可使乘客快速准点安全地抵达目的地,并且可以缩短乘客候车时间,舒适乘行,从而进一步提高了客运服务质量。从功能角度分析,自动导向系统还有以下优点:

(1)自动化驾驶可以准确地按运行指令运作,反应快速,准确度很高,可以避免人工驾驶因长时间操作而引起的疲劳和思维迟钝,造成驾驶失准和失误;而且自动化控制有一系列安全保障措施,可以防超速、防追尾,安全性高。

(2)自动化运行可以使行车安排和调度具有很强的科学性和灵活性,能够恰当、经济地满足运营需求。特别是对于客流变化幅度很大的线路,如沿线有突发性客流的场所此系统可迅速补填车次或改变列车编组,以满足和适应及时运送旅客的需要。

(3)在行车指挥、车站管理、电力调度、防灾报警等方面广泛采用了计算机系统,不仅极大地提高了功效,而且由于列车无驾驶人员,车站及许多设备无人或只需要很少人员值守,大大节省了人力,这对于人力占成本比例很高的经济发达国家具有更重要的意义。

(4)基于应用高水平自动化技术,列车可以采用高密度、小编组运行。由于列车节数少,所需站台长度短,因此可以减少车站建设费用,对于地下车站还可减少通风、空调、照明等设备的数量及能源消耗。此外,自动导向系统不仅车辆体型小,而且车体材料采用轻质金属,因此重量也很轻,可采用较小的隧道断面和较窄的高架桥体。由于减轻了高架结构的负荷,因此可以较大幅度地降低土建工程造价,车体的重量轻还能节省牵引动力的能耗。

(5)列车采用电力牵引,不会产生废气污染;同时,又因采用橡胶车轮,对车内和周围环境产生的噪声和振动影响都非常小,噪声值一般不超过 75dB,在线路附近往往感觉不到列车通过,因此采用这种交通方式有利于环境保护。从景观看,由于车辆体型不大,地面工程结构体量相对也较小,如外观造型设计得当,易融入周围环境,产生较好的景观效果。

(6)车辆采用橡胶车轮,车轮与轨面的黏着性能好,与钢轮钢轨相比能产生较大的摩擦力,可缩短加减速度时间,增大爬坡能力,使车辆最大爬坡能力高达7%,无乘客的情况下可达10%。

(7)列车最小平面曲线半径仅为30 m,又具有较大的爬坡能力,因此可以适应较为复杂的地形。在城市内易于避开现有的建筑物,减少拆迁工程量,可降低建设成本和有利于保护有价值的历史文化建筑。

(8)自动导向系统行车密度调节范围大,并能以极高的密度运行,车体大小和列车编组又可以在一定范围内改变和调整,所以使用范围较大。除可作为城市中运量轨道交通外,还可用于运行距离短、行车密度高、客运量较大的接驳运输,如用于机场、博览会和游乐园等场合的内部交通等。

自动导向系统这种交通制式也存在一些缺点,由于采用橡胶车轮在表面粗糙的板式轨道上行驶,磨耗较大,不如一般轨道交通采用的钢轮钢轨那样经久耐用,车轮使用寿命相对较短,同时运行能耗也相应加大。此外,该系统采用充气橡胶车轮,还需要有预防爆裂和发生爆裂后的安全措施和装置。露天的线路,在雨雪天行车易打滑。自动导向系统采用的充气橡胶车轮,其载客能力相对较低,使这种交通制式扩大载运量也受到了一定限制。

七、市域快速轨道交通

区别于常见的地铁与干线铁路、城际铁路,市域快速轨道交通具有以下特征。

(一)存在通勤都市圈与一定的轨道交通规模

已经建设或正在规划建设始于轨道的城市往往存在着一个跨越行政区的通勤都市圈,且其具体范围不等,与中心城的连接强度也不相同,总的来看范围为50～100 km,但主要出行客流集中在30～50 km半径组团附近。通勤都市圈的客流主要由市域快轨承担,而且能够提供通勤公交化的轨道线网规模,都远高于各大城市快线已规划的地铁网规模。

(二)存在清晰的市域快轨层次

除地铁之外,都存在着一个服务于都市圈范围的快速轨道交通系统。且在人口规模大、相对比较密集型的城市,如东京、大阪,市域快轨是支撑整个都市圈发展的主体轨道交通系统,同时无论采取何种制式(既有国铁或新建类地铁线路)都应能提供早晚高峰通勤化的公交化服务。此外,在局部功能区,还存在着中低运量的轨道交通系统,作为地铁或者市域快轨骨干线路的补充。但我国各大城市目前轨道交通层次还比较单一,以地铁网络为主,尽管规划了市域快轨,但在以往实际的建设过程中,有逐步地铁化的趋势,这一错误趋势应引起重视。

(三)较大的服务范围

服务范围主要指能够吸引客流距离中心城区的物理距离,即人们能够接受某一特定交通方式之耗时所对应的范围。任何一种交通方式的适宜出行距离均由该方式的运营速度以及乘客能够接受的乘车时间决定。从城市周边到达市中心的出行时间宜控制在30～60min,市域快轨根据不同的运营模式,其平均旅行速度均超过了40 km/h,个别开行大站快车的线路更达到了 80 km/h 甚至更高。较高的运营速度使得市域快轨的服务范围比其他交通方式更大，能为乘客提供范围更广的服务。

(四)市域快轨速度较快

从国外既有的市域快轨线路来看，其最高速度在 100～160 km/h，旅行速度普遍超过 40 km/h。相对于所选取的国外城市，国内大城市通勤交通圈范围更大，且由于市域快轨基本为新建线路，线路条件更好。由于速度目标值大小对土建工程不会造成较大影响(地下段限速)，在具体线路规划设计时，建议尽可能地采用较大速度目标值。

(五)具有一体化的城市轨道交通网

市域快轨与地铁系统存在着贯通运营以及接驳多点换乘两种模式，但无论采用贯通或换乘的模式，市域快轨都具有深入核心区、主要功能区的发展趋势，并尽可能与中心城区的地铁网络相融合。国内各大城市中心城区具备敷设轨道交通条件的路线已经基本被地铁占用，市域快轨直穿中心城区的困难较大；但尽可能地深入中心城区，与地铁换乘，避免单点端头换乘，将是可行性较大的方案。同时，待中心城区地铁网络进一步加强运能后，今后市域快轨也存在与地铁贯通运营的可能性。

(六)往往采用国铁或类地铁的系统制式

这样的制式选择使市域快轨内部乃至市域快轨与地铁之间可以实现互联互通，即实现共轨运营或贯通运营。在东京、大阪，市域快轨线路往往会与东京地铁部分线路实行贯通运营模式，即市域快轨车辆直接驶入与之相连的地铁线路中。国内城市在建设市域快轨进行系统制式选择时，应站在整个市域网的高度去统筹考虑，统一制式，以利于以后的互联互通、资源共享。

(七)站间距较大

在站间距的分布上，亚洲城市与欧美城市有明显的不同，亚洲城市多在 2 km 左右，欧美城市为 3～5 km，这主要是因为亚洲城市人口密度大，主要新城与中心城市间都已形成带状连片发展，故站间距相对较密。但总体而言，市域快轨站间距普遍大于地铁站间距。

(八)运营方式灵活多样

运营方式是指采用交路的形式，主要有站站停、快慢车、长短交路等方式。地铁多为地下线，受地下空间限制和运营速度的影响，一般采用站站停的运营模式。而市域快轨多为地面线或高架线，空间限制条件少，运营速度高，故除站站停外，还可采用快慢车混跑、长短交路运营、贯通运营等多种运营模式，以更好发挥市域快轨的速度优势，满足乘客的不同需求。

第三节　城市轨道交通的发展

一、城市轨道交通发展的意义

轨道交通产业作为国家大力支持发展的战略性新兴产业，是实现建设“交通强国、智慧社会"伟大目标的重要支柱之一。发展城市轨道交通可切实缓解交通面临的压力，实现交通结构的整体改善和优化，带动城镇快速发展，为当地经济发展奠定良好的基础，同时也是落实好节能减排战略、构建友好型社会的重要途径。

二、城市轨道交通发展的战略优化

(一)因地制宜，调整发展重点和方向，促进多制式发展

过去城市轨道交通建设的关注点都集中在城市中心人口密集区，重点以地铁形式为主。当今城市轨道交通建设正从超大型城市、特大型城市逐步扩大到周边城镇、大中型城市，开始加大在三、四线城市的建设力度，而且不再是单一的地铁，实现了轻轨、有轨电车等多元化协调发展。对于北上广等特大、超大型城市来说，经济体量大。人口规模大且土地资源紧张，而且城市轨道交通发展基本成网，未来发展的重点是在骨干网及周边进行加密，应以大运量的地铁为主，可辅以其他制式。而对于大中型城市来说，重点是解决城轨的有无问题，应以城市财力和建设运营管理能力为条件，重点考虑城市实际发展需求以及一些建设的基本要求，如短期和长期客运量、线网规模、客运强度等，结合多个指标来进行评断，而不是单纯地依靠某个指标来判断，做出更合理的规划，为轨道交通发展奠定良好基础。

(二)轨道交通网络未来的发展必须从"客流追随型"转向"主动引导型"

未来重点为：在完成主要城市片区间客流运输的基础上，将服务范围拓展至中心城区和郊区、组团间的客流疏散问题上，同时加快推进轨道交通网络化建设以及实现对城市空间、功能布局等的主动引导，以强化轨道交通网络所能发挥的重要价值，这才是未来轨道交通网络作为城市交通主干网的历史任务所在。

(三)加强轨道交通同其他交通的衔接

除规划和建设阶段，运营过程也须受到重视，以不断提高一体化服务的质量。涉及的具体内容：①结合实际情况制定相关换乘、衔接配套设施的日常运营操作，维护乘客使用规范，以确保设施正常、有序、高效的使用，延长设施的使用寿命。②由牵头部门专门对相关换乘、衔接配套设施的运营时间、价格及信息服务等进行一体化管理，建立并完善综合运营体制。③积极采取先进的评估制度，一旦轨道交通进入正式运营阶段，就要定期对其进行相关的监控和评估，并根据评估反馈的结果对设施间衔接的规划、设计和实际运营计划进行合理调整和优化。

(四)不断丰富轨道交通具有的功能和价值

除交通功能外，还要增设商业功能等多重功效。要遵循同步规划、同步设计的原则，最大限度地挖掘轨道交通资源自身的价值。对于轨道交通的实际运营，客流是必须考虑的问题。只有拥有足够的客源，才能保证轨道交通价值发挥到最大，并引导其他交通方式以及城市共同发展。为此，企业在实际运营过程中必须花大量的时间和精力来为自己挖掘客源，特

别是对于附属商业资源的开发。尽可能保证附属资源效益可以实现良性循环，这样不仅为城市轨道交通运营奠定了基础，而且极大地带动了周边附属资源的利用。

(五)逐渐转变城市轨道交通的发展模式

从最初的“线跟人”被动模式转变为“人跟线”主动型引导模式，这为其健康、高效发展奠定了良好的基础。相关规划部门应积极鼓励轨道交通企业参与到实际的规划、设计工作中。事实上，如果可以做到如此，那么轨道交通资源将得到有效协调和充分利用，从而实现资产良性循环。

三、推动城市轨道交通发展的对策建议

在城市轨道交通建设中，应从战略的高度对轨道交通建设的规划予以分析。政府在轨道交通建设中的战略管理，要能够确保轨道交通建设重视社会的长远利益和发展潜力，追求社会发展的长远利益。只有依靠政府的战略管理和相关企业的积极参与，多方共同努力，才能实现城市轨道交通事业的健康有序发展。

要坚持“量力而行，有序发展”的方针。发展城市轨道交通，对于提高城市公共交通水平、调整城市交通结构以及优化城市布局结构非常有利。然而，在当前城市轨道交通快速发展的趋势下，有些城市既没有结合自身特点确定轨道交通在综合运输系统中的地位，也没有制定轨道交通合理发展的战略目标，个别地方甚至还存在脱离实际过分超前发展的现象，结果不仅导致某些线路投运后客流严重不足，并且还导致了当地政府和轨道交通相关企业的财务风险。因此，制定一个城市的轨道交通规划，必须参照该城市的自身条件，对经济发展水平、具体交通需求等方面的现状进行详尽分析后方可实施。

各个城市在进行轨道交通工程建设的过程中，一定要与城市的具体情况相结合，确保能够将既定的规划原则落实到具体的工程项目中去。以城的总体规划为依据，对城市轨道交通网络的定位和性质进行明确，如果城市总体规划发生了变化，就需要及时进行对应调整，将城市轨道交通对城市人口转移和城市土地利用的作用进行真正的发挥，对城市内部线路的建设顺序进行科学的确定，保持长远规划意识，确保城市轨道交通网的建设能够与城市的远景发展需求相适应。

在进行轨道交通模式选择的过程中，应该以城市不同区域的功能和等级作为主要依据，确保城市轨道交通建设能有与城市圈层功能建设进行有效结合，尤其是要能够对城市内部圈层和外部城市规划区之间的连接需要进行服务，在进行轨道交通制设立的过程中，要选用速度快、运力强的设备，以此来加大对远程客源的吸引力，将城市轨道交通作为进出城市的主要交通工具。在这个过程中，还要对城市区域交通走廊的客流总量进行科学的预测，应用组成设计的理念，对城市轨道交通网络结构形式进行确定。做好设计方案的反复论证工作，对方案的科学性和合理性予以保证。

总之，在城市不断发展，城市人口数量不断增多的过程中，想要推动城市现代化建设的

顺利进行，就需要做好城市轨道交通建设，不仅能够缓解城市的交通压力，还能为人们的出行和生活带来便利。因此，相关部门就需要对轨道交通的发展规划工作进行重点关注，建设出真正满足城市发展需要和人们生产生活需求的合格轨道交通工程。

第二章　城市轨道交通线网的规划与设计

第一节　城市轨道交通线网规划建设的理念

一、城市轨道交通建设主要理念

(一)规划选址

首先,针对功能需求方面而言,功能需求是城市轨道交通建设的核心与根本,其目的在于满足乘客的出行需求。在已有客运走廊的基础上,建设城市轨道交通,从而达到解决沿线交通需求的目的,改善周边交通状况,进而缓解交通压力。

其次,针对发展需求方面而言,即“TOD”(Transit Oriented Development)理念,换言之,即以交通为基础,达到引导土地利用和推动城市发展的目的。在此背景下,在建设城市轨道交通的过程中,有效拉动土地开发,实现沿线土地利用,进而较好地落实规划,促进城市的可持续发展。

最后,针对效益需求方面而言,在建设城市轨道交通的过程中,合理调整资源配置,使各种资源得到综合利用与开发,实现效益最大化,为城市可持续发展打下坚实的基础,如物业开发、配套设施建设等。

(二)资源共享

首先,针对超前需求方面而言,控制工程成本、实现资金投入合理化是城市轨道交通建设所追求的目标。以可能拓展的方面为基准,合理规划与设计,预留相应的接口和空间,为后续发展打下基础,达到资源共享的目的,为城市轨道交通网络化发展提供内在动力。

其次,针对集成需求方面而言,在城市轨道交通车站的基础上,系统集成各种空间、功能等,达到发挥其效能与作用的目的。如建设公交枢纽等。

最后,针对绿色环保需求方面而言,环保、节能是城市可持续发展的重要体现,与城市景观相映衬。在国家的号召下,相关部门逐渐重视该方面的需求,从而对城市轨道交通提出更高的要求。

(三)设计体现

首先,针对人体需求方面而言,必须将“以人为本”作为基本理念,以乘客需求为出发点,提高乘客的舒适度。

其次,针对规范化需求方面而言,以标准化、规模化为参考,合理开展设计、建设以及运营管理等方面的工作,达到建设环节规范化要求,体现工程建设的系统化、标准化,促进城市轨道交通建设的发展。

最后，针对科技需求方面而言，在城市轨道交通建设过程中，必须革新技术、工艺、材料，以科技提高城市轨道交通建设效率，展示“以人为本”理念，为乘客提供方便、快捷、环保的现代交通，顺应时代发展需求。

二、城市轨道交通规划建设中的环保理念

（一）城市轨道交通规划建设中的相关环保规定

轨道交通工程建设与运营应贯彻国家环境保护法律法规，执行国家与行业环境保护政策和技术规范，符合城市环境功能区划和相关环境保护标准的要求，从而达到地方或国家污染物排放标准。

轨道交通工程应优先选用低噪声车辆和设备，列车及设备运行噪声城市轨道交通线网规划与设计应符合现行《声环境质量标准》（GB 3096－2008）限值要求，列车运行振动应符合《城市区域环境振动标准》（GB 10070－1988）限值要求。轨道交通车站站台列车进、出站噪声应符合《城市轨道交通车站站台声学要求和测量方法》（GB/T 14227－2006）的规定。车辆段及停车场的厂界噪声应符合《工业企业厂界环境噪声排放标准》（GB 12348－2008）限值要求。

（二）城市轨道交通规划建设中各个阶段的环保理念

1. 规划期的环境保护理念

轨道交通工程规划应符合城市总体规划、城市土地利用规划、城市综合交通规划、城市轨道交通建设规划、城市环境保护规划以及历史文化保护规划，并合理规划线路走向、线位布局、敷设方式和线路埋深。

轨道交通工程应在可研阶段开展环评工作，轨道交通线网规划环评、建设网规划环评、项目环评以及各级环保部门的批复意见是轨道交通后续设计和验收的重要依据。轨道交通工程线路、车站、场段的选线选址应避开饮用水源保护区、生态功能保护区、自然保护区、风景名胜区、基本农田保护区以及文物保护建筑等需要特殊保护的地区，尽量避绕人口密集区、文教区、医院以及敬老院等敏感的社会热点区域。

对已建成的轨道交通线路两侧进行城市规划时，其噪声、振动、电磁环境保护范围内不宜规划建设居住、文教、医疗等环境敏感建筑。若必须规划上述敏感建筑时，应由建设单位按照国家规定间隔一定距离，并采取减轻、避免影响的措施。

2. 工程设计中的环境保护理念

轨道交通工程环境保护措施包括噪声与振动控制、电磁防护、污水处理、生态保护等工程治理措施，以减振降噪、污水处理措施为主。

轨道交通工程环境保护设施应按照近期设计年限实施，为远期预留。环境保护措施应与主体工程同时设计、同时施工、同时投入使用，并应符合环境保护设施竣工验收的要求。

（1）噪声治理

①噪声治理方案。常见的噪声治理方案有：选择低噪声车辆、风机、冷却塔等；定期修整车轮踏面、保持钢轨表面光滑；设置声屏障、隔声通风窗等措施；设置绿化林带；敏感点拆迁或功能置换；冷却塔采用隔声罩或者导向消声器等。

对于地下线路一般主要对风亭、冷却塔进行治理，风亭、冷却塔应距离敏感点 15 m 以上；对高架、地面线路、停车场、车辆段，一般从车辆选型、线路条件、轨道及扣件类型、运营管理、沿线规划、设置声屏障、隔声窗、绿化林带等方面考虑。因为高架线对两侧噪声影响比较大，所以其噪声治理显得尤为突出，最常用也是最有效的治理措施为设置声屏障。

②声屏障设计。对于既有声环境保护目标，应根据运营近期的噪声预测结果设计声屏障；对于规划的声环境保护目标，应根据其噪声预测结果预留声屏障的安装条件。

声屏障设计目标值、声屏障的设计范围、声屏障的两端延伸量、声屏障设计高度、声屏障的设计形式、声学构件的隔声性能设计和吸声性能设计需满足相关标准或规范要求。

(2)轨道减振措施

对地下段，较为有效的减振措施为轨道减振设计。轨道减振措施应根据运营初期列车运行振动的预测结果进行设计，并与轨道工程同步实施。

轨道减振措施的效果应达到设计目标值的要求，从而使振动环境保护目标达到本工程环境影响报告书确认的环境标准，包括城市区域环境振动限值标准、室内结构噪声标准以及文物建筑的振动限值的相关规定。

当线路下穿敏感建筑时，对于敏感建筑下方或隧道外轨中心线距两侧敏感建筑 10 m 以内的地段，宜采取特殊减振措施。隧道外轨中心线距两侧敏感建筑物 10～20 m 的地段，宜采取较高减振措施。

轨道减振结构设计应符合相关技术规范的要求和规定，综合考虑线路、桥梁与轨道的技术条件，兼顾减振性能和安全性、稳定性、耐候性城市轨道交通线网规划与设计等方面的要求。轨道交通常见的减振措施有钢弹簧浮置板道床、橡胶浮置板道床、橡胶隔振垫、弹性短轨枕道床、轨道减振器道床等类型，减振效果从 5～30dB 不等。

(3)大气

因为轨道交通采用电力动车组，所以没有机车废气排放，而车辆段或停车场机车废气排放量很少，轨道交通工程仅有地下车站风亭的排气异味会对周围居民生活环境产生一定的影响。因此，工程设计中结合噪声防治措施，将风亭设置在敏感点 15 m 以外区域，并将风亭排风口朝向道路一侧，进风口背朝道路一侧，同时采用经济实用、简单易行的绿化工程措施，在风亭四周或道路与风亭之间种植密集型绿化林带，屏蔽侵入的汽车尾气，改善风亭的进风质量，减少汽车尾气对地下车站内环境空气质量的影响。

(4)水污染防治措施设计

施工期主要是车站或区间明挖施工对地下水降水的影响，从而对地下水补给、径流、排泄以及流场产生影响，施工引起地面沉降与不良环境水文地质问题的影响、对地下水水质的影响等；施工排放废水对地表水的影响。施工期需要做好组织设计，对施工废水进行检测，达标后回用或排放。

为防止对地下水位产生影响，施工期间一般坚持以“止”为主的地下水处理原则。采用钻孔灌注桩加止水帷幕、地下连续墙或人工挖孔桩土钉墙等方法，在基坑周围形成止水帷幕，将地下水止于基坑之外，从而减少对地下水的大量抽排。

对于运营期生产、生活污水，需进行污水处理并检测满足相应标准后进入市政管网或者地表水体。

(5)电磁

电磁主要是地面线、高架线以及车辆段停车场附近对沿线使用无线收看的电视产生的不利影响，主变电所对附近工频电磁场的影响。

轨道交通一般位于市区或市郊，沿线基本具备闭路电视设施，对沿线较近的使用电视天线收看的用户，可以采取有线电视入网的方式予以解决。

轨道交通工程电磁防治措施的设计应根据环境影响报告书和环境保护主管部门的批复意见，落实电磁防治措施。地面设置的 110 kV 变电站与敏感建筑物的间距宜在 30 m 以上，一般应不低于 15 m。一般采用室内型变电站，也可采用地下式。

第二节　城市轨道交通规划与设计的基础理论

一、城市轨道交通规划与设计的原则

(一)统筹安排原则

轨道交通是城市交通系统的重要组成部分，因此，轨道交通的设计与发展必须结合整个城市的交通情况和发展水平，对轨道交通在城市中的发展前景及可能带来的收益进行客观分析，尽可能使投资收益最大化。发展轨道交通能够减少土地资源的消耗，实现土地集约化利用，减少城市交通系统的能源消耗和服务成本，同时减少车辆污染气体的排放，对于改善城市生态环境有着重要意义。与此同时，轨道交通建设需要大量的资金投入，因而投入建设之前必须对其衍生效益与投入的关系进行客观考量，而且轨道交通的建设与发展应该与城市的经济发展水平、城市规模、城市空间结构以及城市交通设施等方面协调统一，并进行统筹规划。

(二)因地制宜原则

城市是人类文明的主要组成部分，同时也伴随着人类文明的进步发展而不断发展。每一个城市由于其所处地理位置、地理环境不同，相应的发展动力、发展条件、发展历史和规模也会有所不同，因此其总体布局必然会存在巨大的差异。例如，坐落在山区的城市一般具有组团式的总体布局，坐落在平原的城市一般具有圈层结构，坐落在山谷的城市一般呈带状分布等。发展历史较长的城市往往受到中国古代造城思想的影响，城市路网一般呈方格网布局，如北京、西安等；而受到近代国外造城思想影响的城市，城市路网一般呈放射状，如天津、上海等。现代发展与近代或古代相结合的城市，一般路网会有两个体系，如济南、银川、城市轨道交通线网规划与设计乌鲁木齐等。

城市中心地位和职能的不同，也会导致城市总体布局出现差异。如省会城市一般有省及市两个行政中心，区域中心城市一般有联系紧密的次级外围组团或城市，如北京、天津、上海等。另外，城市产业布局和结构的不同，同样会导致城市结构的不同，如以第三产业为主的城市，中心的集聚效应较强；以第二产业为主的城市，其中心的集聚效应较弱。由于城市总体布局的较大差异必然导致交通需求特性的差异，因此城市轨道交通规划必须把握这些差异，使得城市轨道交通的功能定位和作用与城市的交通需求特征相协调，在解决城市交通问题的同时，支持城市的发展。

(三)继往开来原则

城市规划是伴随着城市的出现和发展而逐渐成长起来的一门古老但又具有活力的学科。在我国，城市规划是为了实现一定时期内城市的经济和社会发展目标，确定城市性质、规模和发展方向，合理利用城市土地，协调城市空间布局和各项建设所做的综合部署和具体安排。由此可见，城市轨道交通作为城市的一个重要组成部分，由于其具有投资巨大和规模运输的特点，对城市的社会经济发展目标、城市空间关系、城市规模、城市发展方向、城市土地的利用均具有重要且深远的影响。城市轨道交通规划必须正确处理修建城市轨道交通与城市既有系统的发展理念、发展方式以及未来发展方向、方式的关系，使城市轨道交通的发展既能保持城市发展的动力，又能坚持城市未来发展的方向，优化未来发展的方式。在已经规划建设城市轨道交通的城市，新的规划必须在尊重既有规划理念的基础上，结合城市的最新发展来规划下一步城市轨道交通的发展方向。

(四)科学合理原则

发展城市轨道交通的目的是在适应城市发展和运行规律的前提下，解决城市交通问题，充分发挥轨道交通的运输作用，并通过合理建设来满足城市未来交通运输需要，实现交通系统与城市其他系统的协调发展。而城市轨道交通系统服务性能的保障与提升不但依赖于成熟的技术和良好的建设条件，更得益于与城市空间布局特点和发展节律的充分适应。因而，城市轨道交通的发展必须本着轨道交通技术与城市发展规律相互适应的原则，才能使城市轨道交通系统的布局和结构形式合理化，并获得理想的运输量和运输速度。

二、城市轨道交通规划与设计的要点及难点

(一)城市轨道交通规划与设计的要点

1. 与其他交通方式衔接设计

在城市轨道交通规划设计中，要做好轨道交通与其他交通方式的衔接工作。例如，包括公共交通在内的快速公交、常规公交和出租车交通，私人小汽车交通，慢行交通的自行车、步行交通等。轨道交通解决的主要客流特性是主城区人们的出行，为了方便人们的出行，轨道交通必须与其他交通方式相互配合，在各个交通衔接点建设与其他交通方式换乘和衔接的设施，为人们的出行提供便利，分担地面交通压力。

2. 与整个交通网规划的协调性设计

轨道交通线路的规划必须与轨道交通线网规划统一考虑，而不是仅仅将其作为一条外围线路而单独规划。在预测市郊轨道交通客流时，要充分考虑与其相连接的其他轨道交通线路客流情况，市郊轨道交通的设置对与其连接的市区轨道交通线路的客流及特征均会产生一定影响，需要在预测分析时多加注意。市郊轨道交通与进入主城区的线路换乘要尽可能方便，距离越短越方便，在客流允许的情况下最好能实现同台换乘。同台换乘是加快不同轨道交通线路之间客流转换，提高整个线网运营效率的重要方法。

3. 轨道车辆选型设计

市区轨道交通主要是在城市中心运行，其车辆选型时要注意两点：一是客流要从整个轨道交通线网规划考虑，而非从一条线考虑；二是要考虑地铁开通带动沿线土地开发和交通便利所产生的组团居民通勤出行爆发性增长，预留未来客流增长的需求。机电设备系统的供电、通风空调、通信、信号、综合监控（ISCS、FAS、BAS、ACS、安检）和自动售检票系统均采用与线网其他线路制式相统一的系统，以线网的角度在规划市域线时考虑资源共享情况。

4. 支线设计

作为城市轨道交通的一部分，外围组团相对比较分散，为了加强各组团和主城区之间的联系，就要求市域线连接到城市外围与市区线换乘来实现，而同一个大方向的市域线是分别与外围换乘点相联系还是设置支线，则要从整个线网规划的角度考虑，不能局限于一条或两条线的长度。同时，考虑到近年来城市规划，应尽量避免摊大饼模式并以卫星城模式发展，应根据该方向区域内的用地控制规划，由一条线引导至方向中部后分为相似长度的两条支线，既节省了每条线延伸至外围换乘点的成本，又有利于运营的组织。

5. 环保控制设计

因为环境保护标准和要求越来越高，并且已经成为轨道交通项目审批过程中的重要环节，所以在线网规划、建设规划阶段就要编制环评方案并报生态环境部审批，在工程可行性研究阶段更是要得到环境影响评价的批复，在施工阶段需要环保监理对施工期环境影响情况进行督察。在开通一年时还要进行国家环境保护验收，各地区还设立了生态环境部派出的督察中心对区域内的建设项目进行环境监管。

（二）城市轨道交通规划与设计的难点

1. 与城市原来的空间布局不协调

在城市的发达地域，早期就对其进行了相应的规划和布局，促使这一区间的交通、商业、服务业等发展加快。而城市轨道交通建设也是围绕着城市经济、商业等发达的地区建设，这就进一步增加了这一区域内的人口和人流，使原有的城市规划无法满足现在的城市发展需要，从而引起交通负荷进一步加大，引起城市区域交通、街道、市场等出现拥堵等问题。与此同时，周围居民居住的环境也日益恶化，治安环境相对混乱。造成这种不协调现状的原因，大致可以总结为两点：第一，轨道交通站点与其他交通运输方式的换乘不协调；第二，轨道交通枢纽与城市功能区的设置不协调。

2. 交通管理难度大

城市轨道交通大多数是由政府投资建设，而多元化的投资模式也进入地铁建设中，但这种多元化的投资模式对政府部门的管理和协调能力提出了更高的要求。由于在这些城市中，管理制度的更新过程往往比较缓慢，这就导致管理制度无法适应现代轨道交通的发展和运营过程，从而进一步影响了轨道交通的布局和工程质量。

3. 城市规划布局落实不到位

在我国大多数城市中，城市的建设和规划过程往往落实不到位，这就导致城市建设和发展方向十分模糊。而轨道交通的建设，主要是围绕城市发展方向和经济建设展开的，并且一旦建设完成，不能轻易变更，城市的规划和建设如果不能落实到位，就会导致轨道交通建设与城市空间布局之间不协调。

4. 轨道交通管理不协调

城市规划和城市轨道交通规划，虽然都是经过地方政府批准的，但其执行的部门却有所不同。虽然轨道交通能够缓解城市交通压力，带动城市商业、服务业等方面的发展，促进立体化城市交通建设，但是由于缺乏城市规划和轨道交通规划的管理体系和技术体系，往往会导致地方政府与执行轨道建设的部门两者之间的建设计划不协调、相互脱轨，从而严重影响了轨道交通的主导作用和综合效益的发挥。如果轨道交通的规划建设与城市规划中土地开发、道路交通配套设施、市政工程等建设城市轨道交通线网规划与设计时间顺序安排不得当，则会导致在轨道交通建设完成后，周边的城市开发尚未跟上，这直接影响了轨道交通的效率和效益。

三、城市轨道交通客流需求预测

（一）城市轨道交通客流需求预测的必要性

1. 工期长

一个城市轨道交通项目从筹划运作开始到运营使用，一般需要 2～5 年的时间，而在此期间交通运输系统发展所处的社会环境，如城市经济水平政策等，导致交通需求处于不断的、快速的变化之中，再加上影响规划的其他因素也发生变化和经验不足，很容易导致规划不当。在此背景下，就需要采取滚动的规划方法来适应这种变化情况，而要想实现滚动的规划方法，客流预测工作无疑要贯穿整个规划过程。

2. 涉及面广

城市轨道交通项目是城市的生命线工程之一，直接关系到居民的生产、生活，并且还关系到城市的国民经济发展。它除了能解决沿线及周边地区的交通外，还能促进房地产市场、旅游市场的开发，带动整个地区乃至整个城市的繁荣和发展。而且城市轨道交通在建设过程中会涉及城市交通、建筑、市政、环保等诸多方面，因此，有必要对城市轨道交通进行科学的客流预测工作。

(二)轨道交通客流需求预测方法

1. 趋势外推法

趋势外推法是指以公交出行历史数据为基础,将相关公交线路的现状客流和其他方式客流量向轨道线路转移,得到虚拟的轨道客流量,然后按照相关公交线路历年客运量和增长规律,确定轨道客流的增长率,以此推算远期轨道客流,或者由公交预测资料直接推算远期轨道客流的方法。在确定轨道交通客流增长率时一般采用指数平滑、多元回归等方法。

趋势外推法不是基于现状 OD(交通出行量)分布,对现状交通特征的反映比较片面,因此,无法全面考虑城市用地规模、交通设施以及出行结构改变上的影响。趋势外推法一般只用于其他模式预测后的比较验证或者作为定性分析的辅助手段。

2. 非集计模型

非集计模型又称交通特征模型,它以实际产生交通活动的个人而非交通小区作为研究对象,根据个人特征对个人是否进行出行、去何处、利用何种交通工具以及选择哪条路线等活动分别进行预测,得出交通需求总量。这一模型在理论上利用了现代心理学的成果,引入了随机效用的概念,其核心是效用最大化理论。其着眼于研究出行者个体的出行行为,虽然理论上具有较高的准确性,但要求足够精度和巨大的样本量,设定的自变量和参数标定工作较大,计算复杂,应用范围较为局限,在国内的研究和使用还未系统展开,多应用于划分领域。

3. "四阶段"模型

"四阶段"需求预测方法是以城市居民出行 OD 调查为基础,结合居民出行的分布状况,对整个公交客流在路网上的分布进行预测,从中确定轨道交通线路上的客流量。该方法具体可以分为出行生成预测、出行分布预测、交通方式划分预测以及交通分配 4 个阶段。

第三节 城市轨道交通线网规划的实践

一、城市轨道交通线网规划要点

(一)结合工程的实际条件进行规划

线网规划一定要有较强的可行性,只有能够切实实施的线网才能最终成为工程成果。在实际规划过程中,要结合工程的实际情况。例如,在一些有海的城市,轨道交通网跨海就是工程难点。因此,必须高度重视这一类的关键因素。

(二)线网形态的规划

1. 线网形态的确定应结合城市条件

城市轨道交通的线网形态需要根据城市的具体规模、经济发展水平、土地使用形态以及客流特征等实际情况来进行设置规划,基本上包括放射形与棋格网状形两种。

棋格网形状对乘客来说比较方便，平行线路比较多，可以选择的乘车方式也比较多，交通运输能力强，线路客流分布不会集中在某一处，但市中心乘车会有所不便。这种线网形态的敷设会沿着城市道路，不会过多干扰到城市建筑，施工操作比较便捷，如北京是采用这种线网形态。

放射形线网中有3条以上的城市主干线路相互交叉，具有连通性好、可直达市中心的特点。又由于这种形态下的外围区域间换乘多有不便，一些城市结合客流设置了适当的环线，以便提升网络的连通性。至于城市到底应该使用哪种线网形态，则需要设计者结合城市近期及以前的整体形态、土地使用规划和道路布局等进行设置。

2.科学地设置线网之间的换乘点

为了确保交通网线的稳定性，必须合理布置换乘节点，这样才能更好缓解市中心的交通压力和施工难度。换乘节点的布设必须注意以下两点：尽量确保线网中任意两条线之间相交1～2次，以便有效减少换乘次数，真正做到一次换乘；第二，要尽量分散设置市中心换乘节点，做到两两相交，防止出现多线相交的情况，以便有效分散客流。

3.线网规模

线网规模设置必须结合总体规划，线网密度与线网负荷强度是体现城市线网规模的重要指标。

(1)线网负荷强度

线网负荷强度是指轨道交通线每天每千米所承载的客流量，是轨道交通线网的工作效率和经济效益的重要呈现指标。国际上轨道交通的建设主要包括高负荷低密度系统与低负荷高密度系统两种模式。

(2)线网密度

线网密度是指轨道交通覆盖区域的线网分布情况。市中心的车站会吸引600～800 m区域内的客流；而城市外围交通车站会吸引2000 m范围内的客流。线网密度分别是市中心1.33 km/km^2，外围区0.25 km/km^2。每一个城市都要结合当地的经济水平适当调整。

4.做好网络资源的共享

在规划轨道交通线网时，必须确保共享网络资源，保证正确的线网建设顺序，并科学合理规划好车站与车辆段之间的过渡空间。

(1)控制中心的资源共享

必须对轨道交通网络运营进行统一调度指挥，实现调度指挥中心建设、运营组织协调、资源信息共享、突发事件应急处置和网络对外协调统筹规划。

轨道交通线网控制中心作为轨道交通线路运营的核心综合协调角色，全面负责对全线所有运行车辆、车站、区间、客流、设备、行车等进行总的监视、协调、指挥、调度和管理。在轨道交通网形成后，为了轨道交通网络中各条线路能够有效协调运作，适应线网的发展，要建立一个具有列车运营管理信息、乘客信息、设备信息以及管理信息的平台，以便掌控全局的网络化运营系统。

(2)车辆基地的资源共享

车辆基地是城市轨道交通建设项目中重要的组成部分,占地多、规模大,一般车辆基地占地面积为 30～35 ha(公顷),有的甚至更多。停车场占地为 10 ha 左右,投资额度为 4×10^8～5×10^8 元人民币,占一条线工程总投资的 4%～8%。其涉及车辆、线路、站场、工务、供电、通信、信号、建筑、给排水、消防等系统或专业,是地铁建设的主要控制环节之一。

合理整合设备资源、充分发挥作用。综合维修中心的大型检查、维修机械的资源共享(如接触网检查车、磨轨车等)也会节约大量资金。因此,合理进行车辆段、停车场的资源整合,使设备充分发挥作用,对降低工程投资,实现资源共享,具有十分重要的意义。

二、城市轨道交通线网规划的原则和内容

(一)城市轨道交通线网规划的原则

1. 功能性原则

第一,线路走向应与城市主客流方向保持一致,应连接城市主要客流以产生吸引源。

第二,轨道交通作为城市交通的骨干,应与现有交通工具相互配合,协调发展,最大限度提高使用效率。

第三,组建大型换乘中心,使之成为城市发展的副中心或新区开发的先导和依托点。

2. 经济性原则

第一,用最少的轨道交通总里程吸引最大的出行量。

第二,保证最先修建的线路是最急需的线路。

第三,与城市建设计划及旧城改造计划相结合,保证轨道交通建设计划实施的可能性和连续性,提高工程技术上的经济性和合理性。

第四,与城市的地质、地貌和地形联系起来,降低轨道交通工程造价。有条件的地区应尽量采用高架或地面形式。

3. 可持续性原则

第一,有利于城市的可持续发展。

第二,充分考虑轨道交通与土地利用的相互影响,处理好满足需求与引导发展的关系。

有两种选择可供参考:一是“SOD”,即客流追随型。对于人口和经济活动空间布局相对合理、功能分区比较适中的大城市,需要发挥轨道交通设施的快速通道作用,应优先在目前的中心区内部或环绕中心区修建,提高中心区的通行速度,完善中心区的服务功能。二是“TOD”,即规划引导型。在人口和经济活动空间布局不合理、功能分区缺乏的城市,需要发挥轨道交通设施在调整空间结构和完善功能分区方面的作用,应优先在城市中心区与快速发展的新区之间、中心区与希望发展的边缘区之间修建,以尽快调整城市的空间和功能布局。

(二)城市轨道交通线网规划的内容

城市轨道交通的兴起是城市化加剧、城市迅速膨胀的时代必然需求。作为大城市重要

的客运交通方式，轨道交通是城市中建设周期最长、投资最大的交通基础设施。城市轨道交通线网系统直接影响到城市发展的总体布局形态，改变城市社会经济和民众的生活方式。线网规划涉及专业面广、综合性强、技术含量高，从规划时间看，城市轨道交通网络规划主要内容包括三个层面：城市背景研究、线网构架研究和实施规划研究。城市背景研究层面包括城市规划研究、城市交通规划研究。线网构架研究包括合理规模研究、线网方案的构思、线网方案客流预测、线网方案的综合评价。实施规划研究包括工程条件、建设顺序、附属设施规划等。在实际工作中，每项研究内容都要尽可能全面、专业，这样才能保证线网方案的科学、合理。

三、城市轨道交通线网合理规模的确定

(一)线网合理规模的含义

在进行城市轨道交通线网规划时，一个十分重要的问题就是如何根据城市的现状及其发展规划、城市的交通需求、城市的经济发展水平，从宏观上合理地规划轨道交通线网规模。合理的城市轨道交通规模不仅是线网规划的宏观控制量，而且也是一项至关重要的投资依据，更是决策者进行决策的辅助依据。

所谓合理规模，实际上就是合理的快速轨道交通方式供给水平。因为交通需求和交通供给是动态的平衡过程，所以这里的合理是一个相对的概念，是在一定条件下达到预期目标的一种结果。线网规模是否真正合理，最终应放入交通模型中进行需求和供给的动态检验。但是在进行方案构架研究之前，还要对线网规模进行约束，以使多个方案具有共同比较的基础。线网合理规模可以进行静态计算，理论和实际应用中主要从交通需求、线网合理服务水平以及轨道交通运营公司经营规模的角度进行计算。

(二)线网合理规模的指标

城市轨道交通线网规模指标有以下三种。

1.城市轨道交通线网总长度

$$L=\sum_{i=1}^{n} l_i$$

式中，l_i 为城市轨道交通线网第 i 条线路的长度(km)。L 反映了线网的规模。由此可以估算总投资量、总输送能力、总设备需求量、总经营成本、总体效益等，并可以据此决定相应的管理体制和运作体制。

2.城市轨道交通线网密度

$$\sigma=L/S \text{ 或 } \sigma=L/Q$$

式中，为城市轨道交通线网规划区面积(km^2)；Q 为城市轨道交通线网规划区的总人口(万人)；σ 是一个总的城市轨道交通线网密度(km/km^2)。

城市轨道交通线网密度是指单位人口拥有的线路规模或单位面积上分布的线路规模，它是衡量城市快速轨道交通服务水平的一个重要因素，同时对形成城市轨道交通车站合理

交通区的接运交通组织也有影响。实际上,因为城市区域开发强度的不同,所以对交通的需求也不是相对均等的,往往是由市中心向外围区呈现需求强度的逐步递减,因此,线网密度也应相应递减。评价城市轨道交通线网的合理程度需按不同区域(城市中心区、城市边缘区、城市郊区)分别求取密度。

3. 城市轨道交通线网日客运周转量

城市轨道交通线网日客运周转量是评估城市轨道交通系统能力输出的重要指标。城市轨道交通线网日客运周转量表达了城市轨道交通在城市客运交通中的地位与作用、占有的份额与满足程度。其涉及城市轨道交通企业的运营管理,是轨道线路长度、电力能源消耗、人力、轨道和车站设备维修以及投资等生产投入因子的函数。因此,在一定程度上,城市轨道交通线网的规模还可以用能源总消耗量、产业总需求量、人力总需求量等反映生产投入规模的指标来表示,并且可根据需要选择使用。

城市轨道交通线网的规模在规划实施期内,往往需要根据城市发展的需求进行适当调整。相对来说,总长度的调整幅度不要太大。因此,城市轨道交通线网的总长度是一个必须确定也是可以确定的基础数据。

四、城市轨道交通线网构架方法

(一)线网构架基本类型

轨道网络结构主要有:放射状网络、环线、卫星轨道状线路、网格状线路。

1. 放射状网络

放射状网络通常包括数条直线型的轨道线路,交汇于市中心,为各个交通模式提供换乘。各轨道线路横跨市中心,并连接至外围区域,服务于已建成的交通走廊。这是一种理想的轨道网络形态,能够连接多中心建成区到经济繁荣的市中心区或者中心商务区。

由于直线型轨道线路是放射状网络的主要组成部分,此类轨道网络形态最为简单明了。另外,这也是城市地铁网络中最常用的初步线路形态。此类轨道线路沿着具有最大实际或潜在交通需求量的交通走廊布设,从而满足主要需求走廊的要求。而在单独或者几个交叉口设立这类形态简明的轨道线路,能够满足往返中心区,如中心商务区或交通枢纽的交通活动需求。

因为此类轨道线路与其他路线在中心区交叉,如中心商务区,所以除了在中心区,在其他地区与其他线路换乘是有限的。除非它们在相同的交通走廊,否则位于市中心区以外的起止点之间的交通连通性会比较差。因此,这类网络最好服务于中心区相关的放射状出行。

因为几条线路都经过中心区,所以该地区的网络密度特别高,如果总体网络以这种形态发展,有可能出现服务重叠。

2. 环线

环形轨道线路呈环状,无首末站。它们一般环绕中心商务区,或连接大城市内的周边地区或市郊。环线不能单独形成网络。环线按线路形态可分为以下几种:

(1)独立环：无终点的环线。

(2)共享环：设有数条线路，其中一条呈独立环线，而其他线路仅为共享环的一部分。

(3)勺型环：线路从外围进入环线内，绕环线再从入口处延伸。

(4)分开运营环线：数条线路，但没有一条线路绕整个环运行。

(5)终端环：在已设或未设站点的线路末端设立小的单向循环环线。

(6)假环：网络中的线路呈环状设置，但实际上列车不能像在环形线路一样绕圈运行。

尽管这些环线的线路形态不同，但其具有相同的特征，均提供环线服务，通过提高轨道线路之间换乘的可能性，加强网络的连通性及可达性。这对于多中心的市区尤其有利。

然而，环线服务的运营会出现关于终点选址的运营问题。当多条线路共用环线一部分时，此问题就会变得特别复杂。

另外，除非环线沿高需求交通走廊布设，否则环线将更容易导致更多的出行里程。同时，也不能简单地对服务形式进行优化，仅满足过载的线路路段的需求。对于往返中心区的交通出行来说，放射状形态优于环线形态。

3. 卫星轨道状线路

卫星轨道状线路的功能与环线相同，在主要节点、车站或城市外围区的郊区之间提供直接的连接。这些线路有助于连接多中心城市，并转移市中心不必要的出行，缓解放射状交通走廊的拥堵状况。因此，此类线路提高了城市的可达性及连通性，并能够促进市中心区外围发展区及走廊的发展。

与环线相比，卫星轨道状线路更胜一筹，其设计不仅可以满足卫星轨道状高需求交通走廊的需求，并可以对服务形式进行优化，从而满足需求。

4. 网格线路

网格线路网络由数条纵横线路组成，形成网格状，其服务范围覆盖市区与密集区。网格线路系统为许多起止点出行提供服务，并为轨道线路之间的换乘提供多种方案，从而提高网络可达性，更好地服务于密集的市中心区。可根据区域内实际或预测的需求量，调整各线路的服务密度。

同时，网格线路网络的覆盖面比较广，并由于起止点常位于不同轨道线路上，需要多次换乘。另外，因为景观和城市结构的影响，包括地下公共设施，如排水管及缆线，所以对轨道换乘枢纽站的建设造成严重限制。

(二)线网构架基本思路

有两种相对成熟的线网构架方法，一种是“点、线、面要素层次分析法”；另外一种是“以规划目标、原则、功能层次划分为前导，以枢纽为纲，线路为目进行编织”的方法。在第一种线网构架方法的基础上，主要研究“面、点、线要素层次分析法”，这三个方面既代表了三个不同的要素(线网整体结构形态、客流集散点、轨道交通客流走廊)，也代表了三个不同的层次。在对线网构架进行研究时，要从以上三个层次分别进行具体分析，然后将三者联系起来确定最终的线网结构。

1."面"的分析

"面"代表线网整体布局形态,要与城市空间结构保持一致。在分析"面"时,要注意以下三个方面。

第一,随着我国城镇化进程的快速发展,出现了大量新城,城市呈现出由单中心向多中心发展的态势。在研究线网整体构架时,要把握好轨道交通与城市发展的互动关系,着眼于城市的长远发展,对新城轨道线路的设置应尤为注意,是将其作为卫星城还是中心城或者副中心进行规划都要进行反复的验证。

第二,在进行线网规划时应谨慎考虑环线的设置。一般认为,环线主要有两个作用,一是加强中心边缘区域各客流节点的联系;二是对外围区之间的过境客流进行截流,减轻中心区交通压力。但是,轨道交通作为一个相对独立的交通系统,轨道环线与道路环线有着本质区别,如果客流选择环线绕过中心区,不仅不能因为速度加快而缩短过境时间,而且还要承受换乘带来的不必要麻烦。可以说,轨道交通环线的客流屏蔽作用与道路相比微乎其微。另外,随着线网密度的逐渐增大,线网对中心边缘区域的连接作用也越来越小,因此,在进行环线设置时应慎重考虑。

第三,城市轨道交通的换乘枢纽与换乘节点应区别对待,枢纽节点布设的合理性对整个轨道交通线网功能起着不可忽视的作用。进行线网规划时,应标出枢纽节点并对预测客流集散量作出说明,这样一方面可以为后期的线网调整优化工作提供参考,另一方面也可为该区域的地面综合交通规划提供依据。

2."点"的分析

"点"代表城市重要客流集散点,是整个城市交通客流形态的关键城市轨道交通线网规划与设计节点,包括城市核心区、卫星城镇、新城、机场、港口、客运枢纽等重要客流集散点。这些节点在整个线网中扮演着不同的角色,起终点和换乘节点,大型节点和小型节点都要区别对待。在设置大型换乘节点时要尤为谨慎,认清一般换乘节点和换乘枢纽的本质区别。在确认该节点为换乘枢纽时,应注重其与其他地面交通方式的衔接以及该区域的城市功能布局。

3."线"的分析

"线"代表城市轨道交通线路走向或者城市主要客流走廊、居民交通出行期望线等。在对"线"进行研究时,应注意以下三个方面。

第一,城市轨道交通线路走向应与城市主要客流走廊的走向一致,并应尽可能将城市各主要客流节点连接起来。

第二,轨道线路应优先考虑沿城市已有主干道进行敷设,因为主干道施工条件一般较好,且多为城市重要客流走廊。

第三,城区线和市域线应区别对待,在设置市域线时应注重城市总体功能布局,处理好城区线、市域线和交通枢纽之间的联系。

(三)轨道交通线网构架基本方法

1. 整体形态控制——拟订轨道交通线网基本构架

(1)轨道交通规划的基础——城市背景研究

城市背景研究主要分为以下三个方面。

第一,城市总体规划中对轨道交通线网规划有影响的城市结构和形态、土地利用布局、人口与就业分布、社会经济发展水平、大型建设项目环境和文化保护等方面的规划意图。

第二,城市综合交通规划中明确的城市交通发展战略、道路网结构、合理的交通结构、交通枢纽布局、公交网络以及对城市轨道交通线网规划构想等。

第三,城市远景交通宏观分析。该部分主要针对总体规划和综合交通规划的局限,通过对城市远景土地发展和交通分布的宏观分析,对轨道交通线网的基本形态进行必要的深化、调整和补充。

(2)拟订轨道交通线网基本构架

根据城市背景研究提供的资料,对线网规划的前提条件进行研究。

对轨道交通线网基本构架形态做出科学判断,提出线网内线路的组成和功能分工,作为形成候选线网方案的基础。

2. 城市大型客流集散点分析

作为城市客运的骨干系统,城市轨道交通必须串联城市大型客流集散点,分析这些客流集散点的规模等级、建设顺序、相互关系和可能的变化,将其作为规划线网构架的基点。

3. 交通走廊分析,线路路径的可行性

(1)交通走廊分析

出于对工程实施和吸引客流的考虑,轨道交通一般沿城市干道敷设。线网构架要为轨道交通线路选择可作为敷设走廊的交通走廊(干道)。

从宏观角度对交通走廊作为轨道交通线路的可能性进行分析和筛选,形成初步的优劣划分。

交通走廊分析主要从以下几个角度进行:现状条件、规划条件、主要工程难点、沿线土地利用性质、走廊在城市道路网中担负的功能以及对整体轨道交通线网的影响。

(2)形成线网局部线路的比选方案——候选线网方案

经过交通走廊分析,对各走廊成为轨道交通的条件形成初步的优劣划分。

为便于交通测试,使线网在局部选择不同路由时的交通分析具有可比性,这就需要归纳成几个不同的线网方案,将局部交通走廊的对比转化为不同线网方案之间的对比。

五、城市轨道交通和其他交通的衔接规划

(一)轨道交通和其他交通方式衔接的意义

发展城市公共交通既是解决城市交通拥堵,满足城市交通需求最有效的手段之一,也是实现城市交通可持续发展的重要战略措施。

因为轨道交通在服务水平、服务范围、建设投资、交通可达性等几个方面与地面公交存在区别，所以轨道不能替代地面常规公共交通。轨道交通客运地位的实现需要与其他交通系统有效配合。其与地面各类客运交通方式衔接的合理性，则对整个城市交通网络的正常运转和营运起着决定性作用。因此，在线网规划完成后，应及早开展轨道与其他交通方式的衔接规划。因为此项规划工作非常复杂，所以可以以专项规划的形式进行研究。

交通衔接规划的意义，具体表现在以下几个方面：

第一，促进地面交通和轨道交通的合理衔接，处理好城市客运系统的不同层面、不同功能、不同服务水平的交通模式之间的关系，使客运系统中线与面有机结合、相互补充、共同发展，打造统一的城市客运体系。

第二，通过地面公交与轨道交通的良好衔接，可以在充分发挥各客运子系统的作用基础上，加强子系统之间的相互渗透和互补，减少不必要的竞争，从而提高整个城市客运网络的运行效益，提高公共交通在客运市场中的比例，确立公共交通在城市交通中的主导地位。

第三，地面交通与轨道交通的良好衔接，可以缩短人们的出行时间提高舒适度，进而提高公交系统的服务水平，提高公共交通的吸引力，从而促进城市公交的快速发展，优化城市居民的出行结构。

第四，促进城市公交系统规划的完善，尤其是明确线路和枢纽的分布与定点，拟定建设规模和计划以及与之相配套的道路、站场设施用地的规划。

(二)交通一体化与公交优先

交通一体化趋势日益明显，公交优先也越来越受到各大城市，尤其是北京、上海、广州、深圳等特大城市的重视，并且成为许多城市交通发展的基本政策。交通一体化和公交优先对轨道交通与其他交通方式的有效、合理衔接提出了更高要求，同时也为轨道交通与其他交通方式的合理衔接提供了有利的政策环境。

1. 交通一体化

交通一体化的主要表现是交通体系内部的充分整合，以及各个交通系统效益的最大化。交通一体化包括三个方面的含义：交通设施的平衡、运行的协调和管理的高效。而轨道交通车站作为重要的交通枢纽则是交通设施平衡的关键，同时也为协调运行和实现高效管理提供了基础设施条件。

(1)轨道交通与其他交通方式合理衔接是交通设施平衡的关键因素之一

交通设施包括道路、轨道、枢纽、停车设施和管理设施等，交通设施的发展和变化，是城市交通发展的直接反映，而交通设施建设重点的转移，也标志着城市交通的不断完善。道路是城市交通最基本的基础设施，道路建设经过漫长的发展，很多城市都已经形成了相对完善的道路交通网络。随着城市经济发展和交通的需求，很多城市交通建设的重点已经开始逐步转移到轨道交通上来。随着轨道交通的大力发展，到达多方式组合的阶段时，需要一个多种设施平衡发展的综合交通体系来确保交通的畅达。面对这种多元化交通的趋势，城市轨道交通车站，特别是枢纽型的轨道交通换乘车站的平衡、整合作用也必须得到足够的重视。

要实现交通设施的整合和平衡，就要依赖于完善的、高效的交通衔接和换乘系统，只有通过交通衔接系统实现同种交通方式内部、不同种交通方式之间、私人小汽车交通和公共交通、市内交通与对外交通的有效衔接，发挥交通体系的整体效益，才能实现真正的交通设施的整合和平衡。

交通枢纽是交通衔接系统的核心，城市轨道交通换乘车站作为一种重要的交通枢纽也要充分发挥衔接核心作用。在各种方式紧密组合形成的出行方式链中，换乘是实现各种交通方式有效转换的关键环节，也是必不可少的组成部分，交通枢纽是实现此类换乘的有效设施。通过整合各种客运站点而设置的枢纽设施，为出行者提供方便的换乘条件，保证居民通过中转换乘实现顺利、快捷出行，城市轨道交通车站就是此类枢纽。通过“停车＋换乘”设施实现城市轨道交通与私人小汽车交通的有效转换，为优化出行结构、缓解中心区交通压力创造条件；通过沟通航空、港口、火车站和公路客站等，将对外交通设施与市内交通紧密相连，完成城市外部交通和内部交通的转换。

(2)轨道交通与其他交通方式合理衔接

轨道交通与其他交通方式合理衔接为协调交通运行和实现高效交通管理提供了设施条件。

协调的交通运行也就是实现不同交通方式之间的便捷换乘。便捷的换乘要求减少空间距离、缩短换乘时间以及节省换乘费用。轨道交通车站作为交通枢纽，不仅在物质上满足了减少换乘空间的条件，还在不同的交通方式之间或同种交通方式、不同线路之间的轨道交通车站可以实现最短距离的换乘。轨道线路之间可以实现同台换乘，轨道车站与公共汽车紧密衔接，实现无缝换乘；缩短了换乘距离，也就在一定程度上缩短了换乘时间；通过合理的收费标准，减少乘客换乘费用，实现了在轨道车站的协调运行。

高效的运营管理，智能化的管理手段是实现高效运营管理的重要措施。城市轨道交通车站，尤其是换乘车站，往往是智能化、信息化的载体，载体中不同交通方式、不同交通设施的集中，为实现智能化、信息化的高效运营管理提供了有利的条件，并且成为城市交通智能化运营管理的终端，不同的轨道车站连接为实现网络化的高效运营管理提供了设施基础。

2.公交优先

公共交通优先的根本目的，是建立以公共交通为主体的，多种交通方式协调运行、紧密衔接的综合客运体系。与此相对应的，公交优先政策的内涵就是要实施一切有利于公共交通优先、健康和加快发展的政策和措施，并且全面推行有利于公交发展的技术和手段。

(1)公交优先的重要内容

轨道交通与其他交通方式合理衔接是实现公交优先的重要内容，公交优先要求多种交通方式协调运行，确立公共交通的主体地位不等同于确立公共交通的唯一性。公共交通是城市综合交通体系的一个重要组成部分，与其他交通方式相比，其优势在于运输效率高，能够最大限度满足社会公众的交通需求。但是，所有交通方式都有各自的优势，并在其适应的范围内发挥着主导的作用。例如，在 3 km 左右的短距离出行中，公共交通难以具有竞争力；又如，在私密性要求很高的家庭出游活动中，小汽车的使用成为必然选择。总之，要做到优势互补，充分发挥各种交通方式的优势，做好多种交通方式的衔接、换乘。其中，轨道交通与常规公交、小汽车、自行车的合理换乘和衔接是非常重要的内容。

城市中心区的轨道交通与其他交通方式的合理衔接尤为重要。公交优先的程度随时间、空间的变化而变化,即便是在同一座城市中,不同的区域或不同的交通时段,公交优先的程度都会发生变化。公交优先程度最高的是在城市交通最拥挤的中心区域和高峰时段,因此,城市交通由里而外,公共交通的比重逐步下降,大量道路公交优先措施往往仅在高峰时段实行。如在公共活动频繁的场所,步行可能要优先于机动车,于是会出现禁止车辆通行的商业步行街。许多轨道交通车站都位于城市中心区,因此,对其与其他交通方式良好衔接的需求显得更加重要。

(2)公交优先的最优化原则

轨道交通与其他交通方式合理衔接是公交优先最优化原则的重要体现。不仅城市的经济、社会、文化活动离不开人员的流动,而且城市的发展和扩大也有赖于人员的流动,因此,城市交通的本质是实现人的快速移动,而不是车辆的通行,评价城市交通体系的优劣,主要是看广大公众的交通利益是否得到保障。个体交通具有灵活、随意和方便的优点,但是个体性强的特点却决定了其只能满足少数人的出行需求,而公共交通是最接近广大市民需求的一种交通方式,其"公共"的特性又决定了其将为大多数人服务,因此,公共交通成为城市交通优先发展的对象。轨道交通是解决城市交通问题的重要途径,是服务于城市广大居民通勤出行的重要交通方式。与其他交通方式的合理衔接,吸引大众乘坐轨道交通,体现了公众利益最优原则。

公交优先设施是效益最优原则的体现之一。效益分为直接效益和间接效益,直接效益指出行时间的节约、车辆运行效率的提高、成本的降低和交通事故的减少等;间接效益是指投资环境改善、生活质量提高经济运转速度加快等。效益最大化就是间接效益与直接效益的统一,合理衔接在客观上节省了出行时间,发挥了各种交通方式的优势,体现了效益最优原则。

公交优先是环境效益最优原则的体现之一。交通环境本身是城市环境的一个组成部分,因此,必须创造一个与城市形象相适应的交通环境,其具有清洁、安全、有序和畅通等特征。交通对城市环境有着直接和间接影响,主要表现为噪声、振动、污染物排放、视觉压抑等几个方面。因此,不仅要减少交通发展对环境的负面影响,而且还要让交通发展为提高城市环境质量做出贡献。轨道交通与其他交通方式合理衔接在节约时间的同时,改善了换乘环境。

交通一体化和公交优先政策在客观上为轨道交通与其他交通方式之间的合理衔接提供了宏观的政策指导,在这个宏观的政策指导下,针对衔接设施的规划、建设、运营及管理等各方面又具有一些具体的措施和政策。

(三)轨道交通和其他交通方式衔接的原则

轨道交通能够提供一个安全、快捷、经济的客运系统,其在公共交通系统中发挥作用,需要常规公共交通、非机动车交通、出租车等其他交通方式的衔接配合。

轨道交通与其他交通方式衔接的原则应体现城市公共交通发展的整体性、协调性、便捷性、合理性以及政策性，使常规公交与快速轨道交通形成一个有机的整体，发挥网络的运输能力。依据项目的目标和主要工作内容，在分析城市发展的基础上，确定轨道交通与其他交通方式衔接的主要原则如下。

1. 整体分析和局部分析相结合原则

地面交通与轨道交通的衔接是一项复杂的整体性工作，其目的在于对城市客运系统的两大子系统——封闭客运子系统和开放客运子系统进行科学的研究，对这两个系统之间的联系和各自的功能进行合理的定位和优化平衡，提高整个客运系统的功能和效率。因此，整体分析、统筹兼顾是该研究主要的工作特点，同时也是必须遵守的基本原则。另外，对某些特殊的衔接点，还应该从完善区域运输网和改进网络连通状况的目的出发，根据具体条件进行局部分析，确定衔接点在网络中的功能定位和规划方案。

2. 衔接点布局与城市土地利用规划紧密结合原则

城市土地利用规划既是城市轨道网规划、城市公交站点规划的基础，也是规划工作服务的最终目标。地面交通与轨道交通的衔接点布局与城市土地利用规划是相互促进、相互约束的关系，二者密不可分。良好的衔接点布局能够促进城市空间发展和地区中心的形成，并为其提供一个高效的公共交通运输网络，提高土地利用价值。

3. 地铁车站的布置与区域综合交通环境相结合原则

城市铁路客运站、公路长途客运站及区域公共交通枢纽汇集了多种交通方式，具有客流集中、换乘量大、流动性强、辐射面广等特点，容易形成综合交通枢纽。地铁与常规公交应成为客运综合枢纽的主要运输方式，因此，一般交通枢纽均由多条轨道交通线路或地面公共交通线路及其交通设施组成，并且需要在综合交通枢纽换乘区域内设置公交枢纽站，提供足够的站场用地和先进的设施，合理组织人流和车流，以达到空间立体化的有效衔接。

4. 地铁尽端站设置换乘中心的原则

一般在城市发展区边缘出入口地带，结合公路干线网络和城市地铁线路，应该在地铁尽端站附近设置区域换乘中心。结合公路客运出行分布方向，引导地面公交和其他机动客运交通方式与地铁进行换乘，以实现区域与城市交通二级接驳，发挥系统各自功能。换乘中心应提供公交总站场地和设施，根据客流集结规模和方向，确定公交场站用地和线网布局以及组织形式。换乘中心的设计应达到功能分区合理、转换空间紧凑、行人系统安全、客流换乘方便、交通组织流畅等要求。

5. 分区域的交通设施布局和规模原则

地铁的直接吸引范围主要是指在合理的出行时间内步行能够到达地铁站的范围，一般距离为 500 m；间接吸引范围是指利用其他交通工具在合理时间内到达地铁站的范围，其出行距离为 500～1500 m。在城市的中心区，因为线路网密度较大，车站的空间距离比较小，所以地铁出行吸引方式主要是直接吸引。由于在外围区地铁线路密度较小，地铁的吸引范围逐渐增大，所以通过其他交通方式来换乘地铁的客流量逐渐增加。

6. 近期建设和远期规划相结合原则

依据建设期限，地铁线路网络的密度逐渐增大，车站空间距离逐渐减小，车站的吸引范围随着新建线路的增加而逐渐变小。

随着社会经济的进步，机动车数量逐渐增加，但道路的承载能力有限，会逐渐引起出行结构的变化。

由于中心区用地的变化和外围区的建筑容积率的加大，所以在近期和远期对交通出行会产生一定影响，城市的出行结构会产生较大变化。

因此，交通衔接设施应该能够适应近、远期不同交通需求的规模。

7. 区分组团内外的公交与地铁车站配属设计原则

轨道交通主要服务于由城市组团、对外交通站场和大的交通吸引源组成的密集的交通走廊，形成带状交通区域。而道路公交是一个“开放性”的系统，更多地考虑网络覆盖范围，两者只是一个体系中两个不同的层次。道路公交线网的设计应区分组团内部与对外联系二者不同的客流服务对象，区内应提供一个较高服务水平的公交系统，而区外则可提供两种运输模式——公交、地铁或快速公交，其中以公交与地铁的相互衔接为主导模式，公交线路的设计应充分考虑乘客运送的空间转换需要。

8. 公共交通优先的原则

为建设一个安全、方便、经济的公交运输系统，需要不断提高公交的服务水平，对于运输而言，其主要指标之一就是行程时间。因此，对于公共交通而言，就需要在使用道路和交通设施上享有一定的专有权利。对于地面常规交通而言是公交专用道、公交优先信号等，对于地铁而言就需要在交通衔接设施上提供充分的用地，在地区中心或人口、交通密度高的地区应采取公交优先措施，采取与土地利用价值相协调的交通政策。

(四)轨道交通站点的交通衔接设施规划

1. 轨道交通站点的交通功能分级

综合分析轨道交通各站点的区位、周边用地功能、道路交通功能、站点在线网中的节点定位以及可能承担的交通量，可以将轨道交通线路的交通功能划分为三级：综合枢纽站、枢纽站和一般换乘站。

(1)综合枢纽站

综合枢纽站是指位于城市对外的交通节点，能吸引多种交通方式汇集的客运中心地段的站点。它不仅包括与地面常规公交的衔接，还包括与长途客运、铁路客运甚至水上运输等多种对外交通方式的换乘，具有客流集中、换乘量大、辐射面广等特点。

(2)枢纽站

枢纽站是指轨道交通首末站或位于地区中心及换乘客流量大的换乘站，交通衔接方式相对复杂，辐射面较广，需要提供相应的具有一定规模的衔接设施。

(3)一般换乘站

一般换乘站是指轨道交通的一般中间站，主要包括步行和常规公交中途站的换乘点，换乘方式比较单一，如有条件也可设置相应的衔接设施。

2. 轨道交通站点的交通衔接设施规划标准

根据轨道交通站点的功能分级，结合其周边的用地条件，不同功能分级站点可以配建不同的衔接设施。

(1)港湾式停靠站

港湾式停靠站是公交停靠站的一种形式，是基本的交通衔接设施。一般换乘站及以上级别的站点必设或可设港湾式停靠站。其规模和设置标准应满足国家和地方法规、技术标准和相关规划要求。

(2)公交首末站

公交首末站分布应在现状首末站分布的基础上，结合对轨道各站点交通功能定位进行考虑，并满足国家和地方法规、技术标准的要求，与其他相关的城市交通规划相适应。

(3)出租车上落点

出租车上落点一般不单独设置，而是要与公交站点和公共停车场结合设置。这里的出租车上落点包括出租车营业站、停靠站以及路内上下客点等，其设置应满足国家和地方有关规范和技术标准的要求。

(4)公共停车场

公共停车场是与轨道交通衔接的重要措施，其分布应根据轨道站点交通功能定位分析进行规划，并与其他城市交通规划相协调。

(5)自行车存放场

自行车存放场是基本的交通衔接设施，在城市边缘地区、市区生活性道路以及自行车出行比例较大的其他城市地区附近的轨道站点，应设置自行车存放场，其规模和位置应结合站点周边地区的情况进行考虑，为自行车换乘轨道交通提供停放方便。

(五)轨道交通与其他交通方式的衔接措施

1.整合和优化公共交通系统资源，发挥公共交通的整体系统效能

轨道交通的特点是快捷、舒适、运量大，可实现站点间的直通客运；而常规公交的客运特点是方便、灵活，可将乘客送往城市的各个角落。应结合轨道交通和常规公交的客运特点，从公交站点和公交线网两个方面进行衔接。

第一，形成轨道交通与公交紧密衔接的公交换乘枢纽，实现立体化、零换乘。一方面，尽可能为客流量大的轨道综合枢纽站提供衔接公交站场用地，设置公交换乘枢纽，实现立体化衔接和“零换乘”。

第二，调整轨道交通沿线的公交线路，形成相互支撑、优势互补的公共交通网络，逐步提高公交出行比例。交通规划中应从“线、面”两个方面优化重组公共交通系统资源，实现常规公交与轨道交通之间的优势互补。公交线网优化不仅要减少与单独一条轨道线重叠的公交线路，还应通过研究减少与“十”字相交轨道网重叠的公交线路。在城市新建区客流较大的边缘地区以及新建道路增加送达公交线路，密切轨道站点与主要客流吸引源的客运联系。

第三，以车站为核心，组织短途接驳巴士，加强对大型公建、主要居住区、大型农村聚居点等客流的聚集，延伸网络的辐射。

2.减少外围车流驶入城市中心区，设置停车和换乘(P+R)系统

为了减少城区外围车流驶入城市中心区，缓解市区道路的交通压力，规划应结合道路网

的特点,在城市边缘地区的地铁枢纽站设置公共停车场或站点周边的物业开发设置地下停车库,形成停车和换乘(P+R)系统。

3. 设置自行车存放场,为自行车换乘提供方便

自行车是一种健康环保的交通工具,自行车交通的衔接主要侧重在城市边缘区和市区生活性道路附近的轨道站点设置自行车存放场。自行车存放场应设置在明显的可视范围内,并设有直通车站的专用自行车道,为自行车换乘轨道交通提供停放方便。另外,与轨道交通线相连接的城市生活性道路,在道路断面形式的改善和设计中应考虑增加自行车专用道的可能性。

4. 通过设置行人立体过街设施,为行人乘坐轨道交通提供方便

第一,设置轨道站点通往公交站场、公共停车站的直行通道,缩短乘客换乘距离。第二,设置行人立体过街设施,引导行人充分利用轨道车站过街,实现人车分流。

第三章　城市轨道交通车站的设计

第一节　城市轨道交通车站建筑设计

一、车站的定义和组成

(一)车站的定义

车站是城市轨道交通系统最重要的组成部分，既是乘客上下车、换乘的场所，也是列车到发、通过、折返、临时停车的地点，还是各工种分工协作的生产基地。

与国家铁路相比，城市轨道交通车站的行车作业流程相对比较简单，不进行办理货运和列车编组作业，也很少办理越行和会让作业。但因为城市轨道交通车站设置在城市内部，所以其空间结构设计、施工方法比国家铁路车站更为复杂。

轨道交通车辆一般采用高地板设计，这就要求车站也必须采用高站台形式，保证乘客水平进出车厢。这些都区别于公共汽车站可"任意"设置在人行道上，而要将车站设置在地铁、轻轨线路的一定位置，并要进行专门设计。不同于城际交通上的铁路，城市轨道交通服务于城市，列车停靠时间短、进出站频率高，乘客候车、滞留车站内的时间也比较短，因此，乘坐地铁、轻轨的乘客都希望进入车站就能很快上车。

(二)车站的组成

1.乘客使用空间

乘客使用空间是直接为乘客提供乘降、集散和候车服务的空间，是车站的重点区域之一。乘客使用空间的设计涉及车站总平面布局、车站平面和结构横断面的形式、功能布局、人流路线组织等方面的问题。乘客使用空间可以从不同的角度进行划分。

(1)非付费区和付费区

为了区别乘客的乘车权限，乘客使用空间又可分为非付费区和付费区。站厅层的检票闸机以内部分和站台层属于付费区，站厅层检票闸机以外部分及出入口和通道层属于非付费区。

非付费区是指无乘车权限的区域，来连接轨道交通外部系统，以检票闸机为界限，乘客通过进站检票闸机之前或通过出站检票闸机后即进入非付费区。车站站厅内会设置一定的空间布置售检票设施。根据需要还可设银行、公用电话、商店等设施。非付费区的最小面积一般可以参照能容纳高峰小时 5 min 内可能聚集的客流量进行推算。

付费区是获得乘车权限的区域，连接的是列车和线路。付费区以检票闸机为界，付费区内设置站台、楼梯和自动扶梯，为停车和乘客乘降提供服务。

(2)功能区域和设备

乘客使用空间可以根据服务环节划分为多种功能区域，如出入口区、售票区、检票区、信息服务区、楼梯区、通道区和候车区(乘降区)等。其中，售票区、检票区、信息服务区、候车区(乘降区)等提供票务、信息和乘车等客运服务的区域称为服务区域，出入口区、楼梯区和通道区等连接不同厅层和服务区域的区域称为连接区域，也可以称为步行空间。

2. 车站用房

车站用房是车站管理和运行所需的空间，包括运营管理用房、设备用房和辅助用房三个部分。

运营管理用房是为保证车站具有正常运营条件和乘车秩序而设置的办公用地，由日常工作和管理的部门及人员使用，直接或间接为列车运行和乘客服务，主要包括站长室、行车值班室、广播室、会议室、公安保卫和清扫员室等。

设备用房是为保证列车正常运行，保证车站内具有良好环境条件及突发情况下能够及时排除灾情不可缺少的办公用房，主要包括环控机室、变电所、控制室、通信机械室、信号室、泵房、票务室、工区用房、附属用房以及设施等。技术设备用房是整个车站的心脏所在地，这些设施与乘客无直接联系，一般设在距离乘客较远的地方。

辅助用房是为保证车站内部工作人员正常工作生活而设置的用房，主要包括厕所、盥洗室、更衣室、休息室、茶水间以及储藏室等。

3. 车站附属建筑

车站附属建筑设计的地面站房、出入口以及风亭均需结合所在地区城市规划，其地面部分的立面设计要做到简洁、大方，与周围环境相协调；出入口应考虑兼顾市政过街功能，出入口的数量应根据车站情况并按照车站远期预测客流量计算确定，一般不宜少于四个。当车站客流量较小时，可酌情减少，但不能少于两个，车站出入口通道总宽，应以车站远期预测超高峰小时乘降量计算确定，与自动扶梯或楼梯相连的通道宽度必须与其通过能力相匹配，兼作城市过街道的车站，其宽度应根据过街客流量加宽，同时满足在灾害情况下紧急疏散的要求。车站出入口分布要力求合理，最大程度吸引各方向客流，方便乘客乘降和换乘。车站出入口和风亭应尽量与周围建筑相结合，充分考虑城市景观的要求，地面的出入口、风亭的体积尽量减小，造型力求美观，与周围的建筑风格协调。

二、城市轨道交通车站布置

(一)车站设备和管理用房的分类及平面布置

1. 车站设备和管理用房分类

(1)车站设备用房

车站设备用房包括通风与空调系统设备用房、强弱电系统设备用房、给排水与消防系统设备用房。其中，面积最大的是通风与空调系统设备用房，含区间通风机房、环控机房、冷水机房、环控电控室、小通风机房等。强弱电系统设备用房主要有降压变电所、牵引变电所、配电室、通信用房(含通信机械室及电源室)、信号用房、公网引入室。给排水及消防系统设备用房主要有消防泵房、污水泵房及废水池等。

(2)车站管理用房

一般设有车站控制室、服务中心、站长室、交接班室(兼会议室、餐厅)、警务室、更衣室、男女厕所、茶水间、清扫间、垃圾堆放点等。

2. 车站设备和管理用房设置

第一,根据各系统的工艺要求,房间布置必须满足车站设备的使用功能,环控电控室应靠近环控机房设置,小通风机房靠近新风道和排风道,可与环控机房合并布置。通信、信号用房靠近车站控制室设置,降压变电所宜设在站台冷水机组一端。牵引变电所尽量设在站台层,照明配电室在站台、站厅应各设2间,靠近公共区。污水泵房设在厕所的下方,废水池设在站台层的最低端,墙面应保留控制柜、管道安装条件。

第二,根据车站运营需要,同时考虑乘客的人性化服务理念。车站控制室设在站厅层客流多的一端,服务中心尽可能设在出入口闸机附近。站长室设在车站控制室旁,警务室靠近站厅公共区集中设置。男、女公厕设在公共区非付费区内。交接班室、茶水间、更衣室都设在站厅管理区内部,清扫间在站厅、站台层各设一间,可利用楼扶梯下部空间。垃圾堆放点结合出入口公厕布置。

第三,车站设备和管理用房在满足工艺和运营需要的前提下应归类布置,用于值班的设备和管理用房尽量设于车站的同一端,设备和管理用房分别设于车站两端,并呈大、小头形状布置。根据车站实际运营情况,车站环控的大、小系统运行特征和列车的运营时间有关。一般夜间车站停运时,车站环控大系统应停止运行,只有少数管理用房仍需使用空调系统。因此,应将停运后仍需使用环控小系统的设备和管理用房集中布置,以达到合理节能的效果。

(二)地铁车站站厅公共区布置

地铁车站站厅层设计时,应满足远期设计客流量的需求,对车站客流进行合理组织,最大限度避免或减少站内客流流线的交叉和干扰。其规模除应按车站远期设计客流量的需求确定外,还要满足发生灾害时的紧急疏散要求。

根据地铁运营、组织客流以及运营管理的需要,地铁车站站厅分非付费区和付费区。非付费区内应设售票设备、检票设备、公用电话、银行等。付费区内应设通往站台层的楼梯、自动扶梯,通道或站厅换乘车站还应设通向另一条线路车站付费区内的换乘通道或换乘厅。当站厅中间为付费区,两端为非付费区的布置形式时,在一侧应设置宽不小于2.1 m的非付费区联络通道。

(三)地铁站台公共区布置

地铁车站站台上的楼扶梯和各种服务设施一般不得侵入站台有效宽度范围内,以保证站台宽度满足上车乘客等候和下车乘客疏散的需要。站台上的楼扶梯布置应尽可能均匀,使每节车厢的乘客走行距离尽量均衡,避免乘客在站台上长距离行走,以避免不安全因素和客流交叉干扰。

地铁车站站台两端布置的设备和管理用房，其伸入站台乘降区部分不宜超过半节车厢的长度，且不得侵入侧站台的最小规定宽度。

（四）车站标识及导向设计

标识及导向系统是体现地铁车站信息的重要因素之一，大多利用简单的文字、图形、色彩等措施组成指示标牌。指示标牌应设立在醒目的位置，把最全面、最清晰、最易懂的车站信息提供给各层次的乘客，使乘客能够有效、便捷、轻松地阅读信息，从而得到指引。

为了更好提高轨道交通运营效率和服务水平，地铁站内交通导向标识系统可以从以下三个方面进行完善。

1. 站外导向标识

站外导向标识主要起到指引、确认的作用，一般设置为地铁指示牌、与其他交通方式的衔接换乘指示牌等。建议在车站 500 m 左右至车站出入口增设连续的导向标志牌，将外部乘客有效地引导至地铁站进行乘车。

2. 站内导向标识

站内导向标识主要是引导乘客上、下车，进、出站等一系列的行为，也是目前设计较为侧重的方面。站内标识要做到连续、间隔均匀、指向明确，导向的信息量要少而精、简洁明确、重点突出，使行人在短时间内可以快速判断自己的行进路线，避免拥挤、盲目寻找以及从众行为的发生。

3. 站内外导向系统的合理衔接

站内外导向系统的合理衔接是导向设计非常容易忽略的地方。乘客在地下空间内方向性比较差，结合人的心理特点，乘客在陌生环境下往往比较紧张。因此，乘客在选择出站路径时最容易发生行走折返、重复询问等现象，如在付费区流线范围外的合理位置及非付费区每个出入口、通道口增设导向信息栏，尽可能全面地反映每个出入口地面周边的道路、建筑物、换乘接驳信息，乘客就可以根据信息选择最合理、最便捷的路径。

人性化的标识导向设计可以大大方便乘客的出行，能够帮助乘客准确快速地识别并到达目的地，有助于在地铁站内形成良好的客流秩序，同时也是消防灾害情况下乘客安全疏散的重要保证。

（五）建筑设备

1. 地面供暖设备

铁路乘客车站一般体形和空间较大，因此，采用低温热水地面辐射供暖具有良好的适用性、舒适性和节能效果。低温热水地面辐射供暖系统应符合国家现行标准《辐射供暖供冷技术规程》(JGJ 142—2012)的相关规定。因为地面供暖散热均匀，地面温度高于上层温度，所以设计温度要比普通供暖方式低 2℃，但由于热效率比较高，符合人体功能要求，仍然会给人以舒适的感觉。另外，在减少能源消耗方面，室内温度每降低 1℃相应可以减少 10%左右的能源消耗量。因此，供暖面积较大的铁路乘客车站，应采用低温热水地面辐射供暖，以达到节能效果。

2. 空调设备

大型、特大型和一些中型乘客车站中空调系统的能耗，在建筑能耗中占有相当大的比重。如何在满足使用功能的条件下，采用先进的节能技术和设备，合理设置和分布空调通风系统，对减少能源消耗起着非常关键的作用。“置换通风”具有低风速、低紊流和新鲜空气直接送入人员活动区域的特点，因此，舒适性比较高，适用于特大型、大型和一些中型乘客车站等具有高大空间的建筑。因为置换通风仅对人员活动层面送风，所以减少了负荷，明显降低了能源消耗。据有关资料统计，置换通风与混合通风相比可减少 5%～10%的能源消耗量。

国内已将置换通风技术广泛应用于民用、工业和公共建筑。另外，大型和特大型站房由于地铁、高架轨道交通的引入，增加了多层候车区共享空间，所以在考虑各个层面空调系统的同时，还应谨慎考虑共享空间在垂直方向上温度梯度的影响和热量回收利用的问题，这不仅关系到乘客候车环境的舒适性，同时也是影响建筑能耗的因素。近年来，随着置换通风、热泵、蓄冷(热)等新技术、新设备的应用，不仅极大减少了建筑的能源消耗，而且也促进了空调节能技术的发展。

(六)无障碍设计

车站的无障碍设计是人性化设计的重要组成部分，其更能体现现代社会对弱势群体的关爱。城市轨道交通中的无障碍设施，主要包括无障碍坡道、无障碍电梯、无障碍卫生间、导盲道、客服中心柜台等，以及车厢内的专用座椅和轮椅停放位等的合理设置。车站内部盲道的设置应保证其连续性，并与外部市政盲道系统连接成完整的体系。另外，还应充分考虑车站出入口、楼梯、栏杆、扶手、休息区座椅、站台候车区以及其他配套服务设施等各个部位的细部设计。车站内的无障碍设计不仅要考虑残疾人的使用，还要考虑老年人、儿童、病人、孕妇等弱势群体，以及携带大件行李的乘客的日常使用。

(七)车站内部空间设置

车站室内装修是车站设计的点睛之笔，可结合车站的结构形式、功能定位和周边环境进行设计。由于地下车站内部空间形体比较单一，因此站内空间环境设计更多依靠的是装修的变化。在有限的单一空间内，应充分利用有限的空间达到变化的目的，或者利用装饰材料的不同肌理组合显示其空间形态的变化。有些车站通过主体结构形式的变化使地铁车站内部空间显得更加丰富，例如，车站公共区采用中庭的样式，将站厅和站台空间有效连通起来，使整个公共区空间更加宽敞，客置身其中不会产生压抑感。对于一般形式的车站，车站空间布局确定之后，可结合既有空间布置一些绿化、饰品、灯光、文化墙以及色彩变化等，营造人性化的室内微空间，使室内空间变得更加舒适宜人。例如，一些特殊车站，车站上部为广场或绿地，在车站顶板设置天窗，可结合周边的景观环境，将阳光、绿化等环境引入车站内部，不仅节能环保，而且还大大改善了车站沉闷、压抑、单调的空间环境，为乘客营造了良好的视觉效果。

三、车站建筑设计的注意事项

(一)车站总平面设计

应根据车站所在位置周围的环境条件，城市规划部门对车站布局的实际要求，合理布置车站主体、地面出入口以及通道、通风道、风亭和冷却塔。车站分布应方便施工，减少拆迁，降低造价，并注重城市轨道交通建设与周边经济发展的互动效应，为可持续发展创造条件，充分考虑与地方铁路、地铁、公交的换乘，预留换乘接口，并选择合理的换乘方式，使换乘客流组织合理、快捷、尽量避免交叉。

线路穿越十字路口交通要道跨路口设置的车站，应结合规划条件在不同象限设置出入口。因条件限制车站需偏离路口设置时，宜在主客流方向设置跨十字路口的出入口或者预留跨路口的设置条件。

出入口布置应与主客流的方向保持一致，宜与过街天桥、过街地道、地下步行街、相邻公建结合或连通，统一规划，同步或分期实施。地面出入口应尽量与邻近建筑物合建。独立修建的地面出入口，一般应设在规划道路红线以外，如因条件限制无法设在规划道路红线以外时，必须经城市规划部门同意。出入口前应有一定的集散空间，一般范围大于 8 m，有条件时出入口附近宜考虑设置自行车停车场和小汽车停车场，兼作过街通道的地面出入口的位置应便于过街客流的使用。独立修建的出入口与周围建筑物之间的距离应满足防火要求，对于一个标准站，出入口通常为 4 个，出入口应对角布置；出入口分为主要出入口和次要出入口，出入口的选择应遵循周边建筑较少或距离较远的原则，这样可以满足防倒塌距离，如果不满足防倒塌距离，对于该出入口需要加固处理，但会影响出入口的外观。

风亭宜与地面建筑结合设置，风亭口部与其他建筑物口部之间的距离应满足防火、规划以及环保要求，但被结合建筑应满足地铁风亭的技术要求。风亭设置应当考虑风向，新风亭应设在排热风口和排烟风口的上风向。采用高风亭时，应尽量集中布置，并宜采用侧面开设风口的形式。当采用侧面开设风口的风亭时，各风口应错开方向布置或高度上满足距离要求，距离的起始点应从风亭墙外皮算起；采用敞口低风亭时，水平方向上应满足距离要求，距离的起始点应从风亭墙内皮算起。

(二)车站主体建筑设计

1. 站厅层设计

站厅层应根据功能合理分区，一般中部为站厅(公共区)、两端为设备和管理用房区。站厅(公共区)布置应满足功能分区要求，尽量避免进、出站以及换乘人流路线之间的相互交叉、干扰。

车站控制室、车站管理室、值班休息室、警务室(公安通信室)、更衣室、管理区盥洗间、通信设备室、民用通信设备室、信号设备室、票务室等关系密切的设备与管理用房应集中布置在站厅层一端，如弱电相关专业的房间集中布置，方便管线布置。对于工作人员卫生间，除了在平面上满足人员的使用要求外，在竖向上，站台层不能设置有电的房间，防止渗水，发生火灾。车站备品库、保洁间等设备与管理用房应布置在站厅层另一端，其他设备与管理用房应根据功能要求和具体情况布置。AFC/OA配线间应放在站厅一端，避免线槽压力。站厅层设备区管理用房处，管线较多，错综复杂，为了使管线行走顺畅，顶梁应上翻。为了避免强弱电互相干扰，强电的房间与弱电的房间尽可能分别集中布置，强电房间与弱电房间不能相邻布置，如果没有条件，则相邻房间需加双墙处理或隔一个备用房间等。

走道的宽度不应小于1.5 m，并要满足管线的综合要求，而且转弯要少，通道内的设备应嵌入墙体内，外开的门应错开设置，以确保通道的有效宽度不小于1 100 mm，门与门的间距至少保持在出于人性化的考虑，地铁一般站非付费区内设置不超过100 m^2 的商铺(如设于站厅与通道拐角处)，单处商铺面积不应大于50 m^2；两线站厅为不同防火分区的通道换乘车站，可按每线站厅不设置大于100 m^2 商铺考虑。

2. 站台层设计

站台宽度应以各车站远期设计客流量计算确定，并应按客流控制时期的高峰小时客流量验算。设置在站台层两端的设备与管理用房，必要时可伸入站台计算长度内，但不应超过一节车厢长度，不得侵入侧站台计算宽度内且不小于2.5 m，并应满足距楼梯口的距离不小于8 m。公共洗手间、污水泵房、屏蔽门控制室、变电所等设备与管理用房应集中布置在站台层一端，站厅层主要设备位于管理用房的下方，其他设备与管理用房应根据功能设置位置。设备房间上方不得设置有水的房间，上下方有水房间集中布置，方便给排水开洞及预埋管等。站台层供电设备的房间，应满足设备至墙边的距离。

站台上的楼梯和自动扶梯宜沿站台纵向均匀设置，同时应满足站台计算长度内任意一点距疏散楼梯口或通道口不得超过50 m。无障碍电梯门前等候区深度不宜小于1.8 m，当条件困难时等候区梯门可正对轨道区，但门前等候区不得侵占站台计算长度范围内的侧站台宽度，且不与安全门的滑动门对应。

(三)车站附属建筑设计

1. 车站通道出入口设计

地下车站出入口通道力求短、直，需弯折的通道不宜超过三处，弯折角度宜大于90°，避免做阴角形式，方便施工。通道长度超过60 m时，其净高要考虑设置排烟风管的空间。当人防段距出入口敞口段较近时，排烟系统风管可以考虑从主体内敷设；当出入口通道长度超过100 m时，应在合适位置设置安全出口。楼梯宽度至少1.8 m，楼梯踏步高度应相同，防止有乘客摔伤。出入口同时设置楼梯及扶梯时，宜采用两扶夹一楼形式，防止客流淤积。楼梯的第一节踏步距扶梯上工作点宜不小于2 600 mm，防止乘客从扶梯摔至楼梯。

出入口宜与道路红线平行，出入口与道路红线的距离应根据规划、地域的要求来确定。独立修建的地面出入口一般应设在规划道路红线以外，在特殊情况下，临时出入口可踏红线或设于人行道上，但必须征得规划部门的同意。

2. 车站风道设计

风道过风面积应与人防门过风面积相匹配。当为高风亭时，百叶的过风面积折减后应不小于人防门过风面积。风道内的门应遵循“正压内开，负压外开”规则设置，防止门被吹开。

四、轨道交通车站设计方法

（一）现代设计原则在轨道交通车站建筑设计的应用

1. 识别性

轨道交通具有运行速度快、站点按时停留、到站停留时间短等特征，为了让乘客能够在较短的时间内找到候车站台，车站建筑应具有较强的识别性。也就是说，要明确车站建筑的功能分区，并在重要的位置给出提示，降低乘客迷路的概率，帮助乘客第一时间到达车站候车区域。

2. 实用性

实用性是车站建筑设计的首要原则，是充分发挥车站功能的基础。所谓实用性，就是指车站建筑满足乘客换乘需求的能力，通常体现在车站建筑具有的客流承载量。车站建筑在前期设计过程中，往往会依据乘客流动速度、客流高峰期的乘客密度等因素确定车站可能达到的最大客流量，并以此为基础设计电梯、楼道等设施的宽度，确保车站在任何时期都能方便乘客换乘与进出站。

3. 经济性

轨道交通属于高投资项目，据统计，地铁建造 1 km 的工程造价往往达到 6 亿～7 亿元，其中车站建筑花费占有较大比例。为保证资金的合理利用，避免出现资源浪费问题，车站建筑设计要充分体现经济性原则，利用原有的地形特点进行设计，并将节能理念充分贯彻其中。

4. 安全性

车站建筑在选址上往往以人口密集地段为主，如广场、主要道路、商场等附近或其地下。因此，要保证建筑结构的安全性，通过空间布局设计减少对附近市民的影响，保证市民安全。

（二）设计方法

1. 车站内部布局的设计方法

轨道交通属于复杂性的系统工程，车站建筑作为其中的一部分，在进行内部空间布局设计时也要综合运用专业知识，在保证轨道线路通畅、信号良好的情况下，通过组织方案的优化组合实现建筑设计的经济性。车站建筑的内部空间集中体现在乘客公共区以及设备和管理用房区域内，因此，要在这两个方面加强理论知识的运用，借助先进的实践经验进行设计。

在设备和管理用房及乘客公共区的综合布局设计上，可采用端头厅式的布置方式，即分别将主要相关设备和管理用房分布在地铁车站的两端，将乘客公共区与地铁车站两侧的站厅层连接在一起，扩大乘客公共区的空间，进而减少乘客的压抑感、恐慌感以及紧张感。另外，还可以按照不同区域的使用性质和功能来确定设计方法，例如，可以针对通风、通信、消防等方面的要求和相互关系来合理布置通风用房、信号用房和消防设备用房。对于乘客公共区的设计，可采用双层岛式、双层侧式的布置方法，选用集中布置类型，增加公共区可利用空间，拓宽乘客视野，缩小车站建筑规模。还可以采用分散布置形式，在地铁车站的两端分别设计成乘客公共区，从而有利于乘客流动和快速乘降。

2. 地铁车站内部环境的设计方法

地铁车站建筑作为高投入的公共交通工程项目，必须重视内部环境设计。在设计地铁车站内部环境时，必须与车站设计相协调，一方面可实现地铁车站的安全性和适用性，另一方面有利于乘客的通达与换乘。在通长的地铁车站空间里，设计支撑柱子时必须注意其节奏感，注重顶面处理以实现形体美观，还可以搭配不同的装修材料以美化空间。在地铁车站内部环境设计时，要采用合适的功能技术手段、造型艺术手段以及建筑装潢技巧，突出“以人为本”的设计理念。

(1)空气质量

车站位于地下，空间相对封闭、狭小，空气流通能力低，在设计中应注重换风换气设计，保证车站内部空气质量。

(2)改善车站内部空间形体

受到空间限制，形体单一是车站空间普遍存在的特征，要想丰富形体变化，可在建筑顶面设计中加以改善。例如，顶面处理中借助装饰材料进行美化，或者借助建筑顶部的采光窗口，将自然光引入内部空间，从而改善视觉效果。

(3)导向设计

内部标识简单明了，可帮助乘客快速找到目的窗口，缩短换乘时间，对维持内部客流秩序有着重要意义，因此，加强导向设计是优化车站内部环境的有效途径。常见的导向设计包括指示标牌、信息栏等，如换乘大厅内悬挂重要出入口标识，并在指示标牌中以不同颜色标注。

3. 地铁车站出入口和风亭的设计方法

在设计地铁车站出入口布局方式时，设计人员可根据专业知识和设计经验，参照其他已建成的地铁车站的地面建筑特征，结合地铁车站地上街道的实际情况来设计。应当将地铁车站的出入口位置设在那些客流最大，地面交通便利的位置，也可以设在城市主要商业区、商场以及地下人行通道等位置，这样可以极大节约施工成本。另外，在设计地铁车站出入口时，还要重视其经济引导功能和交通疏散功能。

根据我国地铁车站建筑相关标准和要求，本着安全、经济的设计原则，在设计地铁车站风亭的进风口和排风口时，一方面要与地面保持一定的高度，另一方面还要考虑相关设备自身的工作效率，其发出的振动和噪声不能影响周边居民的日常生活。车站出入口和通风亭都是地铁交通建筑的重要组成部分，往往会被设置在建筑密集的居民区和商业区，其有效可用空间往往会被限制，在设计时，必须注重与周边环境的协调，塑造地铁车站建筑的良好形象。

第二节　城市轨道交通车站结构设计

一、轨道交通车站结构设计方法

(一)做好资料搜集工作

由于地铁车站建设位于地下,涉及多种地下管线,所以在初步设计阶段,需要充分了解、掌握地下管线的信息,包括类型、埋深、材质、走向等。对于重力管线,还需要全面掌握其坡度方向。对于地面状况,需要了解其交通情况(比如车道数量、道路宽度等),综合考虑车站站位,查看是否存在交通疏解的条件。查看车站周边情况,寻找是否有适合车站施工的用地。通常情况下,施工场地应尽可能靠近车站主体结构。

(二)围护结构选型与设计

1. 工法选择

在进行车站设计计算之前,应首先选择合适的施工工法。国内地下结构较为成熟的施工方法有明挖顺作法、盖挖逆作法以及暗挖法。若拟建场地周边环境比较好,场地开阔,无建筑物及市政管线,根据工程特点,应选择诸多地下结构施工方法中较为经济,而且技术安全可靠的明挖顺作法作为车站主体施工方法。

2. 围护结构选型

已经建成的地下车站围护形式主要有地下连续墙、钻孔咬合桩、灌注桩结合连续墙等形式。其中地下连续墙技术已经比较成熟,其具有刚度大、抗渗止水防漏性能好、无振动、噪声低等优点,被广泛应用于北京、上海、广州等城市轨道工程中。其不仅可以很好地用作施工期间的基坑挡土止水围护结构,还能够通过优化施工工法较好地控制地面沉降,特别适合于周边环境保护要求等级较高的区域,该结构形式比其他围护结构形式更具灵活性,适用于多种施工工法,同时也可作为永久结构的侧墙(或侧墙的一部分)使用。

3. 围护结构设计案例

本站基坑为长条形,标准段主体基坑深度约为 15.81 m,端头井深约 17.2 m,基坑深度范围内从上至下依次为填土(硬壳层)、黏土、淤泥质黏土、淤泥质粉质黏土。淤泥质土层较厚,主体围护选用 800 mm 厚地下连续墙,接头采用锁口管柔性接头。

(1)支撑体系

地铁基坑的内支撑形式主要有两种:钢筋混凝土支撑和钢支撑。内支撑体系的选择应根据基坑土质情况、基坑深度、周边环境情况以及围护结构的形式来确定。在实施时,也可以将各种内支撑体系配合使用,扬长避短,以达到加快施工进度、降低工程造价的目的。根据地区前期已经建成通车的车站经验,结合情况,竖向从上至下共设置 5 道支撑加 1 道换撑,其中第 1 道为钢筋混凝土支撑(800 mm × 1 000 mm),其余为钢支撑(直径为 609 mm

或 800 mm，壁厚 16 mm），当钢支撑角撑跨度超过 16 m、对撑超过 20 m 时中间设置格构柱支撑，以确保稳定性。

(2)基坑加固

基坑环境保护要求比较高、地质环境条件比较差，可采用地基加固，加固方式一般可采用高压旋喷加固、水泥土搅拌桩等。为满足设计和施工要求，一般在基坑开挖前三周至一个月进行内井点预降水，以疏干并加固土体。对基坑土体进行加固，要求降水深度控制在坑底以下 1 m。由于本站基坑变形保护等级为一级，控制标准较为严格，所以需在坑底进行加固设计，使用 ϕ850@600 三轴搅拌桩进行加固，加固深度为 3 m，水泥掺量不小于 20%，加固体 28 天的无侧限抗压强度不得小于 0.8 MPa。标准段采用抽条形式，条宽约 3 m，间距约 3 m；端头井采用裙边＋大抽条形式，裙边宽度为 4 m。搅拌桩与地墙间的缝隙采用高压旋喷桩进行填缝，与搅拌桩咬合 300 mm，于 25%，加固体 28 天的无侧限抗压强度不得小于 1.0 MPa。

基坑标准段与端头井连接的阳角处，开挖时会产生力应集中，故采用高压旋喷桩对坑外土体进行加固，加固深度为地面下 5 m 至坑底 3 m，水泥掺量不小于 25%，加固体 28 天的无侧限抗压强度不得小于 1.0 MPa。坑内大部分土体为淤泥质土，为保证开挖的效率，需采用三轴搅拌桩进行弱加固，水泥掺量不小于 8%，加固体 14 天的无侧限抗压强度不得小于 0.2 MPa。

(3)降水设计

根据详勘报告，本场地深层存在含承压水层且比较厚，计算坑底坑突涌系数不满足要求，根据计算得出的地墙插入深度未能隔断该层，综合考虑经济性和周边环境条件，采用“降灌结合”的方式进行降水，以保护基坑的安全。采用有限元软件，对车站降压过程进行模拟分析。模拟计算采用含水层三维模型，即水文地质概念模型。地层从上到下，依次概划分为 5 个水文地质层，平面计算区域为 1 200 m × 1 200 m。

(三)主体结构设计

第一，选择合适的计算模式。目前，常用的计算模式主要有共同变形法、协调变形法、重合结构，它们都有各自的优缺点，而且适合的结构特点、受力和变形特点各不相同，需要根据不同的情况来选择。另外，鉴于断面计算的局限性，可以采用三维模型进行补充分析。

第二，综合考虑多方面的影响因素。在主体结构的设计过程中，需要根据具体的类型，考虑其可能发生的最不利的组合、施工过程中的荷载变化，选择最佳的组合。例如，在构件变形计算中，其永久荷载系数为 1.0，可变荷载系数为 1.0。

第三，做好建模计算的注意事项。一是在计算中，要充分考虑常水位、抗浮水位；二是据大量计算显示，人防荷载不起主要控制作用，但当顶板覆土厚度小于 3 m 时，为了保险起见，需要核实人防工况；三是做好主体结构的抗震设计。

二、施工方案及围护结构方案的选择

车站结构施工方法的选择，应遵循以下原则：

第一，优先选择明挖法。

第二，当受环境或其他因素制约，例如，结构通过交通繁忙、路面狭窄地段，且不允许长时间封闭交通等地段时，可采用盖挖顺作法施工，或选择盖挖逆作法、倒边逆作法施工。

第三，当结构通过交通繁忙或因技术经济原因，不宜采用明挖法、盖挖法施工时，可采用矿山法或明暗结合的方法施工。

三、轨道交通建设各阶段车站结构设计

(一)轨道交通初期设计阶段的车站结构设计

轨道交通车站的设计工作牵涉的工程量比较庞大，并且涉及很多专业，各专业间互相关联、牵涉，要保证其中的每一个环节都不能出现问题，否则会对车站的整体结构造成影响。初期的设计工作对后期的工作有着重要影响，要及时做好，只有这样才能确保后续工作的顺利进行。

1. 做好资料的收集工作

轨道交通车站大部分都会建在地下，因此，在建设的过程中会涉及各种地下管线。在设计初期，需要将管线的各种信息把握好，管线的材质、类型以及走向等都需要进行深入了解。如果管线为重力管线，需要将其坡度方向事先确定准确。对于地面上的情况，需要及时将道路的宽度和车道的数量等信息了解清楚，同时还需要将车站的站位情况考虑清楚，看其周围是否存在进行疏散的便利条件。然后，还需要及时对车站周围的环境进行详细勘察，以便找到进行施工的合适用地，施工用地通常都会选择离车站结构主体比较近的地方。

2. 制定合适的车站施工方案

首先，需要制定合适的迁改方案。在初期设计中，需要将车站的具体位置和埋深等信息了解清楚，然后综合实际情况，将能起到重要控制作用的管线确定出来，从而制订出合理的方案。在迁改管线的过程中，要遵从相应的原则，管线的迁改需要沿着车站的纵向进行。在横向方面还需要采用必要的悬吊保护措施，如果管线无法进行迁改，那么可以采用增加局部管廊和暗挖施工的方式。迁改图的确定，需要对分期施工的方案进行综合考虑，并从中找到最佳的施工方案，尽量避免后期的反复迁改情况。其次，将进行交通疏散的分期方案制订出来，方案的设计需能够顺畅，机动车道和人行道宽度在没有其他要求的情况下，需要设置为3.5m 和 2 m。最后，将施工的总平面布置图制定好，施工方法可以根据具体的实际情况来选择明挖法或者暗挖法，一般来说，明挖法应用较广。在施工过程中，为了确保安全，还要适当进行必要的围挡，需要保持大于 3 m 的外界距离，施工的便道距离也要不小于 5 m。

3. 确定好结构的尺寸

在初期的车站结构设计中，需要将结构的尺寸和形式确定好。围护结构在设计时，需要

先考虑当地的自然条件和地质情况，然后将围护的初步方案制订出来，在确保合理、经济的前提下，根据计算控制的断面，制定出合理的围护结构尺寸。在设计主体结构时，需要及时与各方面进行协调，从而将结构制定出来，同时合理计算断面，确定结构的尺寸。在这个过程中，需要计算并确定井孔边梁的尺寸。同时，还需要确定竖向的尺寸和结构平面等，通风道与主体的接口处一般会有壁柱和过梁，需要确定其是否符合受力要求，一旦发现问题就要及时解决。对于设置在车站中的诱导缝和变形缝等，需要及时做好与各方面的沟通，防止在施工后期出现调整困难的问题。

(二)轨道交通在施工图设计阶段的结构设计方法分析

首先，在设计时需要充分考虑当地的地质情况，围护方案的选择必须经济、合理。当前，有较多的围护结构形式，如人工挖孔桩、地下连续墙等，这些方式各有优缺点，需要在实际的施工中根据具体情况进行选择。其次，在设计中还需要注意以下问题：围护结构的尺寸变化次数尽量不要过多，这样能便于施工；计算集水井围护结构的配筋和尺寸时，应在标准段的基础上进行必要的加强；若围护结构参与抗浮设计，那么需要进行必要的抗裂验算；当车站上有临时铺盖系统设置时，此时的围护结构会承受较大的荷载，需要计算好此处的桩沉降和桩长度等；围护结构的嵌固深度在选择时，一般采用圆弧滑动法来进行，以此来保证其整体的稳定性，但是在实际的操作中会使得计算出的深度值过大，因此，需要根据实际情况进行安全系数的选择；同一层支撑的布置需要同时满足施工要求和计算要求，并保证有 3 m 左右的间距，上下层间的支撑，应处于相互对应的状态，尽量不要靠近柱位。

四、轨道交通高架车站结构设计

(一)高架车站结构技术特点和适用性

1.“桥—建”分离结构

“桥—建”分离结构车站形式比较单一，受力特点也比较清晰，车站主体结构的行车梁承担车辆荷载，而车站结构其他部分承担除车辆荷载之外的一切荷载。此类车站类型特别适用于用地不是非常紧张，对墩柱没有严格的景观需求的地方。车站行车梁部分跨径可按照桥梁自由设置，经济跨径为 30 m，梁型也比较自由，可根据具体情况选用。行车梁以外的部分为框架结构，经济跨径为 10～12 m，此跨径也同样适用于下面提到的“桥—建”结合结构。根据行车梁部分跨径综合选用，最好形成倍数关系，可以使桥下墩子布局更加美观。

2.“桥—建”结合结构

“桥—建”结合结构车站包括 4 种类型：纯桥支承式、以桥为主式、以建为主式、纯建支承式。这 4 种类型受力特点各不相同，纯桥支承式和以桥为主式的“桥—建”结合结构最明显的特征就是横向柱子少，需要按照桥梁受力特性去分析。

(1)纯桥支承式“桥—建”结合体系

该体系是将车站的站台梁与桥梁的墩柱(横向少于 3 柱时)固结，但轨道结构与车站用支座结构铰接。此体系车站结构整体性好，墩柱数目较少，与地面行车道之间一般没有冲突和干扰，因而设计中常常被采用。这是因为若高架线路沿着既有的城市道路中央分隔带布置，架车站一般布置成路中高架侧式车站，此时车站下需保证行车道的净空，并且其减振降噪效果明显，所以应用较多。

其缺点为墩柱较少，抗震不利，需要增加墩柱尺寸和配筋数量。需要考虑轨道结构梁的截面尺寸和支座空间高度，按照限界要求，建筑高度较大，造价高。

(2)以桥为主式“桥—建”结合体系

该体系与纯桥支承式结构所不同的就是轨道结构的支撑方式，也就是传递荷载的方式。采用刚接时，可承受传递弯矩等不利荷载，其建筑高度降低，减少造价。

其缺点为墩柱较少，抗震不利，需要增大墩柱尺寸和配钢筋数量:同时，当列车以一定速度通过高架车站时，高架车站会产生振动。框架结构因为缺少支座的缓冲作用，其动力稳定性一般比通过支座铰接连接的结构差，导致车站内振动、噪声较大，这与车站的舒适性要求相悖，所以应慎重采用。

(3)以建为主式“桥—建”结合体系

此类车站是目前最常用的一种类型。此类结构横向两侧立柱上可以承担较大荷载，因此，钢结构罩棚的造型可以有较大程度的发挥。其抗震性能好，地震力分担到每个墩柱，由于墩柱较多，所以每个墩柱的尺寸都比较小，在车站内的视觉效果比较好。

其缺点为跨径比较小，不通透。另外，纵向车站结构联长较大时(大于 55 m)，需要设置温度变形缝，一般采用双柱形式，这会对车站外部韵律和景观造成不利影响。

(4)纯建支承式“桥—建”结合体系

该体系与第三种类型不同的就是轨道结构刚接在主体结构上，此种类型车站应用不多，特别是当前车站的舒适度要求较高，一般轨道结构下需采用支座以达到减振降噪的作用。只有当站台层高严格受限时，才可以采用此方案。高架车站先形成以空间框架为主的建筑结构，再在其上形成连续楼板，承轨台直接作用其上。轨道纵梁与框架横梁刚接，该结构体系受力合理，结构整体性和稳定性好。

(二)站桥合一高架车站结构设计

1. 结构设计的内容

(1)概念设计

包括车站结构体系的选择、传力路径的设置、抵抗水平和竖向荷载的主受力构件的布置等。

(2)计算设计

包括荷载取值、计算程序选择、结构计算模型的简化和适用设计规范的选择等。

(3)构造设计

采取适当构造措施，提高结构的安全性，保证结构抗震能力达到“中震可修”的设防要求。

2. 结构设计的荷载取值

(1)车站用房部分荷载取值对车站公共区和设备区域,可按总体技术要求规定进行荷载取值。其中,公共区域为 4 kN/m^2,设备区域为 8 kN/m^2。对管理用房,可按《建筑结构荷载规范》(GB 50009—2012)规定执行。

对结构横向风荷载应按 100 年重现期确定,地震作用可按《建筑抗震设计规范》(GB 50011—2010)设计,并按《铁路工程抗震设计规范》(GB 50111—2006)验算。

(2)列车荷载取值

①车辆竖向轴重活载。我国生产并广泛使用的 B 级 车尺寸,在计算列车轴重活荷载时,要以动力作用放大系数方式考虑列车的动力作用特性,即按列车静轴重乘以动力系数 $(1+\mu)$,其中 μ 值宜按现行《铁路桥涵设计规范》(TB 10002－2017)中规定值的 80%采用。

②列车横向摇摆力。根据总体技术要求,列车横向摇摆力一般按相邻 2 节车厢 4 个轴重的 15%计算,并以集中荷载形式作用于轨面处。从理论上讲,摇摆力应为与轴重一起的移动荷载,但由于分析程序技术的原因,实际工程中,一般以均布线活荷载方式加载,所以其大小可根据弯矩包络图简化近似求出,并沿楼面加载于轨道梁。

③列车制动力或牵引力。该力由列车进出车站引起,当站内单线有车时,取车辆静活载的 15%计算,站内双线有车时,取车辆静活载的 10%计算。

④无缝线路的纵向伸缩力和断轨力。对无缝轨线路,应检算结构在轨道伸缩、挠曲和断裂作用下产生的力对结构的作用。

⑤离心力。当列车驶过线路曲线弯道时,由于惯性作用会产生离心力,其大小与线路曲线半径和列车经过时的速度有关。当车站确实位于曲线上时 V＝60 km/h、满载时 V＝30 km/h,列车站内速度可按空载时、满载时计算。

⑥温度作用。如果车站结构长度超出规范温度缝要求,应考虑温度作用的影响,一般按升温 20 ℃和降温 15 ℃考虑。

⑦路面汽车的撞击力。当车站墩柱遭遇汽车撞击时,可以采取防撞击措施,可按顺桥方向 100 kN 和横桥方向 500 kN 考虑,并作用于距离路面 1.2 m 处。

⑧支座差异沉降作用。差异沉降由各墩柱的不均匀沉降引起,考虑到沉降产生过程是在很缓慢的时间中形成的,因此,按 10 mm 的支座沉降差乘以 20%～50%的系数折减来计算,土层越好此系数越小,基础承于基岩时可以不计差异沉降。

(三)车站结构计算的控制指标

1. 水平位移

参照桥梁结构规定,高架车站结构应满足纵向水平位移标准和横向水平位移标准,并且应同时满足 1/600 的弹性层间位移角控制标准。

2. 沉降差

高架车站结构一般也是超静定结构,沉降差在结构内部产生装配附加内力,沉降差越大这种内力也就越大,因此,应严格控制沉降差。一般可根据结构最大允许沉降差来控制桩墩的沉降差。同时,一般桩基础都已进入低压缩性土层,在主体结构土建完工投入使用时,其沉降已完成过半,因此,后期沉降较小。

3. 轨道梁挠度

参照桥梁规定,站桥合一的高架车站轨道梁的挠跨比建议按 1/2 000 控制,站台层横框架梁的竖向挠跨比建议按 1/800 控制。

4. 配筋、抗裂

对直接承受列车荷载的轨道梁、横向框架梁和框架柱(墩柱),应分别按极限状态法和容许应力法进行配筋、抗裂验算,并同时满足铁路和民建规范。

(四)工况组合

对站桥合一高架车站结构,存在左、右线路同时和不同时运营的可能,根据最不利原则,应计算各种工况下的最大包络线。为能够比较真实地反映结构工作状况而又不至于增加过多计算量,在进行荷载组合时,可按以下规定。

1. 直接承受列车荷载

对直接承受列车荷载的结构件(主要是站台层横框梁、轨道梁、框架柱、基础桩),宜按下列工况进行组合:①左、右线无车;②单线重载、单线无车;③左、右线重载;④左、右线重载,摇摆力同向;⑤左、右线重载,摇摆力反向;⑥左、右线重载,制动力同向;⑦左、右线重载,制动力反向;⑧左线重载+摇摆力+右线重载+制动力。

2. 不直接承受列车荷载

对不直接承受列车荷载的其余结构件,应按照民建规范进行竖向荷载、强风以及地震作用工况组合。

第三节　城市轨道交通车站消防安全设计

一、城市轨道交通消防安全隐患

在当前城市建设及发展过程中,城市轨道交通属于十分重要的工程,对城市整体发展有着十分重要的作用。在城市轨道交通运行过程中,所存在的消防安全隐患会在很大程度上影响其实际运行,并且会对城市轨道交通运行安全造成严重影响。具体而言,在当前城市轨道交通运行过程中,其安全隐患主要包括以下几个方面。

首先,由于建设与运营同期而存在较大安全隐患。在城市轨道交通实际建设和运营过程中,对于不同线路而言,其建设工期存在一定差异,因此导致有些车站已经投入运营,而有些车站仍在建设中,这种情况的存在必然会导致消防安全隐患存在。另外,对于不同车站而言,其消防系统均处于独立状态,未能较好地实现联动,或者联动效果比较差,这也会导致消防安全隐患存在。

其次,运营客流量较大导致安全隐患存在。对于当前每个城市内的轨道交通而言,客流量都较大,尤其在高峰期很容易出现拥堵情况,消防疏散压力非常大,一旦出现火灾,必然会出现消防安全事故,导致人们生命财产安全受到严重威胁。同时,由于轨道交通多为地下建筑,此种建筑方式也会影响人员疏散的速度。

最后,消防救援设备和手段比较落后。在城市轨道交通实际运行过程中,由于消防救援设备和手段比较落后,一旦出现火灾无法及时将火熄灭。很多消防设备并未满足实际消防需求,存在严重的消防安全隐患。

二、城市轨道交通车站消防设施

(一)火灾探测器

1.感烟式火灾探测器

感烟式火灾探测器是能对可见的或不可见的烟雾粒子做出响应的火灾探测器,它是将探测部位烟雾浓度的变化转换为电信号以实现报警目的的一种器件。

(1)感烟式火火探测器的主要探测类型

①离子感烟式探测:离子感烟式探测是使局部空气呈电离状态,当烟粒子进入电离化区域时,利用空气的导电性,使探测器发出警报。

②光电感烟式探测:光电感烟式探测是利用起火时产生的烟雾能够改变光的传播特性这一基本性质来进行火灾探测。

③激光感烟式探测:激光感烟式探测是通过对警戒范围内某一线状窄条周围烟气参数响应来进行探测。

(2)感烟式火灾探测器的安装原则

感烟式火灾探测器适宜安装在发生火灾后产生烟雾较大或容易产生阴燃的场所;不宜安装在平时烟雾较大或通风速度较快的场所。

2.感温式火灾探测器

感温式火灾探测器是对警戒范围中某一点或某一线路周围温度变化时将温度的变化转换为电信号响应的火灾探测器。

感温式火灾探测器的主要类型有定温式探测器、差温式探测器、差定温式探测器。

感温式火灾探测器适宜安装于起火后产生烟雾较小的场所,平时温度较高的场所不宜安装感温式火灾探测器。

3.探测器设置要点

火灾探测区域一般以独立的房间划分,探测区域内的每个房间内至少应安装一台探测器;在敞开或封闭的楼梯间、消防电梯前室、走道、坡道、管道井、闷顶和夹层等场所都应单独划分探测区域,并设置相应种类的探测器。探测器的设置一般按保护面积确定,每只探测器的保护面积和保护半径的确定要考虑房间高度、屋顶坡度和探测器自身灵敏度三个主要因素的影响。火灾探测器正常工作的干扰因素有粉尘、潮气、电磁场和高速气流等。排除干扰因素的主要方法是正确选定火灾探测器的类型;安装位置要合理确定;合理规范布线。

(二)防灾报警系统

在轨道交通系统中,防灾报警系统一般分为两级管理和三级控制模式。两级管理是在城市轨道交通中央控制中心设置消防指挥中心,在各个车站、车辆段和主变电所等处设置防灾控制室作为车站级消防控制中心。三级控制为主控制级、分控制级和就地级消防控制。防灾报警系统功能包括中央级功能、车站级功能和现场级功能3个层次。

1. 中央级功能

中央级功能监视全线各车站、区间隧道、控制中心大楼、车辆段和主变电所等下属所有区域的火灾报警、消防联动和故障情况,在火灾发生时承担全线防灾指挥中心功能。

2. 车站级功能

车站级功能主要有监视、报警、控制以及其他系统的联动。火灾监控与报警控制器可随时监控和接受各探测点的报警信号,光报警信号,并能自动或手动执行对有关消防设施的联动控制。形显示终端按照车站建筑平面分级、分区显示本站系统的详细信息,并能够实时打印输出各种有关数据报告。视频传输系统在车站站台、站厅等公共场所安装全方位的监视器,实时收集站内的视频信息,并反映到值班室的闭路电视监控器上,由值班人员进行监控和处理。

3. 现场级功能

现场级功能主要是指火灾监控与报警设备的具体功能,这些设备主要有火灾传感器、手动报警器、感温电缆和紧急电话插孔等。

(1)火灾传感器

火灾传感器用于对站内设备用房、站厅、站台乘客公共区等进行火灾自动探测。

(2)手动报警器

在站内乘客公共区、设备用房区域以及列车上需安置手动报警器,以便及时通报火灾。

(3)感温电缆

感温电缆用于对站台层变电所下的电缆夹层,实施火灾自动探测报警。

(4)紧急电话插孔

在站内的乘客公共区及设备用房区域设置的消火栓箱上,配置紧急电话插孔;对于区间隧道及站内轨道外侧所设的消火栓箱,也应设紧急电话插孔。

(三)自动灭火系统

自动灭火系统包括联动相关的消防设备和设置固定式灭火装置。固定式灭火装置主要有消火栓灭火设备、喷洒水设备、卤化物灭火设备、室外消火栓设备、消防泵以及管路电动阀等。消火栓灭火系统具有使用方便、来源广泛、灭火效果好、价格便宜和适用范围广等特点,是目前建筑物中最基本的灭火设施。

自动喷水灭火系统在火灾初期具有自动喷水灭火、用水量少、灭火成功率高、损失小、无人员伤亡、反应灵敏和灭火迅速等优点，但其建造成本非常高。与自动喷水系统相比，气体灭火系统具有事后处理工作量小、控制油气火势蔓延效果好等优点，但其有成本较高、可能对大气造成污染和对人体造成危害等缺点。而泡沫灭火系统具有水流损失小、灭火效率高、泡沫容易清除等特点。

干粉灭火系统具有灭火历时短、效率高、绝缘好、灭火后损失小、不怕冻、不用水、可长期储存等特点。干粉灭火器轻便灵活，使用广泛，对扑灭初期火灾具有显著效果。

应根据城市轨道交通不同部位的环境条件、器材安装、设备特点等要求，选择相应的灭火系统和器材。在车站的公共区，要以消火栓系统为主，将整个车站覆盖在消火栓的保护范围下。在车站的设备用房，由于仪器众多，设备复杂，在此类相对封闭的区域要以气体灭火系统为主。自动喷水系统在公共区的作用不明显，甚至会造成地滑而影响人群疏散的速度，在车站的公共区一般不设置自动喷水灭火系统。在区间隧道中要沿线布设消火栓灭火系统，条件允许时还可在区间隧道中加装移动式灭火系统、移动式灭火系统可采用泡沫灭火器。

(四)火灾自动报警系统

火灾报警系统(简称 FAS 系统)主要包括设置在沿线各车站、区间隧道、控制中心大楼、停车场、主变电所等与地铁运营有关建筑与设施的火灾报警系统设备，以及相关的网络设备和通信接口。其一般由中央级和车站级二级系统组成，采用控制中心的中控级和车站级二级监控管理方式。

1. FAS 系统构成

(1)地铁全线 FAS 系统构成

地铁 EAS 系统按两级(中央、车站)管理三级(中央、车站、就地)控制设置全线系统。FAS 系统作为二级管理系统，由设置在运行控制中心的环调工作站、车辆段的维修工，作站和设置在各车站车控室、车辆段和主变电所等地的消防控制室的火灾口动报警系统和通信网络构成。

车站级火灾自动报警系统采用专用火灾报警控制盘。FAS 系统作为三级控制系统，第一级为中央级，是整个 FAS 系统集中监控中心，设置于全线控制中心大楼内；第二级为车站级，是 FAS 系统基本结构单元，设置于各车站的综控室及车辆段等的消防值班室；第三级为现场就地控制级。

(2)中央级系统构成

中央级作为运行控制中心管理全线火灾报警系统网络控制工作站，是整个系统的设备、管理和控制中心。它能实现对全线 FAS 系统和联动设备的完全监视和控制，中央级通过图形和文字方式对全线各站 FAS 系统的智能探测器、手自动转换开关、监视模块、控制模块等设备的报警、故障、屏蔽、复位、反馈、控制等信息进行实时监视和处理。通过中央级工作站可实现直接屏蔽、复位设备点、读取智能探测器工作参数、启动/停止联动控制设备等功能。

在中心调度大厅内设置一套火灾自动报警控制器(网络型)、一套互为备用的图形工作站。在控制中心大楼机房内设置主备服务器(视不同品牌的设备而定)、交换机等设备。火灾自动报警控制器(网络型)通过网络接口与全线火灾自动报警网络相连,作为网络的一个节点与各车站级火灾报警控制器(联动型)保持通信。工作站采用主、备机同时在线工作,并互相监视的形式。平时备机同样接收并存储网络信息,当主机失效时,备机能无间断替代主机工作,并保持系统记录。FAS系统控制中心控制器和图形工作站应预留一定的余量。

中央级设有联动控制台、防灾广播与电视监控切换装置、防灾调度电话总机及与市消防、防汛、地震预报中心联系的外部电话等,并设置打印机,与相关系统接口等设备。在车辆段设FAS系统维修检测工作站,除具有维修功能外,还具有与系统管理工作站相同的功能。

(3)图形控制中心系统

图形控制中心系统配备两台计算机,分别为监控管理操作终端和历史资料存档管理操作终端。操作终端采用高质量、高性能的个人计算机或高性能工业级计算机,配置17 in以上彩色鼠标、打印机、不间断电源UPS。历史资料存档管理操作终端配置高性能、高容量的磁带机,用于历史资料的存储备份。

(4)车站级系统构成

在各车站、主变电所、集中供冷站、车辆段等各主要建筑的消防控制室设置一台火灾自动报警主机,火灾自动报警主机配置先进的微处理器、液晶显示器和紧急供电装置。微处理器有强大的事件存储功能,便于分析事件发生的原因。液晶显示器显示为全中文字符,最大限度地向消防值班员提供信息。除了液晶显示器外,还有易于理解的LED灯和开关按钮组合,以帮助消防值班员在紧急情况下执行系统命令和救灾命令。同时,在各车站设置消防联动控制柜,通过控制电缆与重要消防设备的控制回路相连,用于火灾时自动控制系统失灵的情况下,手动控制各种消防设备。

车站火灾报警控制器、图形显示终端,以及管辖区域内的各种探测器、手动报警按钮、电话插孔、消防专用电话、控制联动设备、信号输入和信号输出模块等现场设备构成车站控制级火灾自动报警系统。

车站级(含控制中心大楼)在各车站、控制中心大楼等消防设备室设火灾报警控制器,能够对其所辖范围独立执行消防监控管理。其管辖范围除车站外,还包括车站相邻的区间隧道和隧道中间风井。区间隧道和隧道中间风井的火灾报警以区间中心里程为分界点,分别纳入紧邻的车站火灾自动报警系统。中间风井并接入相邻车站回路,车站火灾报警控制器实施报警和联动控制。

车辆段和停车场信号楼控制室设置火灾自动报警器,作为车站级的火灾自动报警系统控制器,并与全线火灾自动报警系统直接联网。信号楼、混合变电所、综合楼、检修库和材料总库、运行库联合车库等设备用房及管理用房设置各类探测器。火灾自动报警控制器、图形显示终端、区域火灾报警控制器及管理范围内的所有现场设备共同构成车辆段火灾自动报警系统。

主变电所根据站内火灾工况的要求，设置联动型火灾报警器或区域火灾报警器。联动型火灾报警器可作为车站级的火灾报警控制器，并与全线火灾自动报警系统直接联网；区域火灾报警器应接入主变电所相邻车站的火灾报警控制器。区域火灾报警器将主变电所的报警、状态、联动信息按点实时送至车站级火灾报警控制器，再由车站控制级送至控制中心中央级。主变电所区域火灾报警控制器与管辖范围内的各类探测器、手动报警按钮、输入输出模块等现场设备构成主变电所火灾自动报警系统。

换乘车站的火灾自动报警系统，根据车站的共享功能，由先行建设的线路，按照整体的环控工艺和火灾联动工况，进行一次系统设计，分阶段实施。本阶段的火灾自动报警控制器应预留与其他线路中央和车站系统的通信接口，以实现信息交换。同时，在共享车站上其他线路需要联动控制时，接受其他线路中央的控制指令，执行相应的火灾工况。

(5)现场级设备构成

各站级火灾报警控制器的下级布设了覆盖范围广、数量庞大的就地级设备，用以及时探测火灾灾情和及时联动相应设备运行到火灾模式。

现场级 FAS 系统主要包括以下设备：

①各类火灾探测器。包括智能化光电感烟探测器、红外光束感烟探测器、感温探测器、红外火焰探测器、可燃气体探测器和线性感温电缆等，用来实现现场火灾的报警，及时发现火情。

②监测及控制模块。用于对各设备运行状态的检测、报警检测及对各消防设备的控制。

③手动火灾报警按钮。在站厅层、站台层、出入口通道和设备区等区域设有带地址码的手动火灾报警按钮。每个防火分区至少设有一个手动火灾报警按钮，从一个防火分区内的任何位置到最邻近的一个手动火灾报警按钮的步行距离不大于 30 m。在上述区域中，若设有消火栓箱，则手动火灾报警按钮安装在靠近消火栓箱处明显可见和便于操作的墙上。

④警铃及声光报警器。火灾时发出火灾报警。

⑤消防广播。发布火灾信息，组织现场救灾工作及疏散人群。

2. 系统的主要功能

(1)中央级 FAS 系统功能

中央级 FAS 系统负责对轨道交通全线各车站、主变电所、车辆段、停车场、控制中心大楼的灾情监视、防灾设备的管理和灾害时的组织指挥工作，侧重于上层的救灾指挥和协调功能。其具体功能如下：

①监视全线火灾自动报警系统设备的运行状态，接收全线各车站、主变电所、车辆段、停车场、控制中心大楼的火灾报警信息。当接收到火灾报警信号时，以地图式画面在综合显示屏上显示报警点，打印报警时间、地点并启动火灾报警的声光报警信号。

②记录显示全线所有消防设备的运行状态，当被控设备故障或状态变化时，应发出声音提示并打印、记录所发生的时间、地点。

③可对系统、设备、网络进行自检记录，包括设备的离线自动报警、网络的故障报警、存

储操作人员的各项操作记录。

④存储、打印实时故障等其他各项记录。

⑤可以将历史记录等报告内容进行整理归纳并存储到磁盘,也可随机形成报表打印。

⑥具有可操作权限时,应对各站的控制器进行在线编辑和程序下载,修改现场参数。

⑦火灾自动报警系统可通过相关接口,将火灾信息发送到信号系统。

⑧控制中心级可通过操作电视监控系统的键盘和显示终端确认现场的情况。根据火灾的实际情况,向有关区域发出消防救灾指令和安全疏散指令,并通过通信工具来组织指挥救灾工作的开展。

⑨接收主时钟的信息,使 FAS 系统时钟与主时钟同步。城市轨道交通消防指挥中心设有消防值班员,负责管理全线的火灾报警,确认火灾灾情,向车站级发出消防救灾指令,指挥救灾工作的开展。

(2)车站级 FAS 系统功能

车站及 FAS 系统功能主要包括监视、报警、控制以及其他系统的联动等,其具体功能如下。

①监视车站和所辖区间消防设备的运行状态,接收车站和所辖区间火灾报警以及重要系统的报警,并显示报警部位。

②接收车站火灾报警信号,显示报警部位,优先接收控制中心发出的消防救灾指令和安全疏散指令。

③通过车站的火灾报警控制盘内 RS485 数据接口向机电设备监控系统发出模式指令,由机电设备监控系统启动消防联动设备。FAS 系统发出救灾命令到机电设备监控系统的时间应不超过 1 s。

④火灾报警控制盘接收气体灭火系统的 5 个反馈信号,即火灾预报警信号、火灾确认信号、系统故障信号、气体释放信号、手动/自动状态信号。

⑤监视车站防火阀的动作,并将信息上传至控制中心。

⑥控制防火卷帘下降,接收其反馈信号,并将信息上传至控制中心。

⑦接收消火栓泵运行信号及故障信号,按编制程序控制消火栓泵的启停。

⑧向消防指挥中心报告灾情,接收消防指挥中心发出的消防救灾指令和安全疏散命令。

⑨通过车站级的消防联动控制接口向机电设备监控系统(简称 EMCS)发出救灾模式指令,由 EMCS 启动消防联动设备。

⑩通过消防广播系统和闭路电视监控系统,对乘客进行安全疏散引导。

城市轨道交通车站、车辆段、集中供冷站以及主变电站消防车控制室设有专职消防值班员,由值班站长或值班员兼任,其职责为监控火灾报警,确认火灾灾情,报告消防车指挥中心,接收消防指挥中心发出的消防救灾指令,控制有关消防联动设备和组织现场救灾。

3. 系统的网络结构

根据火灾自动报警系统基本的结构要求和设计形式,火灾自动报警系统按照所采用的火灾探测器、各种功能模块和手报等与火灾控制器的连接方式,可分为多线制和总线制两种应用形式。根据火灾报警控制器进行火灾检测数据的处理和火灾模式识别方式的不同,分为集中智能型和分布智能型两种系统应用形式，按各个生产厂的系统实际产品形式，分为中控机、主子机和网络通信系统应用形式。

轨道交通 FAS 系统多采用总线制分布智能型的网络通信系统。站级 FAS 系统是整个地铁 FAS 系统最基本的组成单元，负责本站范围内的火灾探测和消防联动。它是全线 FAS 系统网络的一个节点单元，通过车站综合控制室火灾报警控制主机（FACP 盘）纳入全线网络，由控制中心统一管理。

4. 系统的运作模式

（1）监视模式

在正常状况下，火灾报警控制器和车站现场设备处于监视状态，车站图形显示终端显示车站各防火分区、防烟分区的平布置图和车站现场设备状态。

（2）报警模式

报警模式包括自动确认模式、人工确认模式以及消防联动模式。

①自动确认模式。任何一个报警区域，如有一个智能火灾探测器报警，同时有一个手动报警按钮报警，或者两个及两个以上的智能火灾探测器报警，则火灾自动报警系统自动确认报警。火灾确认后，火灾自动报警控制器发出指令，控制相关消防设备并发送指令至设备监控系统，设备监控系统接收并执行指令，按照预先设置的程序使相应的设备投入火灾工况模式运行，指令执行完成之后向火灾自动报警系统发送反馈信号，并传送至控制中心。

②人工确认模式。如果报警区域为电视监控系统可以监控的区域，则可由车站控制室的值班人员将电视监控系统切换到报警区域并确认。如果监控系统监视不到报警区域，那么值班人员要通过通信工具通知现场值班人员到现场进行确认。经人工确认火灾后，人 T 启动火灾报警系统进行消防联动，并发送指令至设备监控系统，设备监控系统接收并执行指令，按照预先设置的程序使相应的设备投入火灾工况模式运行，指令执行完成之后给火灾自动报警系统发送反馈信号，并传送至控制中心。

③消防联动模式。消防联动模式是火灾自动报警系统自动实现火灾探测、火灾报警，控制和监视火灾时的排烟、排烟防火阀的动作状态，控制相关消防设施的联动，接收其状态反馈信号，并将信息上传至控制中心。发生火灾时，火灾自动报警控制器发出指令至设备监控系统，设备监控系统接收并执行指令，按照预先设置的程序使相应的设备投入火灾工况模式运行，火灾自动报警系统指令具有最高的优先级。

第四节　城市轨道交通车站通风设计

一、城市轨道交通车站通风措施

（一）采用大小系统分设冷源，小系统采用变频多联机

采用大小系统分设冷源，小系统采用变频多联机是地铁车站通风空调系统优化方案之一。变频系统的主要特点有节约能源、运行费用低，节省占地面积、有效利用空间、控制先进、智能化管理、工程设计自由度高、灵活方便、安装极为方便、施工周期短、操作人性化、维

护保养简单化、使用寿命长、运转平稳、噪声低等。正因为如此，小系统使用变频多联机和小新风模式就成为创新方式之一。

该系统相对于大系统独立运行，通过变频多联机系统，充分发挥自身的变频特性，对室内空气进行自主调节。一方面弥补设备房间因为热量挥发所产生的温度变化；另一方面降低设备运行能耗，有效调节设备房与其他空间温度不均匀的情况。大系统采用空调水系统，白天提供公共服务，为公共区提供支持；夜间则停止运行水系统，降低冷却塔的运行调控，防止扰民。这种运行方式极大地降低了能耗，提高了设备的应用效能，延长了设备寿命。整个系统操控简单，而且其后期维护成本比较低，工作量不大。大、小系统分开使用运行后，对空间的安排会更加合理，保证了室外的景观效果。保证了整个系统的稳定、可靠，并且提升了系统的服务质量。

（二）屏蔽门转换装置

屏蔽门转换装置可以实现过渡季节利用活塞风对车站进行通风，减少空调系统的运行能耗。转换装置的设置是指在屏蔽门上方有一个开关，实现大小系统的开合，根据环境需要进行该开关的开启或者关闭，做到最大限度降低能耗，降低空调设备的运行成本。

（三）采用自然通风/排烟

采用自然通风/排烟可以减少设备投资和后期设备的运行能耗及维护。在设计过程中，将原设计中的机械通风、排烟系统更改为自然通风排烟，利用吊装孔、采光通风孔进行自然通风机自然排烟。采用自然通风/排烟可有效降低能耗和管理成本，是地铁站空调系统主要应用的通风方式，并且自然、环保，没有更多多余的装修设置，应用效果良好，是未来轨道交通车站的发展趋势。

（四）单活塞风井优化

轨道交通隧道通风系统最常用的系统模式是在车站两端分别设置两个活塞风井（简称“双活塞风井方案”）。在我国部分城市的地铁隧道通风系统设计中，已经将隧道风机兼作车站执行区排热风机（U/O 风机），并且取消进站端的活塞风道，这样车站每端只设进风亭、排风亭、活塞风亭各一座（简称“单活塞风井方案”）。该隧道通风系统方案尤其适用于设置了屏蔽门系统的岛式地铁车站。与传统的双活塞风井方案相比，单活塞风井方案可以减少风道面积，缩短车站长度，节省土建投资，并且地面的风亭数量可以相应地减少两个。减少风亭不仅能减少对车站地面周围景观的影响，改善周边环境，还可以减少与规划部门的协调和地面建筑物的征地、拆迁问题。

（五）车站公共区空调与通风系统共享

车站环控大系统的系统容量基本上满足整体车站公共区的通风空调需求，以整体的容量为设计基础。共享系统也需要满足各设计工况下的运营要求，如全通风运转、空调最小新风量运转、空调全新风运转。在这些设计原则下，各线系统可进行单一机组运转，同时也保留了互相支持和备用的可行性。共享系统的冷量分配可考虑采用以下两种方式：各自区域（如车站站台）由各线自负；共用区域（如车站共用站厅）由其中一个较早开始运营的轨道交通线负责提供和控制或由两线共同提供。

1. 在交汇点附近进行环控大系统共享设计

共享系统配置为各线设单一风机机组配置(包括组合式空调机组及回/排风机),以便在一般正常运营的情况下运转,满足车站设计工况下的运营要求。在可以实现共享的车站区域,通风空调机组从 4 台减少至 2 台。虽然机组的总容量基本不变,但对设备维护的共用空间布置,可得到有效节省。这种系统共享方式对组合式空调机组的机房来说,一般可减少约 40%。

2. 连接各线单一机组

利用联通风道和风阀,连接各线单一机组,以便在需要的情况下做互相支援/备用,在运营方面具有与一般独立风机组合相同的灵活性。

3. 两线共用同一组送风井和排风井

与环控小系统和轨道排热风机分别共享送风井和排风井,这样不仅能减少室外风井对景观的影响,减少噪声源,还可以减小因建设车站而拆迁的范围,并且还可以合理缩短车站总长度。

4. 换乘车站最少设三组共享机组

在系统容量的基础上,共享设备的总容量基本上保持不变,但集中整合设备后,可减少设备的总数量。为便于灵活调节容量,换乘车站应最少设三组共享机组。然后,根据线路运营不同时期的风量需求调整开启机组数量,按常规运营方法,共享机组可分为三个系统运营档次。

二、轨道交通车站通风空调系统设计

(一)空调系统设计原则及标准

1. 通风空调系统设备用房的设计

需要合理布置车站通风空调系统设备用房,设备用房应结合实际情况灵活布置。在设计风亭的过程中,应当全面考虑城市的环境条件,风亭应当与城市环境条件相协调、适应。为了提升乘客的出行体验,为车站创造静谧的环境,需要严格控制噪声,使噪声分贝处于相关标准的规定范围内。

2. 通风空调系统需要及时排除余热和余湿

为了给乘客提供舒适的乘车环境,以及给设备提供良好的运行环境和为地铁工作人员创造优越的工作环境,应当确保通风空调系统在地铁正常运营过程中及时地排出余热和余湿。

3. 确保通风空调系统能够提供舒适的热环境条件

当地铁在区间隧道中受到阻塞时,乘客可能感到不适,这时,就需要对通风空调系统进行优化设计,保证列车阻塞在区间隧道内时车内热环境条件自然、良好,不会令乘客产生不良反应。

4. 通风空调系统应当具备火灾报警和排烟功能

保障乘客的安全是轨道交通的头等大事，因此，在火灾发生的第一时间内，通风空调系统必须能够顺利地开展通风、排烟以及防烟等工作。通风空调系统应当为消防人员和乘客提供维持基本生命活动所需的新风量，空调系统必须形成一定数值的迎面风速，这样才能最大限度地保障乘客、车站工作人员与消防人员的生命安全。

5. 通风空调系统的设计应遵循分类原则

在设计轨道交通通风空调系统的过程中，应当遵循分类设计原则。设计人员需要根据各区域运行时间的差异、环境控制参数要素以及使用功能的不同来开展分类设计工作。

6. 通风空调系统的设计应遵循安全原则

应当确保通风空调系统具备较强的可靠性、技术先进性和安全性，所有的设备要定期安排专业人员进行检修维护。在设计过程中，应当首先考虑设备的效率和节能性，推广应用自动控制性能高、智能化特征显著的设备。

（二）车站公共区通风空调系统

车站公共区负荷由车站人员负荷、设备散热负荷、屏蔽门负荷、出入口渗透负荷、照明散热负荷等几部分组成。

客流相近的两个车站进行换乘时，两线同时运营时的负荷要小于单独运营的总和，因两线车站共用站厅，共同运营时客流是两站分开运营之和，同时站台需要考虑换乘客流产生的负荷。因此，客流负荷比两站分开运营要大。共同运营与分开运营站台负荷之差主要体现在人员负荷与屏蔽门渗透负荷上(屏蔽门漏风量按照经验数据每站 7 m^3/s 取值)，其他设备产生的差值不大。对于分期实施的换乘车站，先期实施的车站冷负荷因为客流和行车对数较少，导致屏蔽门漏风量也会小于计算所采用的数值，其负荷会小于冷负荷数值，其公共区风量会小于后期两个车站共同运营时的风量。因此，为公共区服务的组合式空调机组与回/排风机，每端宜选择 2 台，一台为先期运营的车站服务，当后期换乘车站投入运营时，再增加另一台组合式空调机组和回/排风机。同时，组合式空调机组与回/排风机要考虑变频，以适应因客流逐渐增加而导致的冷负荷逐渐增加现象。

由于共用站厅层，风管尺寸应按照后期两线同时投入运营时的送风量计算，因此先期投入运行的车站站台风管尺寸也应按照两线后期共同运营时的风量确定，以避免对先期运营车站公共区的重复施工。后期投入运营的车站，应该结合换乘车站装修工期对风管进行安装，若不同时安装，设计时需为后期运营的站台层预留接管条件。

车站空调水系统也应充分考虑资源共享，避免重复投资，两站冷水机房应考虑合建。若两个车站投入运营的时间不同，则可在冷水机房为城远期车站考虑预留位置。

（三）地铁车站设备管理用房通风空调系统

轨道交通车站设备管理用房按功能、性质和使用要求不同，通常分为管理办公用房、发热量较大的强电电气设备用房、发热量小的弱电电气设备用房屋、卫生间和机房等辅助房屋四大类。

根据《地铁设计规范》(GB 50157－2013)的规定，结合设备管理用房的特点、温湿度要求和工艺要求，通常需要考虑设置通风空调降温系统的房间主要有管理办公用房、发热量较大的强电电气设备用房、发热量小的弱电电气设备用房。从国内目前已开通运营轨道交通的城市及正在进行建设和设计的城市的通风空调系统设置情况来看，设备管理用房设置独立空调冷源的通风空调系统可以归纳为以下两类。

1. 全空气通风空调系统

采用全空气空调系统时，空调房间的室内负荷全部由经过集中处理的空气来负担。目前，国内已建或在建地铁项目设备管理用房基本均采用全空气空调系统。

全空气空调系统主要由空调室外机、空调室内机、水管(制冷剂管路)、风管以及辅助设备组成，可以实现小新风、全新风以及通风等多种工况转换。

直膨式全空气空调系统在民用建筑中已被广泛采用，而将其应用于地铁车站，具有比其他独立冷(热)源方案简单、设备少、控制简单且成熟、管路少而短、管径小等优势，可作为车站设备管理用房通风空调系统优先推荐方案。

2. 多联机空调系统＋机械通风的复合通风空调系统

多联机空调系统主要由空调室外机、空调室内机以及制冷剂管路组成，系统可根据负荷变化变频运行。多联机空调系统仅制冷或制热，为满足最小新风、通风换气、排烟等需求，需要单独设置新风系统，因此，还要设置送风机、排风机、排烟风机和风管管路。

“多联机空调系统＋机械通风系统”虽然年耗电费用较低、土建投资较少，但总投资相差不大，并且具有室内空气品质低、维护检修量大、室内冷凝水对设备造成安全隐患、管道长制冷(制热)量衰减大的缺点。因此，轨道交通地下车站设备管理用房通风空调系统可优先采用全空气空调系统。

第四章　城市轨道交通系统的规划设计

第一节　城市轨道交通系统换乘站规划设计

一、换乘站的作用及设计原则

(一)换乘站在线网中的作用

换乘站是线网架构中各条线路的交叉点，是乘客转线乘车的重要场所。它关系到城市轨道交通的吸引力，也影响着轨道交通系统的服务水平。

换乘站规划在线网规划中具有极其重要的地位和作用。从运营的角度来看，换乘站的个数、位置不仅决定着线网的形态，而且影响着换乘站客流量的大小、乘客的换乘地点、出行时间及方便程度，从而影响整个线网的运输效率。换乘站的布局对轨道交通线网的整体功能和线网架构的稳定性有较大影响，直接影响着线网的换乘便捷性，是衡量和评价线网优劣的重要指标之一。从交通与城市发展的相互作用来看，由于换乘站一般客流较大，会导致换乘站附近土地的利用价值较普通车站的超常升值，并对换乘站周边的土地利用格局和规模产生深远的影响，最终可能导致整个城市布局结构产生变化和调整。

(二)换乘站的布局分析

换乘站的布局主要有分散布局和集中布局，二者各有优缺点，具体如下所示。

1. 分散布局

分散布局的优点是两线换乘比较多，换乘站更容易同步设计和实施，也便于工程预留，可实现较好的换乘便捷性；此外，换乘客流均衡分布，各换乘站客流压力较小，站内客流流线清晰，客流组织相对简单；缺点是对区域客流的疏解能力有限，对功能中心形成的支撑力不足。

2. 集中布局

集中布局的优点是，往往形成多线集中的大型换乘枢纽，更有利于与城市空间布局和功能中心布局吻合，支撑副中心或次中心形成，提高区域可达性；缺点在于，多线集中一点形成的大型换乘站往往难以保证便捷的换乘条件，换乘距离通常较远或克服高差较大，且换乘客流交织冲突点较多，客流组织较复杂，运营风险较大。

(三)换乘站设计原则

换乘站设计原则主要有：

(1)尽量缩短换乘距离，做到路线明确、简捷、方便乘客。

(2)尽量减少换乘高差,避免高度损失。

(3)换乘客流宜与进、出站客流分开,避免相互交叉干扰。

(4)换乘设施的设置应满足乘客换乘客流量的需要,且需留有扩、改建余地。

(5)应周密考虑换乘方式和换乘形式,合理确定换乘通道及预留口位置。

(6)换乘通道长度不宜超过 100 m,超过 100 m 的换乘通道,宜设置自动步行道。

(7)应尽可能降低工程造价,节省投资。

二、换乘方式类型及选择

(一)影响换乘方式选择的因素

换乘站换乘方式的选择,主要考虑以下因素:

(1)满足换乘客流功能需要。

(2)换乘点上相交线路的建设时序。

(3)换乘点上相交线路的交织形式和车站位置。

(4)换乘点的换乘客流量大小和客流组织形式。

(5)换乘点线路、车站的结构形式和施工方法。

(6)换乘点周边地形条件、地质条件及城市规划的地面和地下空间开发要求等。

由以上因素可知,换乘方式的选择首先需要选定换乘点;然后再定线路与车站位置(包括车站形式),同时选择车站换乘方式;最后在车站设计时,确定换乘结构形式。即三阶段一规划、工程可行性分析、设计的实施程序。所以,在城市轨道交通线网规划阶段,确定换乘点是主要的任务,对换乘点的分布和换乘方式的可行性进行分析论证。

(二)换乘方式类型

换乘方式首先取决于两条线路的走向和相互交叉形式。按换乘方式划分,主要有站台直接换乘、站厅换乘、通道换乘、站外换乘等基本形式和组合换乘形式。

1.站台直接换乘

站台直接换乘有两种方式。一种是指两条不同线路的站线分设在同一个站台的两侧,乘客可在同一站台由甲线换乘到乙线,即同站台换乘。这种换乘方式使乘客在同一站台即可实现转线换乘,乘客只要走到车站站台的另一边就可以换乘另一条线路的列车。

对乘客来说,这当然是最佳方案,尤其是在客流量很大的时候。但这种车站往往要花费较大的工程投资资金,由于这种换乘方式要求两条线具有足够长的重合段,近期需要把车站预留线及区间交叉预留处理好,工程量大,线路交叉复杂,施工难度大。因此,站台直接换乘方式应尽量选用在建设期接近或同步建设的两条线的换乘站上。这种换乘方式对乘客十分方便,是应该积极寻求的一种换乘方式。双岛式站台的结构形式可以在同一平面上布置,也可以双层布置。这两种形式的换乘站都只能实现 4 个换乘方向的同站台换乘,而另外 4 个方向换乘则要采用其他换乘方式。

另一种站台直接换乘是指乘客由一个车站的站台通过楼梯或自动扶梯直接换乘到另一

个车站的站台，这种换乘方式要求换乘楼梯或自动扶梯应有足够的宽度，以免造成乘客堆积拥挤现象的出现，发生安全事故。站台直接换乘的换乘线路最短，没有换乘高度的损失，乘客换乘非常方便，如工程条件许可，应积极采用。

2. 站厅换乘

站厅换乘是指乘客由一个车站的站台通过楼梯或自动扶梯到达另一个车站的站厅或两站共用的站厅，再由这一站厅通到另一个车站的站台的换乘方式。在站厅换乘方式下，乘客下车后，无论是出站还是换乘，都必须经过站厅，再根据导向标志出站或进入另一站台继续乘车。由于下车客流只朝一个方向流动，减少了站台上的人流交织，乘客行进速度快，在站台上滞留时间，可避免站台拥挤，同时又可减少楼梯等升降设备的总数量，增加站台的有效使用面积，有利于控制站台宽度规模。

站厅换乘一般用于相交车站的换乘，它的换乘距离比站台直接换乘要长，在很多情况下，乘客在垂直方向上要往返走行，带来一定的高度损失。站厅换乘方式与站台直接换乘相比，乘客换乘路线通常要先上(或下)再下(或上)，换乘总高度大。若是站台与站厅之间是通过自动扶梯连接的，可改善换乘条件。

站厅换乘方式的关键问题在于因楼梯宽度往往受岛式站台总宽度的限制，其通行能力不能满足换乘客流量的需要，使该方式的适用范围受到限制。此方式一般适用于侧式站台间的换乘，或与其他换乘方式组合应用，以达到较佳效果。

3. 通道换乘

两个车站之间设置单独的供乘客换乘使用的换乘通道被称为通道换乘。在两线交叉处的车站结构完全分开，车站站台相距有些距离或受地形条件的限制不能直接设计为通过站厅进行换乘时，可以考虑在两个车站之间设置单独的换乘通道来为乘客提供换乘途径。用通道和楼梯将两车站连接起来，供乘客换乘，换乘高差一般为 5～6 m。连接通道一般设于两站站厅之间，也可以在站台上直接设置。通道换乘设计要注意上下楼的客流组织，更应避免双向换乘客流的交叉紊乱。

通道换乘方式布置较为灵活，对两线交角及车站位置有较大的适应性，预留工程少，甚至可以不预留，将来做少许改动。通道宽度按换乘客流量的需要设计。换乘条件取决于通道长度，一般不宜超过 100 m。这种换乘方式有利于两条线工程分期实施，预留工程最少，后期线路位置调整的灵活性大。换乘通道一般应尽可能设置在车站的中部，并避免和出入站的乘客出现交叉。由于受各种因素影响，换乘通道一般都较长，这样使得乘客的换乘距离和时间都比前两种换乘方式要长，要注意应尽可能地减少通道长度。

4. 站外换乘

站外换乘是乘客在车站付费区以外进行换乘，实际上是没有专用换乘设施的换乘方式。它在下列情况下可能会出现：

(1)高架线与地下线之间的换乘，因条件所迫，不能采用付费区内换乘的方式。

(2)两线交叉处无车站或两车站相距较远。

(3)规划不周，已建线未做换乘预留，增建换乘设施又十分困难。

采用站外换乘方式，往往是无路网规划而造成的后遗症。由于乘客增加一次进出站手续，步行距离长，再加上在站外与其他人流混合，因而显得很不方便。对城市轨道交通自身而言，这是一种系统性缺陷的反映。因此，在路网规划中应尽量避免出现站外换乘方式。

5. 组合换乘

在换乘方式的实际应用中，若单独采用某种换乘方式不能奏效时，则可采用两种或多种换乘方式组合的方式，以达到完善换乘条件、方便乘客使用、降低工程造价的目的。例如，同站台换乘方式辅以站厅或通道换乘方式，使所有的换乘方向都能换乘；结点换乘方式在岛式站台中，必须辅以站厅或通道换乘方式，才能满足换乘能力；站厅换乘方式辅以通道换乘方式，可以减少预留工程量等。这些组合的目的，是力求车站换乘功能更强，既保证具有足够的换乘能力，又使得工程实施及乘客使用方便。

第二节　城市轨道交通系统车辆段规划设计

车辆段是城市轨道交通系统中对车辆进行运用管理、停放及维修、保养的场所。车辆段的功能特点要求其具有合理的布局和一定的规模，其选址和设计对城市轨道交通运营效果有一定的影响。

一、车辆维修制式与修程

各国城市轨道交通车辆检修采用两种制式，一种是厂修、段修分修制，另一种是厂修、段修合修制。

厂修、段修分修制就是修建专门的车辆大修厂（不限于1个），它承担全线网各线车辆的大修任务。车辆的架修、定修及其以下的修理工作，由各线的车辆段承担。厂修、段修合修制就是不设专门的车辆大修厂，车辆的大修也在车辆段内进行。前一种制式，适用于线网规模较大的城市，具有一定的经济性。对于线网规模不大的城市，采用厂修、段修合修制较为经济。

采用厂修、段修分修制的优点是实行专业化生产，形成规模效益，有利于提高修车质量。其缺点是工程建设起始阶段必须同时修建车辆大修厂和车辆段，而要形成一定规模的轨道交通线网须经过几十年时间。因此，大修厂在建成后相当长的时间内，因系统规模小，车辆大修厂任务不足，投资效益难以发挥。

采用厂修、段修合修制，即可避免上述缺点。此外，由于车辆进行大修所用的部分机械设备与车辆进行架修所用的机械设备基本相同。因此，将厂修和段修合并还可减少机械设备的重复投资，提高设备利用率。

城市轨道交通车辆的检修规程通常分为列检、月修、定修、架修和厂修（又称大修）。根据修程规定，各种修程包含的主要检查范围和内容如下：

（一）列检

对容易出现危及行车安全的各主要部件（如轮对、弹簧、转向架、受电弓、控制装置、空气制动装置、车钩及缓冲装置、蓄电池、车门风动开关装置、车体、车灯等)进行外观检查,对危及行车安全的故障及时进行重点修理。

(二)月检

对车辆外观和一般功能进行检查,即对车辆主要部件的技术状态进行外观检查和必要试验,对危及行车安全的故障进行全面修理。

(三)定修

主要是预防性的修理,需要架车。对各大部件的技术状态和作用进行仔细检查,对检查发现的故障进行针对性修理,对上车的仪器和仪表进行校验,车辆组装后要经过静调和试车。

(四)架修

主要任务是检测和修理大型部件(如走行部、牵引电机、传动装置等)。同时,通过对车辆各部件进行解体和全面检查、修理、试验,对计量的仪器、仪表进行校验,车体要重新用油漆标记,组装后进行静调和试车。

(五)厂修

全面恢复性修理。要求对车辆全面解体、检查、整形、修理和试验,要求完全恢复其性能,组装后要更新油漆、标记、精调和试车。总之,厂修后的车辆基本上要达到新车出厂的水平。

二、车辆段规划

(一)车辆段的功能

车辆段按其功能可分为检修车辆段(简称车辆段)和运用停车场(简称停车场)。车辆段的主要功能如下。

(1)车辆停放、调车编组、日常检查、一般故障处理和清洗、消毒。

(2)车辆修理:月修、定修、架修与临修。

(3)车辆技术改造或厂修。

此外,车辆段还应为乘务员的换班作业提供必要条件。在很多情况下,乘务计划的编制和乘务员的组织管理工作也在车辆段进行。根据城市轨道交通线路的情况,有时可以另外设置仅用于停车和日常检查维修作业的停车场和检修区,在管理上一般附属于车辆段。

(二)规划内容与要求

车辆段规划内容与要求如下:

(1)车辆段及其他基地统称为车场。它是城市轨道交通系统中承担车辆检修、停放、运用以及各种运营设备保养、维修的重要基地,是线网规划中不可或缺的关键组成部分。车场规模一般较大,最小的都超过 0.1 km^2,在城市建成区范围内寻找符合车场要求的用地一般很困难,有时甚至到城市边缘区寻找用地。因此,车场设置条件往往决定了整条线路的可行性。

(2)根据《地铁设计规范》(GB 50517－2013)中的相关规定,地铁车辆段设置应根据线网规划统一考虑。按具体情况,一条线路可以单独设一个车辆段,或几条线路合建一个车辆段。一般情况下,地铁均由多条线路组成网络,因此地铁车辆段应在线网规划中统筹安排,并明确各车辆段在全线网中的地位和分工。单独设置车辆段或多条线路合用车辆段时,应根据线路数量、技术经济条件和线网规划的安排等具体情况确定。

(3)车辆段通常设在线路一端靠市郊地区,线路很长时,车辆段至另一端发车的空驶距离会很大,也会增加运营费用。根据国内外经验,线路长度大于 20 km 时,可在适当位置增设停车场。

(三)车辆段的选址

车辆段规划的重点是车场的选址,确定各段的合理分工和建设规模,达到控制建设用地的目的。车辆段的选址涉及运营后相关作业的顺畅程度和作业效率,与运营成本密切相关,并受征地、拆迁等一系列因素影响,在规划和设计中应予以充分重视。车辆段选址的技术要点如下:

(1)车辆段、停车场要选择地势平坦、地质良好、无大的水文地质影响的地域,用地相对集中,便于车辆段或停车场的布置。

(2)城市轨道交通线路一般都穿越市区,线路中部多为市中心地区,要征用车辆段那样大规模的用地很困难。因此,一般在郊区征用土地,将车辆段设置在线路端部。这种方式也与线路起终点在郊外,线路中部穿过市中心的情况相一致,即早上车辆由车辆段向市中心方向发车,晚上由郊外方向驶入车辆段,列车的空驶损失时间较少。

(3)车辆段、停车场及折返线三方面的总停车能力应大于本线远期的配属车辆(包括运用车、在修车和备用车)总数。为便于列车进出,一条停车线的存车数量不应超过 2 列。

(4)车辆段除列车停车库外,还有试车线、车辆检修设备、综合维修中心等,为充分利用这些设备,减少车辆段用地总量,应尽量将车辆段集中设置。若分散布置,则所需用地面积将会增大。在技术经济合理,城市用地规划许可时,可以两条线路共用一个车辆段。当一条线路的长度超过 20 km 时,为减少列车空驶距离,及时对车辆进行检查,可在线路的另一端设置一个停车场。

(5)车辆段和停车场应靠近正线,以利于缩短出入段线长度,降低工程造价。

(6)各车场线路应尽可能与地面铁路专用线相接,以方便车辆通行及物资运输,部分车场不具备上述条件时,可通过相邻线路过渡。

(7)各车场的任务和分工,必须全网统筹规划、合理布局、有序发展。试车线长度应根据场地条件和城市规划要求确定,在条件允许的情况下,应尽可能长。

(8)整个线网车辆的大修任务应集中统一安排,可选定在几个车辆段增设车辆大修任务,不单设大修厂,并设一处职工培训中心。

(9)车辆段和停车场的选址要考虑预防火灾、水害的要求。

(10)各综合检修基地及车辆段用地规模应按规划承担所确定的作业量,并考虑未来技术发展,适当留有余地。

(11)车场用地性质应符合城市总体规划,并注意环境保护。

三、车辆段设计

(一)车辆段的设施

1. 出入段(场)线

车辆段或停车场与正线的结合部是段(场)与正线过渡线路,供列车出入段使用。其有效长度至少应保证一列车的停放。

2. 停车线

停车线要满足线路所有运用车辆的停放需要,线路长度根据车辆编组的需求进行设计,一般为列车长度加 8 m,可设计为一线一列位或一线二列位,线路间隔通常为 3.8 m,通常设检修坑道。

3. 试车线

试车线是用作列车调试、项目试验的线路,其有效长度应保证列车最高时速和安全制动的需求。试车线一般为平直线路。

4. 交接线或联络线

一条线路与另一条线路或运营线路与国铁连接的专用线路,主要用于车辆与生产物资的周转、调送。

5. 洗车库

一般安装自动洗车机,用于车辆自动清洗,列车以低于 5 km/h 的速度通过洗车设备,完成车体清洗作业。目前高级洗车设备有喷淋、去污、上蜡、吹干等功能。

6. 维修线

指用于车辆各种不同修程的专用线路,包括大修线、定修线、临修线、静调线等,这些线路设有 1.4～1.6 m 深的检修坑道,中间设维修平台。根据需求配有架车机、悬挂式超重机、转向架、转向盘等设备。

7. 办公及生活设施

由办公室、值班室、会议室、食堂、浴室及司机公寓等组成,一般设在作业区附近。

(二)车辆段的设计原则

车辆段设计总体上主要分为三个部分:咽喉部分、线路部分和车库部分。

咽喉部分是车辆段的停车库、检修库与正线的连接地段,有出入段线和很多道岔,它直接影响整个城市轨道交通的正常运行。咽喉部分设计既要注意保证行车安全、满足输送能力的需要,又要保证必要的平行作业,还要努力缩短咽喉区长度,尽量节省用地。

线路部分有各种不同用途的停车线、洗车线、牵出线、试运行线以及材料线等。

车库部分有停车库、定修库、架修库。停车库除了停放车辆外,还是日常检修保养的场所,所以设有检修坑。检修库、定修库作定期修车用。各库之间应有便捷的联系。

车辆段的线路要根据车辆段作业要求,结合用地特点来布置。一般地,车辆段设计原则包括以下三方面。

1.收发车顺畅

车辆段是列车运营的起始与终止场所，其设计要结合线路特点，保证列车出入流畅，满足能力要求。

2.停车检修分区合理

在部分线路较长的场合，车辆段与停车场的确定需要考虑位置分布，以保证运营组织与管理的方便性。

3.用地布置紧凑

城市轨道交通系统一般在市区，土地资源稀缺，且价格昂贵，车辆段与停车场的设计要紧凑，以降低建设费用。

第三节　城市轨道交通枢纽规划与设计

枢纽规划与设计是城市轨道交通系统规划与设计的重要内容。在城市轨道交通系统规划中，要强调城市轨道交通系统与其他交通系统的衔接，重视城市轨道交通系统内各条线路之间的整合，使城市轨道交通系统内的客流衔接顺畅方便。通过交通一体化的规划设计，可以提高轨道交通系统内的客流衔接顺畅方便。通过交通一体化的规划设计，可以提高轨道交通集聚和疏解客流的能力，为乘客提供快捷、方便、舒适、安全的换乘环境，为城市枢纽地区提供良好的交通环境和开发环境，最终实现城市综合客运交通系统的最佳运输效益和效率。

一、概述

(一)城市轨道交通枢纽的界定

枢纽站是具有这样一种功能的场所，即当运输对象(旅客、货物)使用某种运输工具，沿特定路线运行到达枢纽站换乘时，该枢纽站能满足改用其他运输工具或使用其他路线运行的需要。一般来说，两种以上的运输方式或多条公交线路交汇的场所都可被称为枢纽站。

城市交通枢纽是指城市客、货流集散、转运的地方，可以分为城市客运枢纽和城市货运枢纽。城市客运枢纽是乘客集散、装换交通方式和线路的场所，合理规划、设计城市客运枢纽，是改善公交系统、解决出行换乘、提高公交服务和运营效率的重要环节。

城市轨道交通枢纽作为城市客运枢纽的一种重要形式，是指集多条轨道交通线路、不同交通方式、具有必要服务功能和控制设备，为城市对内对外交通、私人交通与公共交通及公共交通内部转换提供场所的综合性市政设施。因此，城市轨道交通枢纽是在各种交通方式并存条件下为方便乘客、平衡客流而建立的一种交通设施，它能提高整个城市的客运交通服务水平。随着城市规模的不断扩大，居民从起点到终点的一次出行，往往需要使用多种交通工具，把多种交通方式有机地结合起来。城市轨道交通枢纽把私人交通、常规公交和轨道交通三个独立的系统组合成一个有机的客运运输整体，给乘客带来极其重要的效益。

城市轨道交通枢纽的客流和车流来自多方向、多路径、多目的、多交通方式，客流方面具有以下特点：到、发量大而集中，多向集散和换乘，各时段客流不均衡性等。因此必须做好客流组织和管理工作，将换乘客流和到发客流分开，将车流和人流分开，使之既能各行其道，又能相互贯通，相互转换，构筑一体化的城市客运交通集散中心。

城市轨道交通枢纽是单一交通功能建筑或集交通功能和商业开发功能于一身的建筑综合体。它的交通功能主要体现为对客流的转移和疏散，它的商业开发功能则须根据具体的项目情况而定，在对城市轨道交通枢纽功能进行定位时，应首先确保交通功能的实现。随着城市轨道交通枢纽交通功能的发展和完善，势必给周边区域交通状况带来改善，便捷的交通与大量的客流使城市轨道交通枢纽及其周边区域具有巨大的商业价值。随着城市轨道交通枢纽的设置，在其周边区域必然形成高密度的商业区、办公区等，这也是城市发展的一个必然规律。

作为城市轨道交通枢纽功能的两个方面，其交通功能和商业开发功能同样也是相互制约的。一个城市轨道交通枢纽的规模和形式限定了它所能承受的交通量。商业开发力度的加大必然影响到交通功能的发挥。两种功能之间是一种动态平衡的关系，但一个城市轨道交通枢纽往往达不到理想的平衡状态。所以在设计城市轨道交通枢纽的时候，一定要将它同周边区域的城市规划、交通规划联系在一起，以一种发展的眼光去看待它。作为一个运转良好、功能完备的城市轨道交通枢纽，其自身必然具备强大的适应能力和协调能力，这也是衡量一个城市轨道交通枢纽成败得失的关键。一些交通发达城市的经验告诉我们：只有城市规划与交通规划相吻合，城市轨道交通枢纽才能让其交通功能、商业开发功能和社会功能发挥出最大的价值。

城市轨道交通枢纽的主要功能就是对枢纽点的到、发客流，按不同的目的和方向，实现“换乘、停车、集散、引导”四项基本功能，核心功能在于换乘。

(1)换乘——对于来自不同方向、路线、不同交通方式的乘客，需要转乘其他交通方式而发生的行为被称为换乘。因为这些乘客属于中转客流，需要经过换乘才能到达最终的目的地。

(2)停车——对于来自不同方向、路线的不同车辆，提供固定的停车位置和上下客位置，并按不同性质的车辆分区停放，配置合理的道路和场地。

(3)集散——对于到达或出发的乘客和车辆，实现聚集会合和疏散分流，提供客流和车流组织的相关措施，保证畅通、安全。

(4)引导——对外来客车引导、截流、集中管理，尽量不进市区；引导市内公交车辆与其接驳换乘，向多层次、一体化的方向发展，吸引个体交通向公共交通转移，并为其提供方便。在总体上改善市内车辆的运营环境，提高居民出行的质量。

(二)城市轨道交通枢纽的构成

城市轨道交通枢纽一般由轨道交通、常规公交、换乘通道、站厅、停车场、服务设施共6个子系统组成。各子系统作为城市轨道交通枢纽的有机组成部分，相互区别、相互联系、相互作用，为实现出行者换乘舒适、安全和换乘时间最短这一总体目标服务。轨道交通和常规交通是城市公共交通体系中最主要的交通方式，枢纽内换乘通道如同一座桥梁将不同交通方式连接起来，出行者可以利用换乘通道，从一线转入另一线，或从一种交通方式转向另一种交通方式，完成出行过程。站厅的合理布设是减少换乘时间的关键之一。停车场是吸引出行者由私人交通方式向公共交通方式转移、实现公交优先战略的重要手段。服务设施可以提高枢纽的开发强度，实现土地的综合利用，同时又可以使出行者在候车时完成购物和商务等活动，从而减少单纯候车时间和出行次数。6个子系统相互制约、相互协调，充分发挥各自的功能和优势，促使系统达到整体功能的优化。

（三）城市轨道交通枢纽的分类

不同类型的城市轨道交通枢纽在城市中的地位、所占用城市土地面积、在城市交通中所起的作用、对市民出行及公交线路的影响均不同，为了实现城市轨道交通枢纽的合理规划布局以及在功能配置和运营管理上一体化的规划设计，一般将城市轨道交通枢纽按以下方法进行分类。

1. 按交通功能分类

对外枢纽：一般设在城市出入口，连接着对外交通运输线路与城市轨道交通线路，其规模与城市发展形态、经济文化活动等相当。

市内枢纽：主要为城内区域间或区域中心与对外枢纽的客流交换服务，一般设在城市内主要客流集散点，多种交通方式、多条线路交汇点，对通畅、便捷的要求较高。

特定设施处枢纽：针对体育馆、剧院、会展中心等地点在某时间段内集散强度大，为满足人们文化、娱乐出行而设置的枢纽。

2. 按交通方式的组合分类

线路换乘枢纽：位于城市轨道交通线路交汇处，乘客可以在不同线路之间换乘的枢纽。换乘模式的合理选择、换乘设施的优化配置与换乘路线合理组织是这类枢纽规划设计的重点内容。根据相交线路条数，该类枢纽又可分为两线换乘枢纽和多线换乘枢纽。

方式换乘枢纽：城市轨道交通与其他客运交通方式衔接处，乘客可以在不同客运交通方式之间换乘的客运枢纽。根据轨道交通与之衔接的方式又可分为：城市轨道交通与铁路、航空、公路、水路客运之间的换乘枢纽，城市轨道交通与地面常规公交之间的换乘枢纽，城市轨道交通与小汽车、自行车、步行等私人交通方式之间的换乘枢纽。

复合型枢纽：由上述两种枢纽复合形成的换乘枢纽。

3. 按交通组织分类

首末站换乘枢纽：枢纽类设置了多条城市轨道交通线路的首末站，并设有停车、候车、调度以及有关指示标志等。

中途站换乘枢纽：位于通达性高、多条线路交汇的路网节点，站点设置、人流组织是此类枢纽设计的重点内容。

4. 按布置形式分类

立体式换乘枢纽：枢纽站为地上或地下多层结构形式，适用于交通方式复杂、用地受到限制的地点，同时也可与综合性服务设施如商业、娱乐活动场协调设置。

平面式换乘枢纽：枢纽站设施布置在地面，其规模视换乘需求而定。

5. 按服务区域分类

都市级换乘枢纽：位于火车站、航空港、空运港、公路主枢纽等对外交通出入口以及城市中心区和 CBD 地区，吸引全市范围和对外交通客流的轨道交通枢纽。

市—郊级换乘枢纽：连接卫星城、城市新开发区与市内轨道交通线路和常规公交线路，以及位于城区内交通重心处的城市轨道交通枢纽。

地区级换乘枢纽：设在地区性区域中心客流集散点的城市轨道交通枢纽。

二、枢纽规划与设计

(一)枢纽规划与设计原则

在构筑城市轨道交通枢纽规划时，应以城市总体规划和城市轨道交通规划为依据，并注意选点的合理性和布局的总体性。同时强化管理概念，建立"动态＋静态＋管理"的综合规划思维，其中动态是指人流和车流，是运营组织的主体；静态是指地面道路、场站和建筑物，是运营配套的基础设施。只有通过科学的规划和先进的管理措施，以人为本，强化管理概念，才能发挥轨道交通枢纽的综合运营功能，控制合理规模，提高土地利用价值。

1. 网络化的原则

城市轨道交通枢纽的正常高效运转需要依靠周边城市交通网络的支持，在轨道交通枢纽设计之前，应对该区域的交通状况进行全面系统的认识，在此基础上对轨道交通枢纽进行合理的功能定位，因此建立系统的交通网络概念是轨道交通枢纽设计的前提和基础。

2. 城市化的原则

轨道交通枢纽是解决城市交通问题的交通设施，但同时也会对城市的整体结构和城市空间的完整性及连续性产生一定的负面影响。因此，应使轨道交通枢纽成为城市的一个有机的组成部分。要达到这样的目标，一个十分有效的办法是充分利用地下空间，这样一方面减少了对城市用地的侵占，另一方面也保证了城市空间的连续和完整。

3. 可持续的原则

轨道交通枢纽作为城市交通体系中的一部分，其建设和发展必须符合城市交通可持续发展的总目标，必须采用符合可持续发展理念的规划设计技术和措施，减少私人机动车辆的使用率，增加公共交通以及步行、自行车等绿色出行工具的使用率，改善枢纽区域内的居住和工作环境以及交通可达性。

4. 人性化的原则

人性化的设计原则是轨道交通枢纽设计的根本原则，交通设施要为大多数人的使用提供方便因此，枢纽内轨道交通不同线路之间、不同公共交通方式之间的衔接换乘布局是枢纽规划设计的重点，换乘设施应占据枢纽内最有利的地理位置。此外，还应该强调枢纽内乘客和各种交通工具的有序流动，尽量减少车辆流线和乘客流线的冲突。枢纽的规划设计还应考虑残疾人、老人、小孩等出行弱者的出行方便，减少他们出行过程中的障碍。

(二)枢纽规划与设计内容

一个大型城市轨道交通枢纽的规划与设计的一般步骤包括以下6部分。

1. 背景研究

这部分研究是决定规划成果科学性的前提。背景研究分为现状背景研究和规划背景研究两个方面,现状背景研究着眼于对现状问题的分析和寻找造成问题的根源;规划背景研究着眼于领会高层次规划的意图,保证本项规划与设计的延续性。

2. 方法研究

主要研究具体的枢纽规划与设计项目选用的方法及工作步骤等。

3. 交通需求预测

这是轨道交通规划与设计的基础。在城市轨道交通枢纽规划中进行交通需求预测,一定要考察在一定交通供给(以前期规划为基础)水平下的交通情况,如交通流量、流向、结构、转换关系、服务水平、交通敏感程度等。

4. 方案规划

在参考交通需求预测结果之后,要进行包括设施配置、交通组织和实施计划等在内的方案设计。这部分研究主要采用多方案比选的方法进行,而且应当详略有别,对影响大的规划要点,其方案深度接近设计,使之得到相对稳定;对于影响稍次的远期项目,则只为下阶段设计提供明确的指导和灵活变化的空间。方案规划的结果还要经过方案评估检验,因此方案规划和方案评估是一个循环过程。

5. 方案评估

方案评估实际上是一个定性分析和定量分析相结合的过程,由于方案规划阶段已经融汇大量的定性分析,因此在方案评估阶段主要进行定量分析。方案评估最主要的手段是交通评估,其次是环境影响和社会经济分析。其中,交通评估的基本手段是模型测试。

6. 规划与设计要点

规划与设计的最终目的,就是要对与此相关的下阶段规划设计工作提出明确的规划与设计指导性意见,即规划与设计要点。这部分实际就是规划与设计的汇总提炼过程。

(三)枢纽规划与设计方法

城市轨道交通枢纽建筑规划与设计方法涉及以下几方面的内容。

1. 建筑布局

以常规公交与轨道交通的衔接方式来划分建筑布局模式,可以分为以下三种。

(1)放射—集中布局模式

常规公交线网主要以轨道交通车站为中心呈树枝状向外辐射,两者线路重叠区间一般不超过轨道交通车站路段,并于车站邻接地区集中开发一块用地用作枢纽换乘站,作为各条线路终到、始发和客流集散的场所。这种模式具有以下特点:始发线路多、常规公交线网运输能力大、乘客换乘方便且步行距离较短、行人线路组织相对简单、对周围道路交通影响较小,缺点是换乘枢纽站场用地较大,因而适合于换乘客流大或辐射吸引范围大的轨道交通车站。

(2)途径—分散布局模式

常规公交线网由途经线路组成,换乘公交停靠站分散设置在轨道交通车站附近的道路上。该布局模式不需要设置用地规模较大的换乘枢纽站,但线网运输能力小,部分乘客换乘步行距离较长,行人线路组织相对复杂,换乘客流较大时对周围道路交通有一定的影响,适合于换乘客流较小的轨道交通车站。

(3)综合布局模式

综合布局模式是上述两种布局模式的复合形式。线网由始发线路和途经线路共同组成,且集中布置一个换乘枢纽站和分散布置一些换乘停靠站。

2.换乘组织

换乘是交通枢纽的核心问题。任何一座交通枢纽都不是独立存在的,它的存在依托于整个城市的交通网络系统,只有与城市的交通网络系统建立起紧密的联系,充分利用交通网络的优势去分散和疏解客流,才能保证交通枢纽自身的正常运转,因此必须建立起一套便捷、有效的换乘体系,以便使交通枢纽内聚集的大量客流能够迅速地转移和疏散。在有多种交通工具、功能较为复杂的交通枢纽里,单靠某一种换乘形式是无法解决问题的,这就需要根据具体情况灵活地使用多种换乘形式来达成方便乘客换乘的目的。

换乘距离并不单纯是一个数字的概念,确定一座交通枢纽内不同交通工具之间的换乘距离需要对交通枢纽的各构成要素进行综合分析。从乘客的角度来讲,换乘距离越短越好,但是换乘距离的确定首先是受交通工具运行需求的制约。其次,换乘距离过短,会造成客流在某一点上的瞬时大量堆积,反而会影响交通枢纽功能的正常运作,适当地拉长换乘距离实际上是增加了客流疏散的空间。由于个体差异性使集中的客流通过换乘距离的拉长形成较为分散的客流,从而在一定程度上避免了人流拥堵现象的发生。但是过长的换乘距离会增加乘客的疲劳感,降低换乘的便捷程度,直接影响到该种交通方式对乘客的吸引力。由此可以看出,换乘距离的确定需要在矛盾双方之间寻求一个平衡点。

换乘距离同换乘形式、建筑的空间形式、室内装饰等条件密切相关。不同的换乘形式、空间形式和室内装饰对乘客换乘时所产生的心理感受是不同的。单调、呆板的建筑空间容易使乘客产生疲劳感;而层次丰富、充满自然光线的空间则会减轻乘客的疲劳感。当客观条件决定换乘距离过长时,可以通过建筑手段进行弥补。

3.人流的引导方式

人流的引导是枢纽人流组织中一个非常重要的环节,合理、有效的人流引导可以合理分配人流,避免人流交叉干扰,提高枢纽空间使用率。

(1)标志引导

标志引导是最为直接、有效的人流引导方式,也是目前最常用、最主要的人流引导方式。交通枢纽内的标志一般包括:识别标志、方向识别标志、信息标志、警示标志和广告等。这些标志同建筑紧密结合,不但强化了建筑空间的可识别性,而且还起到了点缀空间的作用,是交通枢纽建筑塑造空间的一个重要手段。

(2)通过建筑空间的限定对人流进行引导

①通过连接不同功能空间的通道引导人流。这是在许多交通建筑中常用的一种人流引导方式,它具有目的性强、人流交叉干扰小等优点。一些地铁车站、飞机场航站楼在进行人流组织时常采用通道来引导换乘客流。

②通过楼梯、自动扶梯、电梯等垂直交通空间对人流进行引导。通道往往是对人流进行水平方向的引导,而楼梯、电梯、自动扶梯则是对人流进行垂直方向上的引导。这些垂直交通空间结合导向标志具有较强的指向性。

③通过共享空间来连接不同标高上的功能空间对客流进行引导。这是功能较为复杂的交通建筑常采用的人流引导方式。贯穿几层的共享空间可以使每一层的功能一目了然,空间具有较强的可识别性。

(3)通过标志物(如进出站闸机、检票厅等)限定空间对人流进行引导

将这些标志物的功能同空间限定、标志引导功能结合起来是一种非常富有效率的人流引导方式。这也是一些地铁车站、机场航站楼中较为常用的人流引导方式。

(4)其他引导方式

除了以上几种人流引导方式外,还可根据不同情况通过多种手段达到引导人流的目的。如:色彩、特定的空间造型、具有标志性的建筑物、灯饰、广告等。

这些引导人流的形式的最终目的是使建筑空间的可识别性增强,使空间内的人流具有明确的方向性,以便高效率地使用建筑空间,促成建筑物交通功能的实现。

4. 地下空间的利用

(1)制定地下空间开发方案

现代化城市交通枢纽一般都采用立体的布局形式,尤其是地铁的引入和城市中心区土地价值飞涨,更加速了立体化进程。其中,地下空间的开发利用是主要发展方向。一般来讲,地下空间工程的建设难度很高,导致其以工程原则为前提进行方案设计,这样容易造成地下建设交通功能的欠缺。因此一个科学的地下空间开发建设方案应首先围绕以下内容进行:

①针对站前地区特点,明确城市交通对地下空间开发建设的原则要求。

②从交通需求研究成果入手,确定科学的地下空间开发规模。

③规划不同层次的地下设施简略方案,使交通设施条件相对稳定,同时明确空间使用功能,为下一步详细规划和工程设计提供具体的规划要点,并提供相对稳定的空间保证。

④对地下空间施工期间的交通组织进行有重点的研究。

⑤从交通需求角度合理规划地下空间的开发建设顺序。

(2)地下空间开发考虑的内容

对下空间开发应从以下 4 个方面进行考虑。

①体系

地下空间开发的功能应符合地区土地利用性质。

地下空间开发的交通功能必须与地区的综合交通有机结合,是区域交通系统的有机组

成部分，因此地下空间的交通定位要符合综合交通规划的要求。

地下空间开发应避免单一功能，须向多功能方向发展，同时将功能放在十分重要的位置，使地下空间的交通既能自成体系，又能与地面交通有机结合。

地下空间开发的规模决策必须优先考虑对城市交通产生的影响，即对交通需求产生的刺激和交通设施的供给能力的提高。

②实施

既保证规划具有一定的超前性，又要研究效益和代价的平衡。

地下空间开发对交通的考虑应注重可持续发展，科学处理远景和近期的关系，规划方案要有足够的适应能力，原则上土建处理注重远景要求，设备配置注重逐步更新。

地下空间开发必须考虑实施和建设过程中的交通疏解措施，减少对城市的干扰。

根据多方面因素考虑地下建筑的施工方法，科学选择明挖、盖挖和暗挖法。

③功能

将不同功能的地下空间布置的相对集中，尤其是注意避免其他功能对交通功能空间的干扰。

地下空间的开发必须考虑配套停车空间，停车规模既要满足开发引起的停车位的增加，同时在经济技术充分论证的基础上，尽量弥补地上空间停车能力的缺口。

地下空间开发应考虑残疾人通行需求，进行无障碍设计。

地下空间开发的交通管理组织应放在十分重要的位置，用现代化的方法和设施对交通进行指挥和监控。

④安全与环境

地下空间开发必须考虑灾害状态下的交通疏散要求。

地下空间开发的交通空间必须注意处理，做到安全、卫生、舒适。

科学研究地下空间构筑物（如风亭、出入口）对城市地面环境的影响。

5. 城市轨道交通枢纽的商业规划

由于市场运作的需求，城市轨道交通枢纽往往是集众多功能于一身的综合性建筑，甚至于开发面积可能会远远多于其客运部分所需的面积。建筑的交通功能和开发功能相结合，不但能满足市场运作的需求，同时也方便了乘客的使用。

城市轨道交通枢纽可以同多种开发功能相结合，如大型的商业设施、办公楼、酒店、文化娱乐设施等。城市轨道交通枢纽众多的开发功能之中，商业设施的设置对枢纽的交通功能影响最大。城市轨道交通枢纽的商业价值来自便利的交通和大量的客流，它的交通功能和商业价值是相互制约的，商业面积的扩大和商业客流的增多在一定程度上会对枢纽交通功能的正常发挥产生一定的阻碍作用。因此城市轨道交通枢纽内的商业设施应该遵循其特定的设计原则。

(1)商业设施的设计原则

①商业设施的设置应以不对枢纽的交通功能产生负面影响为前提，商业设施的客流量和客流组织应满足于交通功能的需求。

②枢纽的商业功能应同交通功能相结合，充分利用其不同的人流特点，使两方面的功能都得到充分的发挥。

③枢纽内的商业设施应同周边的城市商业设施相结合，使枢纽内的商业客流分散于周边的城市商业设施之中，以减轻对交通枢纽的压力。

④根据枢纽内商业设施的设置情况，扩大交通枢纽的功能范围，使其同周边的城市交通网络产生紧密的联系，将大量的商业客流疏散到相邻的城市空间中去。

(2)商业设施的设置方式

城市轨道交通枢纽的商业设施有多种设置方式，从商业设施在枢纽内的相对关系来看，分为集中设置的商业设施和分散设置的商业设施两类。

①集中设置，集中设置的商业设施一般为大型超市、百货商店等，这些商业设施同枢纽的其他物业开发相结合，作为整体开发功能的组成部分，服务于整个枢纽及周边城市客流。在一般情况下，这种集中设置的商业设施规模较大，可以吸引大量枢纽周边的城市客流。因此在这种情况下枢纽的交通功能同商业功能往往是各自独立的，以交通为目的的客流同以商业为目的的客流通过各种建筑手段被区分开，避免其相互影响。

②分散设置，城市轨道交通枢纽的大量客流具有极大的潜在商业价值，一般来说，分散设置的商业设施主要是针对交通枢纽自身客流的商业需求而设置的。所以这部分商业设施往往结合枢纽的等候时间、换乘空间来设置。从诸多类似的交通建筑的发展变化来看，城市轨道交通枢纽必须具备灵活应变的能力，而分散设置的商业面积为今后枢纽功能的调整提供了可能性。同时，分散设置的商业设施也是丰富交通枢纽空间形式、调整乘客空间感受的重要手段。设置合理的商业设施，不但不会影响枢纽交通功能的发挥，反而会促进交通的发挥，同交通功能相辅相成，相得益彰。

第四节　城市轨道交通与其他方式的衔接

在城市轨道交通规划中，不能仅强调城市轨道交通系统的建设，而忽略城市轨道交通系统与其他系统的衔接，或仅重视城市轨道交通线路建设和工程设计层面上的研究，而忽视城市轨道交通系统内各条线路之间的整合。这些都将导致城市轨道交通系统内的客流衔接不顺、不便通过交通一体化的规划设计提高城市轨道交通集聚和疏解客流的能力，为乘客提供快捷、方便、舒适、安全的换乘环境，为城市枢纽地区提供良好的交通环境和开发环境，最终实现城市综合客运交通系统的最佳运输效益和效率，是非常重要的。

一、城市交通一体化

城市交通运输系统能否高效、快速地运行，不仅取决于交通线路、车辆、车站等基础设施，而且依赖于科学管理体系，城市交通一体化就是将各种硬件、软件的完美结合，使各种交通方式相互协调，以发挥更高的运行效率。将城市交通作为一个整体，通过资源的合理分配，统筹规划各种交通方式，通过科学布局、统一管理、衔接有序、协调发展、资源共享、信息智能化实现交通一体化。

(一)城市交通一体化的概念

城市交通一体化的实质是通过技术、管理等手段对城市交通系统内的多种交通方式进行有机组合、资源共享、紧密衔接,实现交通系统整体合作化。具体包括对技术、管理、政策、信息及配套设施等方面资源的整合,将站场建设、经营结构、车辆运行、线网规划、管理体制等有机组合,实现乘客流动和市场运行有序化、市民生活便捷化、城市发展和谐化。

城市轨道交通与常规公交一体化是城市交通一体化的一种具体表现形式,使得城市公共交通系统中最为常见、重要的两种交通方式通过使用相应的技术管理手段有机协调、组合在一起,以实现整体效果水平最佳。从当前多数城市公共交通目前发展状况的前景来看,以城市轨道交通为骨干,以常规公交为网络,协调配合、及时疏散、高效营运,最终形成结构完善、运能和需求相匹配的一体化公共交通网络将是未来大部分城市的首选发展模式。

(二)城市交通一体化的内容

为了保障城市交通一体化的运营速度、运营能力、服务水平与质量的可靠性以及运营的有效性,城市交通一体化应包括线网、设施、管理、技术、交通规划、经营主体、政策保障体系、评价体系、信息等要素,这些要素组合在一起,构成了完整的城市交通一体化。

1. 线网一体化

线网一体化就是结合不同交通方式的优势,通过城市交通线路的部分调整优化,使城市交通整体高效运行。例如:城市轨道交通与常规公交相比较来说,具有客流量大、速度快、舒适、效率高的优点,因而应以城市轨道交通为城市交通的主要运输走廊,由常规公交协调配合,弥补其可达性低的缺陷;取消或调整部分与轨道交通走廊平行或重合的线路,结合轨道交通站点,建立线网密度更高的短距离公交运输体系。两者之间的有机结合、科学布局、协调发展,通过交通方式的转换解决了城市轨道交通可达性低和远距离公交耗时长、乘车环境差等缺点,使乘客出行更加高效化。

2. 设施一体化

完善的交通基础设施条件可以使换乘更加省时、省力,提高效率。例如:城市轨道交通和常规公交采用同站厅换乘时,换乘诱导标志和换乘信息的设置,使乘客能快速地找到换乘车辆的方向和位置,避免不必要的折返、停留,迅速地获取适合自己换乘的信息,有利于客流的迅速疏散和高效换乘。

3. 管理一体化

各种交通方式属于不同部门的管理,往往只重视各自的交通发展和规划,各自为政,使城市各种交通方式之间相互脱节。各个部门之间缺少交流和配合,使城市各种交通方式发展极不协调,不注重城市交通方式的统一规划,呈现城市交通混乱、交通方式之间规划和布局不合理、衔接不到位的局面。同时也助长了私家车购买热潮的兴起,进一步恶化了城市的交通环境。

4. 技术一体化

技术一体化主要包含运能匹配和调度两个方面。如果两种交通方式之间的运能不匹配就会影响乘客换乘效率,运能匹配度不够主要表现在:一种交通方式不能及时快速疏散另一种交通方式的换乘客流量,使部分客流不能及时换乘,造成客流滞留和换乘系统客流拥挤。运能匹配度过高则浪费资源,不经济。一体化交通应该是动态和静态控制相结合的交通体系,应根据客流的时间分布特征,在客流平峰时根据平均客流量的大小采用固定数量的车次和发车时间间隔;而在客流高峰时根据高峰小时客流量和当天客流量实际的变化幅度,适当地增加车次和减少发车时间间隔。

5.规划一体化

城市交通在规划时要统筹兼顾,注意和其他交通方式的高效衔接。新建交通枢纽时,各部门要加强交流,相互配合,避免规划不协调的问题。

6.政策保障体系一体化

对待城市各种交通方式,政府部门应该一碗水端平,不应对其中的某一种实行特殊优惠政策,不能搞政策特殊化,这样做容易造成各种交通方式之间的不公平竞争。只有做到了真正的公平竞争,各种交通方式才会为了吸引更多客流,不断提高自身服务水平和服务质量;而只有服务水平和服务质量不断提高,才能吸引更多的客流,这样就形成了一个良性循环,应确保以乘客需求为主导的交通方式发展模式的顺利实行。

7.信息一体化

当今社会正处于高度发展的信息化时代,人们的日常生活越来越离不开信息的传递和接受。城市交通也是一样,一体化的交通应是信息化发达的交通。交通信息应该准确无误,一体化交通不仅应该给乘客提供自身相关的交通信息,而且还要提供与之衔接换乘的交通信息,各种交通方式信息资源共享,建立一体化信息服务平台,乘客不仅可以从电子屏获取信息,而且还可以通过手机相关软件获取交通信息,为乘客选择交通方式提供信息参考,让他们能选择最佳出行路线,方便他们的换乘。

二、多方式衔接理论

在进行城市轨道交通规划时,当确定了城市轨道交通的方式、规模及路网布置形式后,还应该进一步考虑城市轨道交通逾期其他交通的衔接体系。各种交通方式的有效衔接是整个交通系统优化的关键,整体化是城市客运交通的发展趋势。城市轨道交通的衔接体系是以大运量的城市轨道交通与铁路、机场、港口、长途客运站、常规公交、小汽车、自行车等其他各种交通方式衔接的体系。衔接换乘系统规划设计的优劣是城市轨道交通能否发挥功能作用的关键因素。

大城市根据城市条件,已初步建立起以公交为主体,城市轨道交通为骨干,各种交通方式相结合的多层次、多功能、多类型的城市综合交通体系。

城市轨道交通给城市提供了可靠、快速、舒适的高密度运输服务,是实现城市总体规划的重要基础设施之一。城市轨道交通网络对解决城市大运量交通走廊、对外交通站场的接驳、地区中心的形成、交通集散点的疏散等,提供了高效的运输服务,将使城市客运交通的整体水平发生飞跃。对于网络上的节点(站点),根据其服务范围和性质,以及因为周围土地可能诱发出高强度的开发，将产生大量的人流和交通方式的换乘客流，形成交通集聚效应，而其中常规公交与城市轨道交通间的接驳，是主要的交通换乘模式之一，但应兼顾私人交通的接驳。

私人交通包括小汽车、摩托车、自行车，具有使用灵活方便、直达性好的优势，但因其人均占用道路面积大，大量的私人交通必将造成交通拥挤堵塞，因此对私人交通工具必须抑制其过量发展。抑制私人交通过量发展的重要措施是大力发展公共交通，同时搞好公共交通与私人交通之间的接驳。

常规公交与城市轨道交通在城市客运系统中是不同层次、不同功能、不同服务水平的交通模式，是线与面之间的关系，两者有机结合、相互补充、共同发展，对提高公共交通在客运市场中的比例，确立以公共交通为城市交通主导的地位将起到重要的作用。鉴于城市轨道交通网络的实施具有投资大、周期长、对城市发展影响较大等特点，常规公交的发展具有投资少、周期短、灵活性强等特点，两者虽不可能同步发展，但有效的衔接方式应在规划中加以体现，尤其在站点周围土地利用规划对交通设施、站场用地应给予控制，以促进公共交通体系的逐步形成。

(一)目标

(1)建立以城市轨道交通为骨干，地面公共汽车为主体，中小巴、出租车为补充，相互配合，共同发展的城市公共交通体系，以满足城市现代化的运输需求。

(2)指导城市轨道交通站点周围的土地规划，促进城市对外交通站场合理布局，支持城市空间发展和地区中心的形成，提供一个高效的公共交通运输网络。

(3)根据交通衔接点的交通量，规划为不同等级、不同规模的客运枢纽，发挥各种交通的集聚效应，加强系统之间的有效衔接，以扩大城市轨道交通系统服务范围，提高公交整体运输能力，使公共交通出行比例稳步增长，确立公共交通城市交通中的主导地位。

(4)提供良好的换乘空间和设施，通过对站点进行城市规划综合设计，合理组织换乘客流和集散人流的空间转移，达到系统衔接的整体优化，主动创造就近换乘条件。

(5)不断优化城市内部公共交通线路和站点布置。

(二)一般要求

根据《地铁设计规范》(GB 50157—2013)中的有关规定：地铁各线路之间，以及地铁与其他轨道交通线路相交处的换乘，应采用便捷换乘方式；地铁与其他常规地面公共交通的换乘，宜作方便换乘的统一规划。因此城市轨道交通与其他交通方式衔接规划的一般要求如下：

(1)城市铁路、港口、机场、长途客运站，汇集了多种交通方式，具有客流集中、换乘量大、流动性强、辐射面广等特点，易形成综合交通枢纽。城市轨道交通与常规公交应成为客运枢纽的主要运输方式。在公交枢纽站，要提供足够的站场用地和先进的设施，合理组织人流和车流，以达到空间立体化的有效衔接。城市轨道交通与其他交通方式衔接的交通模式一般可分为三种等级和规模：综合枢纽站、大型接驳站和一般换乘站。

(2)长途客运站场应根据客流分布方向，原则上安排在城市发展区边缘出入口地带，结合公路干线网络和城市轨道交通线网，设置在城市轨道交通线首末站附近，并组织公交进行换乘，以实现区域与城市交通的二级接驳，发挥系统各自功能。换乘中心应提供公交总站场地和设施，视客流集结规模，确定公交场站用地和线网布局及组织形式。换乘中心的设计应做到功能分区合理，转换空间紧凑，行人系统安全，交通组织流畅。

(3)城市轨道交通主要服务于城市组团、对外交通站场和大的交通吸引源之间密集的交通走廊，为城市空间活动提供了基础保障；常规公交更多地考虑网络覆盖范围。两者是一个体系中的不同层次。公交线网设计应区分组团内部与对外联系客流服务对象，区内应提供一个较高服务水平的公交系统，而区外可提供两种运输模式——常规公交、城市轨道交通或快速公交，其中以常规公交与城市轨道交通的相互衔接为主导模式，公交线路设计应充分考虑旅客运送的空间转换需要。

(三)基本原则

城市轨道交通与其他交通方式衔接的原则应体现城市交通系统发展的整体性、协调性、便捷性、政策性和合理性，使各种交通方式能有机地结合在一起，既有分工，又有协作，充分发挥交通网络的运输能力，为城市的发展服务。因此，衔接方式必须遵守以下原则：

(1)将线路连接成线网的纽带，这对旅客的出行有重要的影响。因此，衔接方式必须提体现交通的便捷性和舒适性。

(2)应结合实际的工程地质条件、施工方法和各条线路的修建顺序，选择易于实施、经济可行的方案。

(3)应结合城市规划和城市环境，选择对城市干扰小的方案。

(4)应考虑城市轨道交通和其他交通方式运营管理体制上的差异，选择双赢方案。

(5)应满足远期路网客流量的要求，满足远期发展规划的要求。

三、城市轨道交通与其他交通衔接设计

(一)与常规公交的衔接设计

常规公交的载客能力相对较小，人力成本高，准点率往往不高，但与城市轨道交通相比，具有很大的弹性，更改线路和站点比较容易，是为轨道交通提供接运最合适的方式。

公共汽车是我国城市目前最主要的常规公交方式。由于其载客量比私人交通工具大得多，对公共汽车与城市轨道交通之间的换乘，需要在公共汽车的进入路线、停站靠台、换乘站内的行车路线以及车辆的班次等方面予以充分重视。

城市轨道交通与常规公交及其他交通方式交汇衔接时，一定要有清晰的线路信息，使换乘客流流向明确，通道畅通，换乘便捷无误。由城市轨道交通车站换乘地面公共汽车的客流，应该通过行人天桥或地道直接进入街道外的公共汽车站台，使人流与车流分别在不同的层面上流动，互不干扰。所以，大型换乘枢纽站的建筑必须与其周围的道路、广场等进行综合设计。

1.城市轨道交通与常规公交的换乘方式

城市轨道交通与常规公交之间的换乘常见的有以下几种方式：

(1)公共汽车在道路边直接停靠，利用地下通道与城市轨道交通车站相联系。

(2)公共汽车与城市轨道交通处于同一平面，公共汽车停靠站和城市轨道交通车站的站台合用，并用地下通道联系两个侧式站台，以确保有一个方向的换乘条件，不但方位好，而且步行距离短。

(3)城市轨道交通与公共汽车车站处于不同平面，通过某一路径，使公共汽车到达站和城市轨道交通的出发站同处一侧站台，而公共汽车的出发站与城市轨道交通的到达站同处另一侧站台，使城市轨道交通与公共汽车共用站台，两个方向都有很好的换乘条件。

(4)在繁忙的城市轨道交通车站，入站的公共汽车很多，采用沿线停靠法会因停靠站空间不足而造成拥挤。为了解决以上问题，可采用路外多个站台换乘枢纽的方式。为避免人流进出站对车流产生干扰，每个站台均通过地下通道与城市轨道交通车站相连。

(5)在城市轨道交通沿线取消重合段长的常规公交线路，而将其设在城市轨道交通线服务半径以外的地区。

(6)将城市轨道交通线路两端的地面常规公交线路的终点尽可能地汇集在城市轨道交通终点，组成换乘站。

(7)改变地面常规公交线路，尽量做到与城市轨道交通车站交汇，以方便换乘。

(8)在局部客流大的城市轨道交通线的某一段上，保留一部分常规公交线路，起分流作用，但重叠长度不宜超过 4 km。

(9)增设以城市轨道交通车站为起点的地面常规公交线路，以接运城市轨道交通乘客。

2.枢纽站内常规公交换乘设施的平面布置

在枢纽站内，常规公交的换乘设施，主要是通过设置的公交车站，提供较为集中的公交车与乘客之间的换乘场所。为公交车进出道路系统提供缓冲区域；实现交通功能的转换；完成乘客在不同交通方式与常规公交之间的换乘。枢纽常规公交换乘设施的主要组成要素为：公交乘降区，上客等待区，公交车回转区。城市轨道交通枢纽站的公交车站的布置强调轨道交通和公交之间的换乘方便，枢纽内公交车站的平面布置有以下 3 种模式。

(1)周边分布式

该模式最大特点是灵活性大，临时停车集中在中央停车区，泊位可以按需要调整。乘客的上下车和换乘在周边步行区进行，不存在人车冲突。乘客区域较为分散，线路之间的换乘略费周折；乘客候车区域较大。中间的空间如果设置为公交停车场地，车辆从停放区进入站位会不太方便。

(2)并行排列式

该模式基于公交穿越式泊位，各线路进出站台较为方便，但换乘客流对各个站台的选择，易导致换乘客流与公交车之间的冲突。灵活性差，如果某条线路停车空间不够，不允许其车辆驶入其他线路的站位，联系各个公交站台和轨道站台，需要配建多个楼梯和自动扶梯。

(3)岛屿式

轨道和公交的换乘可以通过地道连接“岛屿”,或者是二层行人走廊,其优点是人车之间的冲突较小,换乘客流的平均步行距离最小,将乘客集中到一个“岛屿”上,换乘更为便捷,需要保证乘客候车区的面积,在中央岛屿候车区可以提供各条线路统一的设施,便于提供高质量的候车环境。

(二)与小汽车等私人交通的衔接设计

小汽车等私人交通在枢纽站的换乘布局中,主要考虑停车换乘(Park and Ride,即 P+R)和开车接送(Kiss and Ride,即 K+R)两种模式。

停车换乘(P+R)是私人交通与公共交通之间的一种换乘形式,即通过乘坐小汽车等私人交通至停车换乘点换乘快速公共交通进入中心区,是城市客运交通体系一体化的重要环节。城市轨道交通停车换乘方式的衔接布局规划,主要内容包括停车场的规划布局与周边道路的交通组织规划设计等,需要注意以下几点:

(1)采用停车换乘方式的城市轨道交通枢纽必须提供足够规模的停车设施,停车面积满足停车换乘的需求量。因此,停车换乘方式比较适合位于城市周边地区的城市轨道交通枢纽,而位于中心城区的城市轨道枢纽,由于用地紧张,难以设置规模适当的停车场,加之车辆进出停车场会对本已拥挤不堪的道路交通带来更大的影响,因此不建议采用。

(2)停车设施应靠近城市轨道交通枢纽,并与车站集散大厅之间设置规模适合的专用衔接换乘通道,避免停车换乘乘客穿越城市道路以及与其他人流混杂,给换乘带来不便,同时宜对周边道路的瓶颈路段和交叉口采取一些增容措施,减少乘客出行延误。

(3)力求减少停车场对周边用地和道路交通以及其他客运方式所造成的不良影响,必须进行车辆行驶线路的组织设计,并设置明确的行车线路指示标志。

(4)应建立适合的停车场收费政策和管理措施,以鼓励乘客转乘城市轨道交通,并保证乘客的安全使用。

开车接送(K+R)方式通常采用路外停车形式。为保证枢纽周边道路的通畅,通常应避免此类小汽车进入城市轨道交通枢纽内部,减少客流与车流的冲突。此种形式的换乘距离一般比较长。

(三)与出租车的衔接设计

城市轨道交通枢纽的出租车换乘设施,主要功能在于满足乘客搭乘出租车的需求,为出租车进出道路系统提供缓冲的区域。对于换乘量较大的车站,宜在路外设置专用的换乘场所,换乘量较小的车站,可采用路边停靠的方式。

出租车换乘设施主要由下客区域、等车循环区、排队区和上客区域组成。出租车上下客区域可以在同一个位置也可以分散布置,出租车下客区的位置尽可能设在车站进口附近较方便的位置,上客区相对可以灵活布置,尽量考虑人行系统相配合的设计。

出租车进出以及上下客的流线和等车循环区、排队区应尽可能与公共汽车行车路线分离,减少出租车对公共汽车停靠和行驶的干扰。同时加强对出租车停靠的管理,有序流动,禁止随意停车。

出租车交通系统主要由乘客、出租车、城市道路、出租车站点组成。出租车交通的运营主要取决于行人和车辆的有效衔接，出租车需要道路附近具有大面积的上下客区域；行人需要能够随时随地、方便地搭乘出租车。因此，要求出租车交通流和人行系统有必要的重叠交叉，既要满足出租车乘客的需求，又尽可能地减少出租车对道路交通的干扰，需要建立一定的路外出租车换乘系统。

枢纽内出租车换乘设施，在道路空间外，通过设置出租车站，提供集中出租车和乘客之间换乘关系的场所。枢纽内出租车换乘设施的主要组成要素为：上、下客区，上客等待区，出租车循环区。

出租车的乘降区域可以集中布置也可以分散布置，尽可能设置在枢纽出入口附近区域。出租车进出以及上下客的流线和等车循环区、乘客等待区应与常规公交线路分离，减少出租车对常规公交停靠和行驶的干扰。同时要加强对小汽车的管理，有序流动。

(四)与步行及自行车的衔接设计

步行交通是城市轨道交通最主要的接运方式，只有通过步行的接驳，城市轨道交通这种定时、定线、定站点的公共客运系统才能完成乘客"门到门"的服务。两者衔接规划布局的内容主要包括城市轨道交通枢纽合理步行区内的人行步道系统、过街设施和人车分离设施的规划设计、导向指示标志设置以及步行路线组织设计等。城市轨道枢纽的建设会改变其合理步行区内的土地利用性质，大大提高其开发强度，应按照"以人为本"的基本指导思想，建立起以城市轨道交通枢纽为中心，以独立人行步道为主干，具有良好导向标志的城市公共空间体系。

自行车以其经济、方便、灵活、污染少等特点，在客运交通中占有重要地位，自行车与城市轨道交通之间的换乘也是城市公共交通中一种重要的衔接方式。自行车与城市轨道交通衔接布局规划的主要内容包括自行车停车场的规划布局以及城市轨道枢纽内自行车合理交通区域内行驶线路的组织设计。

对自行车交通网的设计应考虑近距离出行方便，远距离出行限制的原则，并减少其对干道的冲击，用大运量的城市轨道交通和地面公交解决区域间的远距离交通。自行车与城市轨道交通的衔接规划设计应注意以下几点：

(1)这种衔接换乘方式比较适合于城市外围区或居住区内的城市轨道交通枢纽，对于市区尤其是中心区的城市轨道交通枢纽，由于路面空间和停放空间的不足，不宜采用自行车直接与之换乘的方式，地面公交与自行车的换乘设置也应避免与城市轨道交通枢纽重合或过分接近。

(2)为了避免自行车的停放占用有限的城市道路空间和对行人交通、机动车交通产生影响，必须提供足够数量的自行车专用停车位。

(3)对于自行车换乘量较大的城市轨道交通枢纽，应设置集中专用的路外停车场，且不宜相距太远，两者之间也应设有专用的衔接换乘通道；对于换乘量较小的枢纽，可以采用分散停放的方式，但停放场地不宜过分靠近车站集散大厅的出入口，以免自行车的停放影响乘客进出车站。

(五)与对外交通港站的衔接设计

铁路车站、港口、机场、长途汽车站之间的城市轨道交通和对外交通港站的换乘客流量大,如果组织不善,容易引起人流的交叉。对外交通到达的远途客流换乘城市轨道交通时,大量的客流需要购买城市轨道交通车票,为了适应这种情况,城市轨道交通车站应设置站厅层来解决大量客流的购票问题和人流组织问题。此时对外交通和城市轨道交通之间的基本换乘方式是站厅换乘。对外交通港站往往是一座城市的门户,它一般具有历史悠久、周围各种设施齐全、客流集聚量较大、进一步开发的空间有限等特点。城市轨道交通与对外交通港站衔接时,要在充分考虑这一特点的基础上进行总体的规划设计。

城市轨道交通与对外交通港站的衔接有以下几种方式。

1.地下形式

城市轨道交通运行在地下,对城市的分割最小,但工程造价最大。对于地处城市繁荣地段的对外交通港站,如铁路车站、长途汽车站等,城市轨道交通要驶出地面和对外交通港站衔接,将分割城市并引起巨大拆迁量,此时城市轨道交通采用在地下与对外交通港站衔接方式为宜。

2.地面形式

城市轨道交通运行在地面上时,客流换乘时需要克服的高度和行走的距离都很小,换乘便捷,城市轨道交通与对外交通港站还可以在一定程度上共享设备,如站房等,可以减少投资金额。但其缺点是城市轨道交通驶出地面会对城市造成一定的分割。此形式需要在综合评价后再做决定,一般适用于城市较边缘的换乘站,如港口码头、机场等。

3.高架形式

当城市轨道交通采用高架形式时,对城市分割比采用地面形式要小,但工程造价也相应较高。如果对外交通港站是高架站厅,则乘客从城市轨道交通车站出来后可以直接进入对外交通港站的站厅,换乘便捷。对外交通港站是地面站厅,那么城市轨道交通是否采用高架,要与地下和地面形式在工程量的大小及对城市的影响方面进行比较后再确定。

4.在地面或高架修建城市轨道交通车站,进行客流的统一组织规划

城市轨道交通车站设于地面或高架时,一般会对对外交通港站周围环境造成比较大的影响,在既有对外交通港站设置时,不仅会带来较大的拆迁,其换乘客流也不易组织,应慎重对待。

在对外交通港站周围单独修建城市轨道交通地面或高架车站时,必须考虑景观问题,其通常的方法是将城市轨道交通车站置于对外交通港向一侧或在广场前道路上与对外交通港站平行布置,换乘客流一般通过地面或天桥疏散后进入对外交通港站。

5.在既有对外交通港站站前广场地下单独建设城市轨道交通车站,利用出入口通道与铁路车站相衔接

根据线路走向可分为两种形式,一种是城市轨道交通车站与对外交通港站平行布置,如

目前北京火车站北站;另一种是两车站交叉布置,即城市轨道交通车站与对外交通港站正交或斜交,线路穿越对外交通港站站场。一般说来,前一种情形是有利于与既有的对外交通港站衔接,后一种形式则为线路的延伸创造了更好的条件。这两种形式的优点是利用了对外交通港站站前广场空间,明挖施工时不造成大规模的拆迁和改造,相对施工难度较小,但也要充分注意到施工期对港站客流的影响,在客流聚集比较大、广场规模容量有限时,要考虑分流措施。两种形式的客流换乘条件一般,规划设计时要尽可能使城市轨道交通车站及出入口通道靠近对外交通港站的出入口,有条件时应设独立通道进行换乘。

6. 市郊铁路和铁路之间的换乘

由于市郊铁路是利用铁路的线路运行,必然直接到达铁路车站,由铁路到达换乘市郊列车的旅客可不经检票直接换乘市郊列车,因此必须将市郊铁路使用的站台和铁路使用的站台分隔开,将市郊铁路的进出口通道引入到票务为同一制式的城市轨道交通系统中这样市郊铁路和铁路之间的换乘距离虽遥远,但两个系统分开后,给票务系统的管理和人流组织带来了方便。

7. 城市轨道交通与机场的衔接可采用航空轨道线的方式

航空轨道线指一端连接机场,另一端连接城市轨道交通线网的轨道,线路直接进入机场,在设计时可在机场航站区预留轨道交通线的进场路线,如果多个航站楼的位置较远,可设航站区的轻轨系统,依次连接各航站楼,形成环路,并在各航站主楼与长廊之间设置停靠站。

第五章　城市轨道交通客运组织管理

第一节　城市轨道交通客流组织

城市轨道交通主要通过合理的客运组织来完成其大容量的客运任务。城市轨道交通客运组织是指通过合理布置客运有关的设备、设施，对客流采取有效的分流或引导措施来组织客流运送的过程。

城市轨道交通车站客流组织、客流疏导工作应以“流量服从安全”“客流有序、秩序可控、疏散有力”“路网限流、区域联动，节点控制”为原则，以车站的实际客流状况为出发点，采取适当的疏导措施，合理组织客流，保障客流安全、有序。

城市轨道交通车站客流组织的主要内容包括：车站售检票位置的设置，车站引导标识的设置，车站自动扶梯、隔离栏杆、车站广播导向等设备设施的设置，各种设备数量及工作人员的配备，应急措施的制定与实施等。

车站客流组织的措施与乘客进出站客流流线有着密切的关系，因此在客流组织中应当关注乘客的每一个行动节点。

一、客流调查

客流是不断动态变化着的，但这种动态变化又是有规律的，可通过客流调查了解并掌握客流变化规律，配备与之相适应的运输能力，给乘客提供良好的服务。在运营过程中，要掌握客流在时间、空间上的动态变化规律，必须进行各种形式的客流调查。

客流调查涉及客流调查内容、地点和时间的确定，调查表格的设计、调查设备的选用和调查方式的选择，以及调查资料汇总整理、指标计算和结果分析等多方面问题。

(一)客流调查的种类

根据不同的情况和需要，城市轨道交通系统的客流调查种类主要有。

1. 全面客流调查

全面客流调查是对全线客流的综合调查，通常也包括乘客情况抽样调查。这种类型的客流调查时间长、工作量大，需要较多的调查人员。但通过调查及对调查资料进行整理、统计和分析，能对客流现状及出行规律有全面、清晰的了解。

全面客流调查有随车调查和站点调查两种调查方式。随车调查是指在车门处对全天运营时间内所有运行列车的上下车乘客进行调查；站点调查是指在车站检票口对全天运营时间内所有在车站上下的乘客进行调查。以上两种调查方式中，城市轨道交通全面客流调查基本上都采用站点调查。在既有线路中，为调整运营计划而进行的全面客流调查的客流量大小、票种分布、乘客流向分布等资料可通过 AFC 系统得到。

全面客流调查一般应持续进行，可持续 2～3 天在全天运营时间内，查全线各站所有乘客的下车地点和票种情况，并将调查资料以 5 min 或 15 min 作为间隔分组记录下来。

2. 乘客情况抽样调查

抽样调查是指用样本近似地代替总体的调查方式，这样做有利于减少客流调查的人力、物力和时间。乘客情况抽样调查通常采用问卷方式进行，调查内容主要包括乘客构成情况和乘客乘车情况两方面。

乘客构成情况调查一般在车站进行。调查内容包括年龄、性别、职业、家庭住址和出行目的(工作、学习、购物、游览、就医、访友及其他)等。该项调查的时间可选择在客流比较正常的运营时间段。

乘客乘车情况调查的安排视调查对象及调查内容的不同而不同。调查内容除年龄、性别和职业外，必要时还需要包括家庭住址和家庭收入、日均乘车次数、上车站和下车站、到达车站的方式和所需时间、下车后到达目的地的方式和所需时间、乘坐轨道交通列车后节省的出行时间以及对现行票价的认同度等。

3. 断面客流调查

断面客流调查是一种经常性的客流抽样调查，根据需要可选择一个或几个断面进行调查，一般是对最大客流断面进行调查，调查人员用直接观察法调查车辆内的乘客人数。

4. 节假日客流调查

节假日客流调查是一种专题性客流调查，重点对春节、元旦、国庆节、双休日和若干民间节日期间的客流进行调查。调查的内容包括机关、学校、企业等单位的休假安排，城市旅游业、娱乐业的发展程度，市民生活方式的变化等。该项调查一般是通过问卷方式进行。

5. 突发客流调查

突发客流调查主要针对影剧院、体育场馆等客流快速集散的站点进行的专项客流调查，该项调查主要涉及影剧院、体育场馆的规模与附近轨道交通车站的客流影响程度、持续时间之间的相关关系。

(二)客流调查的统计指标

调查结束后，对客流调查资料应认真汇总整理，列成表格或绘成图表，计算各项指标，并将它们与设计(预测)数据或历年调查数据进行比较，分析数据增减的比例和原因。轨道交通全面客流调查后应计算的主要指标如下。

1. 乘客人数

包括分时与全日各站上下车人数、分时与全日各站换乘人数、各站与全线高峰小时乘客人数、各站与全线全日乘客人数以及高峰小时乘客人数占全日乘客人数的比例。

2. 断面客流量

包括分时与全日各断面客流量、分时与全日最大断面客流量以及高峰小时最大断面客流量。

3. 乘坐站数和平均运距

包括本线乘客不同站数的人数及所占百分比、跨线乘客乘坐不同站数的人数及所占百分比以及平均乘车距离。

4. 乘客构成

包括全线持不同票种乘客人数及所占比例，车站按年龄、家庭住址和出行目的等统计的乘客人数及所占比例，从不同距离、以不同方式到达车站的人数及所占比例，需不同时间、以不同方式到达车站的乘客人数及所占比例。

5. 乘客乘车情况

包括年龄、性别、职业、家庭住址、到达车站的方式（步行、汽车、乘公交车等）和时间、上下车站及换乘站、乘坐轨道交通比其他常规公共交通方式所节约的时间等。

6. 车辆运输

包括客车公里、客位公里、客车满载率和断面满载率。

二、客流计划

客流计划是对实现运营计划期间轨道交通线路客流的规划。它是编制全日行车计划、车辆配备计划和列车交路计划的基础。

（一）客流概念

客流是人们为了实现各类出行活动，借助各种交通工具，是一定时间内某一运输路线路段上一定方向的旅客流动，包括流量、流向和流时等要素。客流的概念既表明了乘客在空间上的位移及其数量，又强调了这种位移带有方向性和具有起讫位置。

根据客流的时间分布特征，轨道交通客流可分为全日客流、全日分时客流和高峰小时客流。

根据客流的空间分布特征，轨道交通客流可分为断面客流和车站客流。

1. 断面客流量

断面客流量是指在单位时间内，通过轨道交通线路某一地点的客流量称为断面客流量。通过某一断面的客流量就是通过该断面所在区间的客流量。断面客流量可分为上行断面客流量和下行断面客流量，计算公式为：

$$P_{i+1}=P_i-P_{下}+P_{上}$$

式中：P_{i+1}——第个断面的客流量（人）；

P_i——第 i 个断面的客流量（人）；

$P_{下}$——在车站下车人数（人）；

$P_{上}$——在车站上车人数（人）。

最大断面客流量是指在单位时间内，通过轨道交通线路各个断面的客流量一般是不相等的，其中的峰值称为最大断面客流量。轨道交通线路上、下行方向的最大断面客流量一般不在同一个断面上。

高峰小时最大断面客流量是在以小时为时间单位计算断面客流量的情况下，全日分时最大断面客流量一般是不相等的，其中的峰值称为高峰小时最大断面客流量，一般出现在早晨和傍晚。

高峰小时最大断面客流量是决策是否需要修建轨道交通、修建何种类型轨道交通、确定车辆型式、列车编组、行车密度、运用车配置数和站台长度等的基本依据。

2. 车站客流

车站客流包括全日、高峰小时和超高峰期在轨道交通车站上下车和换乘的客流量，以及经由不同出入口、收费区的进出站客流量和方向别的换乘客流量。

车站高峰小时和超高峰期客流量决定了车站设计规模，是确定站台、售检票设备、自动扶梯、楼梯、通道、出入口等车站设备容量或能力的基本依据。

(二)客流特征

客流可以是预测客流，也可以是实际客流。客流是动态流，随天时地的变化而改变，这种变化是城市社会经济活动、生活方式在轨道交通系统的反映。客流特征主要体现在空间分布和时间分布的变化两个方面。

1. 时间分布特征

(1)一日内各小时的客流变化

小时客流量随城市生活节奏和出行规律的变化而变化。白天时段客流有多次变化起伏，一般清晨与夜间的乘客最少，早晨上班、上学时达到高峰，高峰过后客流渐减进入低谷，傍晚下班或放学时间又出现第二个高峰。同时，客流在高峰小时内分布也是不均衡的，往往还存在着 20 min 左右的超高峰。

轨道交通的运能、线路走向、所处交通走廊的特点以及车站所在地的用地性质，是影响轨道交通客流时段分布的主要影响因素。结合不同运能轨道交通的不同类型车站，可归纳出以下五种客流小时分布类型。

①单向峰型。轨道交通线路所处的交通走廊具有明显的潮汐特征，或车站周边地区用地功能性质单一时，车站客流分布集中，有早晚错开的一个上车高峰和一个下车高峰。

②双向峰型。车站位于综合功能用地区位时，客流分布与其他交通方式的客流分布一致，有两个配对的早晚上下车高峰。

③全峰型。轨道交通线路位于用地已高度开发的交通走廊，或车站位于公共建筑和公用设施高度集中的地区时，客流分布无明显的低谷，双向上下车客流全天都很大。

④突峰型。车站位于体育场、影剧院等大型公用设施附近，演出节目或体育比赛结束时，有一个持续时间较短的突变的上车高峰。一段时间后，它部分车站可能有一个突变的下车高峰。

⑤无峰型。当轨道交通本身的运能比较小或车站位于用地还没有完全开发的地区时，客流无明显的上下车高峰，双向上下车客流全天都较少。

轨道交通一日内小时客流通常是双峰型。反映客流不均衡程度的系数 4 可按下式计算：

$$a_1 = \frac{P_{max}}{\sum_{i=1}^{H} P_t / H}$$

式中：a_1——单向分时客流不均衡系数；

P_{max}——单向高峰小时最大断面客流量(人)；

P_t——单向分时最大断面客流量(人)；

H——全日营业小时数(个)。

分时客流不均衡系数值大于1。a_1 趋向于1表明分时客流分布比较均衡，越大表明分时客流分布越不均衡。a_1..2时，表明分时客流的不均衡程度比较大。位于市区范围内的地铁、轻轨线路的 a_1 值通常为2左右，而通往远郊区市域轨道交通线路的 a_1 值通常大于3。在 a_1 较小，即在单向分时最大断面客流不均衡程度较大的情况下，为实现运输组织合理性和运营经济性，可考虑采用小编组、高密度行车组织方式，即在客流高峰时间段开行较多的列车以满足乘客运输需求，而在客流低谷时间段则减少开行列车数以提高车辆平均满载率。

(2)一周内全日客流分布特征

由于人们的工作与休息是以周为循环周期进行的，这种活动规律性必然要反映到一周内全日客流的变化上来。在以通勤、通学客流为主的轨道交通线路上，双休日的客流会有所减少；而在连接商业网点、旅游景点的轨道交通线路上，双休日的客流又往往会有所增加。双休日的早高峰出现时间往往推迟，而晚高峰出现时间又往往提前。星期一与节假日后的早高峰小时客流和星期五与节假日前的晚高峰小时客流都会比其他工作日的早、晚高峰小时客流要大。

根据全日客流在一周内分布的不均衡和有规律的变化，轨道交通常在一周内实行不同的全日行车计划和列车运行图，以适应不同的客运需求和提高运营经济性。

(3)季节性或短期性客流变化

一年内，客流还存在季节性的变化，如由于梅雨季节等原因，6月份的客流通常是全年的低谷。而在旅游旺季，流动人口的增加也会使轨道交通线路的客流增加。短期性的客流激增通常发生在举办重大活动或遇到天气骤然变化的时候。

2. 空间分布特征

(1)各条线路客流分布特征

沿线土地利用状况的不同是各条线路客流不均衡的决定因素，而轨道交通线网与接运交通的现状也是各条线路客流不均衡的影响因素。各条线路客流的不均衡包括现状客流分布的不均衡和客流增长的不均衡两个方面。

(2)上下行方向客流分布特征

由于客流的流向原因，轨道交通线路上下行方向的最大断面客流通常是不均衡的。这种不均衡在放射状轨道交通线路上尤为明显。

反映轨道交通线路上下行方向客流不均衡程度的系数按下式计算：

$$a_2=\frac{\max\{p_{\max}^{上},p_{\max}^{下}\}}{(p_{\max}^{上}+p_{\max}^{下})/2}$$

式中：a_2——上下行方向客流不均衡系数；

$p_{\max}^{上}$——上行方向最大断面客流量(人)；

$p_{\max}^{下}$——下行方向最大断面客流量(人)。

上下行方向客流不均衡系数值大于1。a_2 趋向于1表明上下行方向客流比较均衡。越大表明上下行方向客流越不均衡。当 a_2..1.5时，表明上下行方向客流的不均衡程度比较大。在 a_2 较小，即在上下行方向最大断面客流不均衡程度较大的情况下，直线线路上要做到经济合理地配备运力比较困难，但在环形线路上可采取内、外环线路安排不同运力的措施。

(3)线路断面客流分布特征

在轨道交通线路上，由于各个车站乘降人数的不同，线路上各区间的断面客流通常各不相同，甚至相差悬殊。

反映轨道交通线路单向各个断面客流不均衡程度的系数可按下式表示：

$$a_3=\frac{p_{max}}{\sum_{i=1}^{K}P_i/K}$$

式中：a_3——单向断面客流不均衡系数；

P_i——单向断面客流量(人)；

K——单向线路断面数(个)。

断面客流不均衡系数值大于1。趋向于1表明断面客流比较均衡，越大表明断面客流越不均衡。当 a_3..1.5 时，表明断面客流的不均衡程度比较大。位于市区范围内地铁、轻轨线路的值通常小于1.5；而通往远郊的线路。值通常为2左右。在较小，即在线路单向最大断面客流不均衡程度较大的情况下，可采用在客流量较大的区段加开区段列车的措施，但在行车密度较大的情况下，加开区段列车会有一定难度，并且加开区段列车对运营组织和车站折返设备都会提出新的要求。

(4)各个车站乘降人数分布特征

轨道交通线路各个车站的乘降人数不均衡，甚至相差悬殊情况并不少见。在不少线路上，全线各站总的乘降量集中在少数几个车站上办理。此外，新的居民住宅区形成规模和新的轨道交通线路投入运营，也会使车站乘降量发生较大的变化及带来不均衡的加剧或新的不均衡。

三、大客流组织

城市轨道交通线路的走向一般都是客流集中的交通走廊，连接着重要的客流集散点，如铁路车站、汽车客运站、航空港、航运港等交通枢纽，大型商业经济活动中心、体育场、博览会、大剧院等重要文体活动中心以及规模较大的住宅区等。正因如此，某些特殊车站会不定期地遇到大客流。为了保证乘客的安全和正常的运营秩序，车站在客流组织方面应备有完善的运营组织方案和措施。在一定程度上这些方案、措施补救了硬件设备的缺陷。

(一)大客流的定义

大客流是指车站在某一时段集中到达的，客流量超过车站正常客运设施或客运组织措施所能承担的客流量时的客流。

一般来说，大客流出现的时间具有规律性，如每天由于通勤原因引起的早晚高峰：大城市上班高峰大约在7：30～9：00；下班高峰大约在4：30～6：30。同时还应预见外界因素引起的大客流，节假日伴随的旅游高峰期；举办重大活动(大型体育赛事、文艺表演等)；风、雨、雪等恶劣天气情况，都可引起客流的大幅增加。

(二)大客流产生的原因

1.早晚的日常高峰

城市轨道交通服务于城市公共交通,日常客流以上班、上学的通勤客流为主。该类客流出行具有明显规律性,因此城市轨道交通系统通常在早晚上下班、上学、放学期间会产生客流高峰。随着城市轨道交通路网规模的扩大,线路通达性增强,选择城市轨道交通通勤的居民越来越多,致使早晚高峰出现较大的客流量。该类大客流与线路途经地区的功能密切相关。

2.节假日出行量增加

在元旦、清明节、劳动节、端午节、中秋节、国庆节等国家法定假日期间,市民出行量会因为休闲娱乐活动的增加而增加,本地和外地游客的旅游出行量增加,往往会造成全线各站客流普遍大幅上升。据统计分析,一年中最高日客流基本上是"十一"期间创下的。该种大客流影响范围较大,一般会影响到城市轨道交通的多条线路,并且全线客流都有上升的趋势。

3.举办大型活动

随着国民经济的发展和人民生活水平的提高,人们的物质文化生活需求逐步提升,城市大型文化体育活动、商业会展、博览会等为代表的大型活动的举行越来越多。此类活动的举办会引起大规模客流的集散,使得城市轨道交通线路客流量出现突变。

4.恶劣天气

在大雨、大雪、大雾等恶劣天气下,地面交通存在极大不便,这会使得较多市民选择地铁出行或进入地铁车站避雨雪,造成地铁各个车站客流上升。该类大客流影响范围比较广泛。

5.轨道交通系统发生紧急事件

地铁车站发生火灾、大面积停电、列车延误等事故时,会导致车站客流积压,此时需要及时疏散旅客,以保证安全。一般而言,此类大客流直接影响范围较小,但是波及范围较大,其影响程度视紧急事件性质的不同而不同,严重事故会导致行车中断甚至人员伤亡,引起客流混乱。在网络化运营情况下,任何一条线路出现事故,均会影响到其他线路的运营情况,波及范围极广。

6.线路间运输能力不匹配

城市轨道交通系统中,各条线路的运营基本独立,不同线路间的客流运输一般只能经由换乘站进行换乘,如果换乘站衔接线路的运输能力过于悬殊,且能力大的线路对能力小的线路的换乘量较大,则相应换乘站很难避免换乘大客流的冲击。

7.规划阶段对线路客流预测偏差

规划阶段的客流预测是城市轨道交通系统的建设规模、系统选择、车辆选型、列车开行方案等的基础,如果该客流预测准确性不能保证,会对系统后续运营产生巨大的影响。当预测客流量过大,则建成的城市轨道交通系统能力会远大于运输需要能力,造成能力和资源的极大浪费;当预测客流量过小,则建成后客流成长过快,在短时间内就达到了该系统的能力极限,沿线各站将面临经常性大客流。此外,当对某些站点的客流预测不准确时,也会造成类似的情况。当预测客流量过大,会造成设备能力的浪费;反之,该车站因为自身能力的不足,会遇到经常性大客流,甚至成为全线的运输能力瓶颈。

8. 城市功能区规划不当

城市轨道交通服务于城市居民出行，当城市功能区规划不当，例如核心功能区集中，则容易导致通勤、商务以及旅游等客流重合叠加，使该区域的运力紧张，造成高峰时段该范围内车站出现大客流的概率大大增加。

(三)车站大客流组织的影响因素

城市轨道交通运营企业会根据每个车站、的具体位置、站台形式、设备配置方式、客流特点等因素，有针对性地编制该车站的客流组织方案。车站大客流的组织主要考虑下列影响因素。

1. 车站出入口及通道的设置

车站出入口及通道的数量、规模和位置在设计之初已经确定，一般不能再改变。车站大客流组织应根据进出客流的方向和数量，灵活选择关闭或开放车站出入口的数量和位置，同时可改变或限定通道内乘客流动的方向，达到限制乘客进站数量和流动速度的目的。从运输安全和消防疏散的角度考虑，每个车站必须保持开通两个以上出入口及通道。

2. 站厅的面积

根据城市轨道交通客流组织经验，站厅容纳率一般为 2～3 人/m^2。

3. 站台的面积

站台主要供列车停靠时乘客上下车使用，站台的设计应满足远期预测客流的需要，且站台的宽度应满足高峰小时客流量的需要。根据城市轨道交通客流组织经验，站台容纳率一般为 2～3 人/m^2。

4. 列车输送能力

列车输送能力是车站大客流组织的主要影响因素，而影响列车输送能力的两大因素是行车间隔和车辆载荷。列车行车间隔越小，车辆满载率越高，对车站客流组织的压力越大。

综上所述，车站大客流的组织主要受出入口通道、站厅站台面积、车站楼梯(自动扶梯)、自动售检票设备通过能力以及列车输送能力等的影响。根据实际运营经验，车站大客流组织的瓶颈主要体现在出入口、进出站闸机以及站厅转到站台的自动扶梯口等处。在车站客流组织过程中，只要控制好这些车站设备中的薄弱环节，就能做好车站的客流组织工作。

(四)车站大客流的组织原则

(1)OCC 负责全线的客运组织工作，车站的客运组织由站长/值班站长负责。

(2)在大客流的情况下，采取有效措施对车站人流进行控制。

(3)如站台乘客数量大于站台容积能力，必须进行入闸机控制点的客流控制。

(4)如站厅乘客数量大于站厅容积能力，就必须对出入口控制点进行控制，临时限制或者不允许乘客进站。

(五)车站大客流组织措施

1. 增加列车运能

可根据预测客流量，提前编制针对大客流的特殊情况下的列车运行图，从运能上保证大客流的运营组织。在大客流发生时，根据大客流的方向，利用就近的折返线、存车线组织列车运行方案，增加临时列车，从而保证大客流的疏散。增加列车的运能是大客流组织的关键。

2. 增加售检票能力

售检票能力是大客流疏散的主要障碍，车站在设置售检票位置应考虑提供疏散大客流的通道。当可预见大客流情况发生时，可事先做好相应的票务服务准备工作。

售检票设备的准备。在大客流发生前，设备维修人员应事先对车站全部售检票设备进行维护、检修，确保在大客流发生时售检票设备能正常使用。

车票和零钞的准备。车站应根据客流预测和以往大客流所消耗的车票及零钞数，在大客流发生时，向票务部门申领和储备充足的车票和零钞。

临时售票厅的准备。车站根据大客流的进出方向，选择在进站客流较集中的位置，设置临时售票亭。站厅面积较小的车站，可考虑将临时售票亭设置在进站客流较多的通道内。

3. 做好进站客流组织工作

可根据站台是否还能容纳和承受更大的客流，分两种情况来进行进站客流组织工作。当站台还能容纳和承受更大客流时，可采取增加售检票能力、加开进站方向的闸机、加开通往站台方向的扶手电梯、适当延长列车停站时间等措施；当站台不能容纳和承受更大客流时可采取暂停或减缓售票速度、关闭部分自动售票机、暂停关闭局部或全部进站方向闸机、更改扶手电梯方向、适当延长停站时间、采取进出分流导向等措施。

4. 做好出站客流组织工作

出站客流组织工作的指导思想是保证乘客出站线路的顺畅，加快出站的速度，使其安全、快速、有序地离开车站。

5. 采取临时疏导措施

在大客流组织中，临时合理的疏导是一项很重要的组织措施。主要包括车站出入口、站厅层的疏导，自动扶梯以及站台层的疏导。车站出入口、站厅层的疏导主要是根据临时售检票位置的设置，引导、限制客流的方向。临时售检票位置宜设置在站外、站厅层较空旷的位置，应为排队购票的乘客留出充分的空间，确保通道的畅通和出入口、站厅客流的秩序。自动扶梯以及站台层的疏导主要是为了尽量保证客流均匀上、下扶梯和尽快上、下列车，保证站台候车的安全。站务人员应在靠近楼梯、扶梯处站岗并分散在站台前、中、后部疏导乘客。采取的疏导措施主要有设置临时导向标志、设置警戒绳或隔离栏杆、采取人工引导及通过广播宣传引导等。

6. 特大客流应急措施

当车站遭遇特大客流时，应遵循由下至上、由内至外的人潮控制原则。采取站台客流控制、站厅付费区客流控制、出入口（站厅非付费区）客流控制三级客流控制方法。第一级控制站台客流，控制点可设在站厅与站台的楼梯（或电扶梯）口处，站务人员应分散在站台的各部，维持候车、出站秩序，协助司机开关车门，确保乘客安全上下车。第二级控制付费区客流，控制点在进站闸机处，站务人员确保有序、快捷的进站秩序，及时处理票务问题。第三级控制非付费区客流，控制点在车站出入口处，可在站外设置迂回的限流隔离栏杆，延长进站时间，最大限度缓解站台层客流压力。

第二节 城市轨道交通客运服务

服务可以定义为具有无形特征的一种或一系列活动，通常发生在顾客与服务提供者及其有形的资源、商品或系统相互作用的过程中，以便解决消费者的有关问题。轨道交通服务则是发生在乘客与提供服务的轨道交通企业的种种设施、设备、各个岗位工作人员一系列相互作用的过程中，目的是未来在这一过程中，尽可能满足乘客的需求。城市轨道交通的服务是为广大乘客提供安全、便利、舒适、快捷的乘车、候车环境。针对这种服务，提出服务管理措施，以便规范服务。

一、城市轨道交通客运服务管理

服务管理是城市公共交通管理的重要组成部分。包含了五个方面的主要内容：服务组织应制定相应的规章制度、建立服务质量管理体系；服务人员上岗前应经过岗位培训，并取得上岗资格；在岗人员应掌握本岗位业务技能，胜任本职工作；服务组织应定期进行服务的自我考核评价，可通过第三方独立进行服务评价；服务组织应根据结论进一步改进服务。

二、城市轨道交通客运服务质量管理

服务质量的概念是从有形产品的质量概念引进而来。由于服务的抽象性、差异性和不可分离性等特性，使服务质量的概念和有形产品的质量概念在内涵上有很大的不同。

服务质量定义为：服务组织为乘客所提供服务的程度。

(一)城市轨道交通服务质量的内容

1. 运输效率

包括平均乘车距离、服务范围、发车频率、运力、乘坐适合性(如对儿童、老人等)和可靠性等。

2. 换乘服务

包括步行、自行车、小汽车等交通方式之间的方便换乘，公共交通之间的换乘，轨道交通内部的换乘等。

3. 信息服务

包括一般信息(如运行时间、线路图、时刻表、动态提示信息、安全信息等)、必要信息(如可达性、标识标志、票务)、非正常状态信息(如事故、故障、事件信息)以及信息交流(如投诉和建议)等。客运服务信息应说明信息来源，并向乘客提供有效性、可靠性、及时性的信息。

4. 间效率

包括运行时间、行车守时性和准时性、平均候车时间、平均换乘时间。

5. 服务设施

包括服务设施舒适性、环境条件、补充服务设施(卫生间、通信设施、食品亭、商业和娱乐设施)等。

6.治安与安全

包括治安设备、事故预防、紧急情况预案和紧急响应等。

7.运营环境

包括通风、振动与噪声、尘土和垃圾、气味、视觉、电磁辐射与干扰等。

8.乘客关怀

包括向乘客提供适宜或舒适的候车和乘车环境;残疾人、儿童、老年人、体能障碍者使用的设施设备;询问、投诉和赔偿服务;相应的环境信息、客流信息,对乘客拥有的(乘车、购票等)选择权等进行规定。还包括对长距离通勤乘客的候车、乘车舒适性,对骑自行车乘客的乘车和换乘进行规定,充分考虑和关心不同乘客的需要;服务人员精神面貌、服务技能和态度以及服务灵活性等。

9.企业服务承诺

轨道交通客运服务机构应就其服务向乘客做出承诺,并通过多种方式向乘客和社会公布。出现意外情况或因某种需要,引起服务内容变化或服务质量提高或降低时,要采用服务声明向乘客公示或向社会公布。

(二)城市轨道交通服务质量的评价体系

虽然各城市轨道交通建设和管理的情况各异,但提高乘客服务水平,打造城市轨道交通的优质服务品牌是各运营企业的共同目标。城市轨道交通服务水平评价体系。

(三)服务专业质量指标

服务专业质量指标主要围绕服务管理统计与服务管理考核这两项内容展开。这两项内容主要是针对从事轨道交通这一行业的工作人员,是服务质量水平的统计与考核的指标总和。在轨道交通系统中,虽然有很多设施设备支持着系统,但在设施设备不能满足服务需求的时候,可采取人工服务来加以弥补,所以,工作人员的服务水平也是评定服务质量水平的标准之一。服务专业质量指标主要为考核评价工作人员服务质量水平而制定。

1.服务管理统计指标

职工培训率:主要了解轨道交通企业对企业内部员工的培训程度,员工业务水平的高低,会直接影响服务的水平。考核一个企业的职工培训率就能随时掌握员工的业务水平情况,对服务管理有帮助。

规范知晓率:轨道交通企业由于企业自身的特殊性,它不仅是单纯的带有企业性质的企业,也是带有社会公共服务性质的服务部门,制定了行业规范准则。规范知晓率主要考核企业员工对于规范准则的熟知程度,也是考核员工是否有责任心的标准之一。在企业内部也定期对员工进行考试,实现这一指标的考评。

规范执行率:主要统计员工完成服务操作的质量水平。它具体包含很多方面,如佩戴标志合格率、服务用语合格率、售票合格率等。这些合格率都是员工服务的细化考核,针对不同的工种,规范执行率考察的指标也不同,按具体确定进行分类统计。

乘客满意率:这是管理统计指标中,唯一能直接反映员工服务水平的统计指标。考察对象以乘客为主,主要采用问卷调查的形式,尝试了解乘客对轨道交通运营服务的满意程度。

2.服务管理考核指标

在服务过程中,有些指标能直接体现员工的服务水平,进行统计分析后,作为主要服务工作中考察核定的标准,列入服务管理考核指标。这些指标通常都可以有具体的数据做出定量的统计,对考核来说客观、公正、有科学依据。

三、城市轨道交通的换乘

随着国内轨道交通线网的加快建设和逐步形成,以及市民对减少换乘时间、提高出行质量的要求,换乘问题逐渐凸显,并得到重视。良好的换乘不但关系到轨道交通的服务水平,而且关系到城市公共交通的吸引力。

轨道交通的换乘包括乘客在线网内同一线路上换乘、乘客在线网内不同线路间换乘、乘客在轨道交通与其他交通方式间换乘三种情况。

城市轨道交通换乘站是轨道交通线网中各条线路的交叉点,是提供乘客转线换乘的场所。由于换乘站是不同线路的交叉点,除了具备普通轨道车站的进站、出站功能和提供轨道乘客转线换乘的场所外,还需设置与地面公交、私家车等换乘点。

概括来说,轨道换乘站的主要作用是对到达和离开的乘客按其各自目的、方向实现"换乘、集散、引导"功能,其核心功能是换乘。换乘:即不同路线间的乘客,在不离开车站付费区及不另行购买车票的情况下,进行跨线乘坐列车的行为。集散:为到达或离开的客流提供组织措施,以保证其安全地实现积聚汇合和疏散分流。引导:在车站内设置交通诱导信息,引导乘客快速进、出站和换乘,在车站外设置诱导信息,以引导私家车和公交车辆的乘客选择轨道出行,并提供方便,从总体上改善城市交通状况,提高居民出行质量。

(一)轨道交通换乘站的特点

城市轨道换乘站是提供乘客换乘的场所,与其他行人设施不同的是,换乘站具有以下特点。

1.封闭性

城市轨道换乘站是相对封闭的场所,乘客在封闭空间内行走速度较快,与外界作用力较大。中国乘客在轨道交通设施内平均速度为1.49m/s,快于商场购物行人1.16m/s和休闲区行人1.1m/s,也高于平均速度1.24m/s。在快速的行进中,乘客之间更易发生相互作用,如相互拥挤、碰撞等。

2.串联性

城市轨道换乘站内的所有设施相互串联,乘客从出发地到达目的地的过程中,需要经过一系列的串联设施,且选择性较少,即对于目的地相同的乘客,需要经过的步行设施类型和顺序基本相同,因此易出现从众现象。

3.设施布置受到诸多限制

轨道换乘站内部设置根据其功能分为服务类设施、通行类设施和容纳类设施,不同设施服务状态随客流变化而不同,同时各设施的功能、类型还受施工条件限制。

4. 客流密集和不均衡性

轨道换乘站内部客流具有明显的时间分布特征，且客流具有不均衡性（如同一时间各方向换乘客流量不同）。

（二）换乘站设计的基本要求

（1）换乘站有多种形式，但均应考虑尽量缩短换乘距离、减少换乘高度，做到明确、简洁、方便乘客。

（2）换乘设计应以远期高峰小时客流量为依据，换乘通道、电梯等换乘设施能满足远期换乘量的需要，重视无障碍设施的设置建设。

（3）换乘设施应考虑设置在各换乘车站的付费区内，使得一次购票即可到达最终目的地。

（4）换乘枢纽一般设置在客流集中的区域，各相应轨道交通车站应考虑尽可能多地设置出入口通道，交叉路口各个象限均应布设，以方便乘客的集散。

（三）换乘客流的特点

了解乘客的行为特点，有助于对城市轨道交通车站换乘空间进行人性化设计，并准确、有效地组织换乘客流。换乘行为特征包括乘客的心理需求和行为特征。

1. 换乘心理需求

（1）方便性

乘客对换乘时间有一定的心理可接受度，换乘时间过长会产生焦虑心理。参照中国香港地铁的研究，如能将换乘通道长度控制在 60m 以内，换乘时间是适宜的。

（2）顺畅性

换乘流线顺畅，尽量减少不必要的绕行，换乘设施摆放位置和方向应与流线一致，减少客流交织和冲突，同时换乘路径中的设施能力匹配能够避免瓶颈带来的拥堵。

（3）舒适性

换乘站能力应适应客流需求，设施拥挤会降低换乘舒适度。另外，配有自动扶梯或自动步道也会降低换乘的心理惩罚。

2. 换乘行为特征

（1）简单化

要求保证换乘设施空间布局的紧凑性、明确性，因为地下空间的封闭性，很容易使人失去方向感。因此，应尽量减少对换乘路径的选择性，从而减少乘客的站台滞留，提高站台的疏散速度，如岛式站台较侧式站台就具有这方面的优势。

（2）就近性

在换乘路径上人们习惯选择最短路径，如在到达站台时，倾向就近选择换乘车厢，由此易导致站台换乘客流分布的不均衡。

（3）快走性

前方客流行走速度较快，期望尽快进入换乘设施，导致换乘路径上客流速度分布的不均衡。同时,也可以利用此特点拉开换乘客流间距,以延缓换乘楼梯前的聚集程度,减少短时冲击。

四、城市轨道交通网络化运营

随着我国城市轨道交通网络化进程的快速推进,轨道交通的运营管理方式逐步从单线相对独立运营向多线综合运营的方向转变,形成了城市轨道交通网络化运营的新局面。在网络条件下,城市轨道交通系统各线路间的相互关联和影响必不可免,对轨道交通运输组织的协调性要求更高。

(一)网络化运营概念

网络化运营是指在由多条线路组成的城市轨道交通线网上建立的、旨在有效满足出行者需要的安全、可持续的运输组织方法与经营行为的总称。网络化运营的内涵是通过建立安全、高效、系统的运营管理体系,统筹安排既有资源,统一协调线、网间关系,实现线、网的有效、安全和可靠运营,实现网络运营的社会效益、经济效益最大化。

线网是城市轨道交通网络化运营的基础设施。从整体看,线网本身的物理结构形态,决定了网络的服务区域与辐射范围;从局部看,线路中的换乘站、折返线、越行线、联络线等基础设施的设置情况,从根本上制约着网络化运营组织方法与技术的应用。同时,服务对象的实际需求是确定网络化运营组织方法的基本依据,即列车开行方案必须适应线网覆盖区域内不同客流特征。

综上所述,城市轨道交通网络化运营特征将主要从线网形态和客流特征两方面来研究。线网形态研究着重分析线路几何形态和换乘站衔接线路模式两方面;客流特征研究主要探讨网络状态下的客流空间分布特征和换乘客流特征。

(二)线网的形态结构

轨道交通线网结构的几何形态是轨道交通系统在城市空间布局中一的点、线、面的组合。线路是最基本的要素,线路越长,线路数越多,所构成的线网形态就越复杂。若干条线路的交汇、衔接所形成的节点一般就是线网的换乘枢纽,交织成“网”的轨道交通线路所覆盖的区域,决定了线网的服务和辐射范围。将轨道交通线网的形态抽象化,可以得到最常见、最基本的线网整体形态结构类型,即网格型(棋盘型)结构和放射型结构。在此基础上,考虑增加环线,则又可形成“环线+网格型”和“环线+放射型”两类形态。典型的轨道交通线网结构形态有无环放射式、网格式和有环放射式三种。

1. 网格式线网

网格式线网结构形态的各条线路纵横交叉,形成方格网,呈棋盘状,有时也称为棋盘式结构形态。网格状线网分布比较均匀,客流吸引范围较大;线路按纵横两个走向,多为相互平行或垂直的线路,乘客容易辨识方向;换乘站较多,纵横线路间的换乘方便,线网连通性好。对于这种线网由于线路走向比较单一,对角线方向的出行距离较长,外围区到市区的出行常需换乘,且平行线路之间换乘也很麻烦,一般需要换乘 2 次或 2 次以上。当线网密度较小、平行线之间间距较大时，平行线间的换乘是很费时的。在相同的线网规模下，网格式线网的吸引范围要比放射状线网的低。网格式结构线网适合于中心区发展比较均匀、市区呈片状发展且街道呈棋盘式格局的城市，如北京。

2. 放射式线网

放射式线网是以城市某一区域(如城市中心区或 CBD 区域)为核心，在全方位或一个或多个扇形区域，对称或不对称的放射发展，所有轨道交通线路交汇于一点或中心结构，其交汇点往往为大型换乘中心。采用该结构形式的城市，线网中心店的可达性很好，中心区与外围区之间的联系非常方便，有利于中心区客流的疏散，有助于保证市中心的活力，而且由一条线到其他任意一条线，只需一次换乘即可达到目的地，换乘次数少，乘客非常方便。放射式线网突出的优点是方向可达性较高，而是符合一般城市土地利用强度由中心向外围区递减的特点。但这种形式的线网，由于没有环行线，城市外围组团之间缺少直接的轨道交通联系，居民出行需要经过市中心的换乘站中转，或是需要通过其他地面交通方式来实现，交通联系很不方便，种种不便程度随着城市规模的扩大而增大。放射式线网适合于有明显的市中心、城市规模中等却且城市外围组团之间客流量不大的城市。

3. 增加环线的线网

分析上述两种基本形态，存在一个共同的弊端是任意两条线路的远中心端之间的换乘必须通过迂回路径才能到达，为提高线网的便捷性，一般在这两种基本形态上增加弧线或环线。由于远中心端往往位于城市边缘地区，必须当远中心端之间的客流数量达到一定程度时才考虑增加相应的弧线或环线，以便适应这些地区之间的交通需求。

(三)网络化运营的特性

由简单的单线系统逐步形成网络化系统，由单线运作模式逐步迈入网络化运营管理新时代的进程中，网络化运营呈现出以下一些特性。

1. 网络结构复杂化

如轨道交通网络中有连通性的线路、城市环线、大型换乘枢纽、多线换乘等。

2. 轨道交通形式、功能和制式多样化

如分别服务于市域和市区、市郊功能的地铁线路、轻轨线路、市郊铁路、有轨电车等多种形式并存。

3. 网络化

运营带来的客运需求的高增长和波动性，使客流量增长迅速。

4. 列车运行方式的多样化

如列车共线运行方式、大小交路方式、分段交路方式，甚复杂交路等。

5. 故障会由单线向邻线蔓延

进而影响整个网络的稳定性和可靠性。

6. 与其他交通方式衔接需求的多重性

如与未来常规铁路、高速铁路、城际轨道交通、机场、高速公路等对外交通以及与地面公交的衔接配合等。

(四)网络化运营的组织方法和实施技术

当轨道交通线网建成后,线网形态固定。城市轨道交通线网的网络化运营,必须适应线网本身的物理结构形态限制,特别是对于既有的可改造空间较小的线路,网络化运营理论与方法的应用必然受限于各项基础设施的设置情况。同时,网络化运营组织方法与实施技术必须适应服务对象的实际需求,即列车开行方案必须适应线网覆盖区域内不同客流特征。

1. 共线运营技术

共线运营是指在相互衔接的两条或多条轨道交通线路上,列车交路从一条线路跨越到另一条线路(可能归属于另一个运营实体),从而与该线路上的原有交路共用某一区段的运营组织技术。在共线运营区间,来自不同线路的列车按一定的组合形式和发车频率,在线路上追踪运行,共同分配过轨区间的通过能力。

共线运营组织技术的提出是由于在城市轨道交通线网中,不同时期建成的线路衔接后,仅通过车站换乘组织难以适应线路间的换乘客流需求。为了减少换乘站的换乘客流量,一些发达的城市轨道交通线网内采用了这种将一条线路上的列车驶入另一条线路的“过轨运输”方式,使乘客在不同线路之间的出行如同在一条线路上的出行,从而“消除”了这部分的换乘客流。

因此,在线网形态确定以后,共线运营是提高线网通达性的有效途径之一。同时,共线运营还有明显的“多赢”效益;对于线网,共线运营减少了总体换乘次数,提高了线网的通达性;对于乘客,压缩了乘客出行广义成本,提高了出行效率;对于过轨方,避免了重复建设一条与此线路(必须是能力富裕的线路)平行的新线及维护、运行新线的资金投入,从而降低了扩充本线运能与运量的成本;对于被过轨方,有效提高了能力富裕(甚至可能弃用)的线路或区段的利用率,增加了运营收入;对于互为过轨方,通过服务协作,共同降低了扩充本线运能与运量的成本。

2. 多交路运营技术

随着城市轨道交通线网覆盖区域的不断扩张,诸如市域快轨的这类长距离的城市轨道交通线路将成为线网中起着骨架作用的主要通道。这类线路具有线路长、站间距大、列车运行速度快、沿线断面客流量不均衡、客流断点明显等特点。从功能上看,既服务于城中心和市郊之间的长距离出行,又服务于中心城内的密集出行。在这类线路上,采用单一交路的行车组织方式,一方面难以有效地利用运输能力和列车车底,另一方面也难以无法满足旅客的出行需要和服务水平。合理、可行的列车交路能够充分利用城市轨道交通系统的资源、降低运输成本。

多交路运营是指针对较长线路在不同区段具有的不同客流特征,截取某站为客流断点,确定一个或若干个较短的交路,从而在全线开行两种或两种以上交路形式的列车。

显然,多交路运营对于满足长线路的运输需求、提高服务水平和运营效益、有效利用运输能力具有十分明显的作用。一般而言,在穿行于城市中心区、边缘区与郊区的长线路上城市空间布局存在相互适应的关系。

3. 快慢车结合

从轨道交通线路适应运输需求特征的出发，位于市区范围内的轨道交通线路，各站的旅客乘降量大且分布较为均衡，通常采用站站停的开行方案；而在市域快轨一类的长线路上，各区段断面客流分布常为阶梯形或凸字形，断面客流不均衡程度较大，单一的站站停的开行方案难以满足乘客的出行需求。

从提高轨道交通线路的运输供给能力出发，一方面，为了吸引客流，方便乘车，要求设置足够数量的车站，一般城市轨道交通的站间距为 1km 左右（巴黎、东京市区最小站距甚至不足 0.5km）；另一方面，列车频繁的停站降低了旅行速度，从而降低了运输供给能力，也延长了旅客出行时间，其运行效率以及对线路的客流吸引力降低。因此，增设车站与缩短旅行时间是一对矛盾，这种矛盾随着线路增长而加剧。

快慢车结合是从运输组织适应客流特征的角度出发，根据线路的长、短途客流特点和通过能力利用状况，结合长短交路的组合形式，在开行站站停慢车（以下简称“慢车”）的基础上，同时开行跨站、直达快车（以下简称“快车”）的列车开行方案。

长短交路的组合适应不同区段的总体客流特征，以提高列车装载率、加快列车车底周转；然而也会带来部分乘客旅行时间的延长，长交路列车部分乘客的候车时间延长，跨交路出行的乘客需要换乘。针对这一情况，存在多交路运营的线路，往往配合开行快慢车的运营组织形式，在高峰时段和非高峰时段编制不同的列车时刻表，在一条线路上开行快车和慢车，在长交路开行快车，以缩短长距离区间的乘客旅行时间；而在短交路则仍开行慢车，适应沿线客流集散需求多交路运营和快慢车结合的网络化运营方法的一般形式。

市域轨道交通线开行快车后，能提高列车的旅行速度，缩短旅行时间，为长距离旅客提供更高水平的服务；同时可提高列车的运营效率，减少运营车辆数。但也会带来一定的负面影响，如由于列车跨站运行，被越行车站的客运服务水平将有所下降，平均候车时间增加，在列车密度较高的情况下，快慢列车一同将发生越行，降低了线路的通过能力。此外，过多的越行站会导致工程难度与工程造价的增加；而过少的越行站必然会影响线路的通过能力及列车的始发均衡性。因此，需要研究在满足一定的通过能力条件下，快慢列车的开行方案、合理的发车间隔组合、越行站的数量以及越行地点选择等相关问题。

4. 网络运营下的票务清分

一般的网络化运营环境，指列车仅在本线运行，相互衔接的不同线路之间依靠乘客的自行换乘实现路径接续。对于某乘客的某次出行，AFC 可以通过终端设备内记录的票据信息，确定乘客在线网内的起讫车站和换乘车站，进而确定其出行路径及其所涉及的运营线路，按照运营里程，得到各线路在该次出行中的运营比例。线路与线路运营公司的对应关系是固定的，无论一对一还是多对一关系，都可通过线路确定唯一的线路运营公司。因此，当经营核算实体为线路运营公司时，可通过线路确定唯一的经营核算实体。

由于一般网络化运营环境下，一条线路仅开行本线线路运营公司的列车，经营核算实体为本线线路运营公司，因此可以将线路与经营核算实体一一对应。一次出行中的各线路的运营比例即各运营公司的贡献比例，结合票款收入，即可得到各运营公司的应得票款。而特殊情况下，如快慢车混行、共线运行等形式的票务清分更复杂，需另行建模计算。

5. 网络化运营下的线路通过能力

由于城市轨道交通的车站一般不设置配线，列车在正线上进行乘降作业，在平行运行图条件下，列车站停时间与发到时间共同形成追踪列车间隔时间这一决定线路最大通过能力的根本因素。因此，在计算线路固定技术设施设备的最大通过能力时，应该把区间和车站看作一个整体，以包含列车站停时间的追踪列车间隔时间作为计算依据。因此，可以将城市轨道交通线路的最大通过能力，合并为线路通过能力和折返站折返能力两个方面。根据"木桶效应"，这两者的最小值决定了线路的最大通过能力。

比较长短交路的四种组合方式，按照长短交路之间互相制约的程度定性分析多交路对通过能力的影响。其中，同站衔接形式的交路在区间互不影响，对通过能力的影响较小；而其他三种交路形式由于长短交路发车间隔的相互制约，对通过能力的影响较大。这三种交路形式均包含单交路区间和双交路区间，本质上看，都是双交路区间发车间隔的要求造成了全线通过能力的双交路区间，本质上看，都是双交路区间发车间隔的要求造成了全线通过能力的损失。

第三节　城市轨道交通客运管理

一、客运作业基本要求

车站客运作业包括售票作业、检票作业和站台服务等。车站是轨道交通对乘客服务的窗口，车站客运作业直接面对乘客，客运作业服务的质量，既反映了轨道交通的乘客服务水平，也反映轨道交通的运营管理水平，关系到市民对轨道交通的满意度。对车站客运作业的基本要求是：

(一)站容整洁

车站内外应门窗完整、明净；各种设备的设施摆放整齐、有序；站台、站厅、通道及出入口的墙壁光洁，地面无痰迹和废物；厕所清洁卫生。

(二)导向标志齐全

车站外应有车站出入口、站名等导向标志；车站内应有到达出入口、售票处、检票口、站台和紧急出口等导向标志；站台上应有站名、列车运行方向等导向标志。此外，还应有示警性和服务性导向标志，如指引乘客换乘其他轨道交通线路或常规公交线路的导向标志等。

(三)优质服务

客运作业人员应遵守职业道德，文明礼貌、规范地为乘客提供服务，对老弱病残孕乘客应重点照顾。耐心、正确地回答乘客提出的询问，帮助乘客解决疑难问题。经常征询乘客的意见，及时改进工作，提高客运服务水平。

(四)遵章守纪

客运作业人员应认真执行客运规章制度，服从命令、听从指挥。执行职务时，客运人员要仪表整洁、按规定着装并佩戴标志。

(五)掌握客流规律

分析客流统计资料，掌握车站客流在时间、空间上的分布与变动，对可能出现的大客流应有预见性。

(六)搞好联劳协作

客运作业人员与车站值班员、列车司机、公安人员等有关工种作业人员加强联系，密切配合，协同工作，确保列车按图运行，以及保证行车安全与乘客安全。

二、售检票作业

按是否设置检票口，车站售检票有开放式售检票和封闭式售检票两种方式。按是否采用自动售检票设备，封闭式售检票又有人工售检票和自动售检票两种方式。

人工售检票速度慢，售检票人员配备较多，并且无法杜绝无票乘车、越站乘车。自动售检票能为乘客提供便捷的服务，检票口通过能力较大，售检票人员配备较少，能杜绝无票乘车、越站乘车。

(一)人工售检票

1. 售票作业

售票作业既要有较快的售票速度，又要求票款不出差错，还要求售票员随时、耐心解答乘客的询问。售票员应按票号顺序出售车票，在售票中执行“一唱、二售、三找、四清”作业程序。售票员必须离开岗位时，应与指定专人办理交接手续。与售票作业无关人员不得进入售票室。售票员的票务违章分票务差错、票务事故和票务贪污三种情形。

车站应根据客流情况开足售票窗口。遇有大客流集中到达，应指定专人维护售票处秩序，并增加开设售票窗口。遇有列车运行秩序紊乱等特殊情况时，车站应按行车调度员的调度命令要求进行售票。停止出售当日车票，必须有调度命令。

一般情况不办理退票，特殊情况需要退票时，应得到站长同意。退回车票不得再出售，在退回车票背面加盖退票戳记、进行登记后上缴。严格执行票务有关规章制度，车票与票款的管理做到不丢失，无差错，做到日清、月结，账款相符。车票遗失、票款缺少，有关责任人应赔偿。

2. 检票作业

在检票中，检票员应执行“一看、二撕、三放行”作业程序，认真核对车票的日期、车站等，防止无票乘车、使用废票、伪票与无效证件乘车。认真做好票卡分析和补票工作。严禁以售代检和收存有效车票。在客流较大时，应积极疏导乘客，组织乘客有秩序地进站。

(二)自动售检票

自动售检票系统，简称 AFC，是实现轨道交通售票、检票、计费、收费、统计、清分、管理等全过程的自动处理。

自动售票机(TVM)。自动售票机是乘客自行操作的自动售票设备，主要完成单程票的发售功能。乘客根据目的地票价，在设备上选择相应的票价键，同时投入相应的钱币，设备自动将已格式化的卡进行编码发售。

自动售检票系统人工售补票机。人工售补票机也称窗口式售票机（即由人工参与的售票机），是由售票员负责操作设备发售车票。主要功能是发售所有种类的车票，还可对所有车票进行加值、分析、更新等处理。

自动售检票系统闸机(GATE)。闸机也称检票机，主要有进站检票机、出站检票机、双向检票机。主要功能是检查乘客所持车票的有效性，即检查该车票是否为本运输系统的车票，是否有值，是否在有效期内，是否信息码等。如果检查结果符合上述条件，则闸机在该车票上记录时间、站号、设备号、编上信息码等，提示乘客是进站、出站还是去补票亭更新。

三、站台服务作业

站台服务员作业的主要内容是接送列车、组织乘降和站台管理。

(一)接送列车

在接送列车时，应精神饱满、思想集中，站在指定位置面向列车，目送目迎，注意列车运行状态。遇有危及行车安全和乘客安全的险情，应立即采取有效措施并及时向车站值班员报告。

在列车到发过程中，提醒乘客在安全线内候车、上车时注意安全，维持站台上的候车秩序。

(二)组织乘降

列车到达前，应组织乘客尽可能在站台上均匀分布候车，以缩短列车停站时间。列车到达后，提醒乘客先下后上。对通过列车，应及时广播通知候车乘客。列车到达终点站后，要及时做好清客工作，严禁列车带客进入折返线或车辆段。因特殊原因需在中间站清客时，应耐心做好解释工作，迅速清客。

(三)站台管理

加强站台巡视，防止乘客跳下站台或进入隧道。注意候车乘客动态及其携带物品，发现异常、可疑情况，或闲杂人员在站台上长时间停留，应及时与有关人员取得联系，进行处理。与列车司机密切配合，防止车门夹人、夹物，或车门未关闭、列车起动等现象，保证乘客安全。遇发生伤亡事故，应保护现场、疏导乘客、做好取证，并协助清理现场。

四、乘客投诉处理

乘客投诉是指乘客对轨道交通运营服务质量提出不满意见，涉及规范服务、乘车环境、票款差错和列车运行等方面。按责任承担，投诉分为有责投诉和无责投诉。在有责投诉中，按事件的严重程度，投诉分为一般有责投诉和严重有责投诉。严重有责投诉是指乘客通过各种途径对轨道交通运营服务质量进行投诉，经查实确为轨道交通方责任，并且事件的情节与后果严重，给社会造成较大的不良影响。

轨道交通应制订乘客投诉处理规定。对乘客投诉，应认真受理。车站在接到投诉（通知）后，应及时进行调查，并将调查核实情况报告主管部门。对一般投诉，原则上应在三日内处理完毕。处理投诉时应做到态度诚恳、用语文明、依章解释，并且追访乘客对投诉处理是否满意。

第六章　城市轨道交通的行车组织管理

第一节　列车的行车计划

一、客流计划

(一)客流

客流是指在单位时间内，轨道交通线路上乘客流动人数和流动方向的总和，包括流量、流向与流时等要素。

(二)客流计划

客流计划是对运输计划期间轨道交通线路客流的规划。它是全日行车计划、列车运行计划和车辆运用计划编制的基础，是运输计划的重要组成部分。在新线建成投入运营时，客流计划可根据客流预测资料进行编制；在既有运营线路运营时，客流计划可根据客流统计资料和客流调查资料进行编制。客流计划的主要内容包括站间发、到客流量，各站方向上、下车人数，全日、高峰小时和低谷小时的断面客流量，分时最大断面客流量等。

客流计划以站间发、到客流量数据作为原始资料，首先计算出各站上、下车人数，然后计算出断面客流量数据。

根据各站的上、下车人数，也可以计算出断面客流量数据。

(三)断面客流与计算

所谓断面客流量是指在单位时间内，通过轨道交通线路某一地点的客流量。其计算公式为：

$$P_{i+1}=P_i-P_{下}+P_{上}$$

式中：P_{i+1}——第个断面的客流量(人)；

P_i——第/个断面的客流量(人)；

$P_{下}$——在车站下车人数(人)；

$P_{上}$——在车站上车人数(人)。

在客流计划编制过程中，高峰小时的断面客流量可以通过高峰小时站间发、到客流数据来计算，也可以通过全日站间发、到客流量数据来估算。在用全日站间发、到客流数据来估算时，在求出全日断面客流量数据后，高峰小时的断面客流量可按占全日断面客流量的一定比例来估算，比例系数的取值可通过客流调查来确定。

二、全日行车计划

全日行车计划是营业时间内各个小时开行的列车对数计划，它规定了轨道交通线路的日常运输任务，是编制列车运行图、计算运输工作量和确定车辆运用的基础资料。

全日行车计划根据营业时间内各个小时的最大断面客流量、列车定员人数和车辆满载率，以及希望达到的服务水平综合考虑编制。

（一）编制资料

1. 营业时间

城市轨道交通营业时间的安排主要考虑了两个因素：一是方便乘客，满足城市生活的需要，即考虑城市居民出行活动的特点；二是满足城市轨道交通系统各项设备检修养护的需要。根据资料，世界上大多数城市的轨道交通系统营业时间为 18～20 h，个别城市是 24 h 运营。适当延长运营时间是轨道交通系统提高服务水平的体现。

2. 全日分时最大断面客流量

全日分时最大断面客流量，可在求出高峰小时断面客流量的基础上，根据全日客流分布模拟图来确定。

3. 列车定员数

列车定员数是列车编组辆数和车辆定员数的乘积。

列车编组辆数的确定以高峰小时最大断面客流量作为基本依据。在客流量一定的情况下，为达到一定的运输能力，除可采用增加列车编组辆数措施外，也可采用缩短行车间隔时间的措施。但在行车密度已经较大时，为满足增长的客流需求，增加列车编组辆数往往成为选用措施。此时，轨道交通系统保有的运用车辆数是增加列车编组辆数的限制因素之一，其他限制因素包括车站站台长度和车辆段停车线长度等。

车辆定员数的多少取决于车辆的尺寸、车厢内座位布置方式和车门设置数。一般来说，在车辆限界范围内，车辆长宽尺寸越大载客越多，车厢内座位纵向布置较横向布置载客要多，车厢内车门区较座位区载客要多。

4. 线路断面满载率

线路断面满载率是指在单位时间内、特定断面上的车辆载客能力利用率。在实际工作中，线路断面满载率通常是指早高峰小时，单向最大客流断面的车辆载客能力利用率，计算公式如下：

$$\beta=\frac{p_{max}}{c_{max}}\times 100$$

式中：β——线路断面满载率；

p_{max}——单向最大断面客流量（人）；

c_{max}——高峰小时线路输送能力（人）。

线路断面满载率反映了高峰小时开行列车在最大客流断面的满载程度，也反映了乘客的舒适程度。为了提高车辆运用效率、降低运输成本和提高经济效益，在编制全日行车计划时，轨道交通系统可采取列车在高峰小时适当超载的做法。

(二)编制程序

1. 基本方法

(1)计算营业时间内各小时应开行列车数

$$n_i = \frac{p_{max}}{p_{列}\ \beta}$$

式中：n_i——全日分时开行列车数(列或对)；

$p_{列}$——列车定员数(人)。

计算得出的各小时应开行列车数在取值上一般四舍五入。

(2)计算行车间隔时间

$$t_{间}\ 隔 = \frac{3600}{n_i}$$

式中：——行车间隔时间(S)。

(3)最终确定全日行车计划

在已经计算得到各小时应开行列车数和行车间隔时间的基础上，应检查是否存在某段时间内行车间隔时间过长的情况。行车间隔时间过长，会增加乘客的候车时间，降低乘客的出行速度，不利于吸引客流。为方便乘客、提高服务水平，城市轨道交通在 9:00～21:00 的非高峰运营时间内，最终确定的行车间隔时间标准一般不宜大于 6 min；而在其他非高峰运营时间内，最终确定的行车间隔时间标准也不宜大于 10 min。另外，对全日行车计划中的高峰小时行车间隔时间应检验是否符合列车在折返站的出发间隔时间。

2. 全日行车计划编制

(1)早高峰小时(7:00～8:00)客流量为 40 000 人。

(2)列车编组为 6 辆，车辆定员为 300 人。

(3)线路断面满载率，高峰小时为 110%，其他运营时间为 90%。

三、车辆运用计划

(一)车辆运用分类

为完成乘客运送任务，轨道交通系统必须保有一定数量的车辆。车辆按运用上的区别，分为运用车、检修车和备用车三类。

1. 运用车

运用车是为完成日常运输任务而配备的技术状态良好的车辆。运用车的需要数与高峰小时开行列车对数、列车旅行速度及列车在折返站停留时间等因素有关，运用车辆数按下式计算：

$$N=\frac{n_{高峰}\ \theta_{列}\ m}{3\ 600}$$

式中：N——运用车辆数(辆)；

$n_{高峰}$——高峰小时开行列车数(对)；

$\theta_{列}$——列车周转时间(S)；

m——列车编组辆数(辆)。

列车周转时间是指列车在线路上往返一次所消耗的全部时间。它包括列车在区间运行、列车在中间站停车供乘客乘降，以及列车在折返站进行折返作业的全过程所消耗的时间，其计算方法如下：

$$\theta_{列}=\sum t_{运}+\sum t_{站}+\sum t_{折停}$$

式中：$\sum t_{运}$——运列车在线路上往返一次各区间运行时间的总和(s)；

$\sum t_{站}$——站列车在线路上往返一次各中间站停站时间的总和(s)；

$\sum t_{折停}$——列车在折返站停留时间的总和(s)。

当列车在折返站的出发时隔时间大于高峰小时的行车间隔时间时，须在折返线上预置一列车进行周转，此时运用车数需相应增加。

2. 检修车

检修车是指处于定期检修状态的车辆。车辆的定期检修是一项有计划的预防性维修制度。车辆经过一段时间的运用后，各部件会产生磨耗、变形或损坏，为保证车辆技术状态良好和延长使用寿命，需要定期对车辆进行检修。

车辆的定期检修分成月检、定修、架修和大修(又称厂修)等，也有安排双周检与双月检的情况。车辆检修级别和检修周期是根据车辆各部件使用寿命以及车辆运用环境等因素综合考虑确定的。对车辆的不同部件制定不同的技术标准、检修级别和检修周期，使车辆在经过不同级别的定期检修后，能在整个检修周期内保持良好的技术状态。

车辆检修周期是一个与车辆段建设规模和车辆段作业组织关系密切的技术指标，它也是推算检修车数的基础资料之一。检修周期主要是根据车辆运用时间确定的，但也有综合考虑车辆运用时间和走行公里确定的情况。在以运用时间确定检修周期的情况下，根据每种检修级别的年检修工作量和每种检修级别的检修停时，可以推算检修车数。

除车辆的定期检修外，车辆的日常检修有日检(又称列检)，检修停时每日 2 h。此外，还应考虑车辆临修，车辆临修的停时按运用列车平均每年一次，每次 2 天确定。

3. 备用车

备用车是为了适应客流变化，确保完成临时紧急的运输任务，以及预防运用车发生故障，而必须保有若干技术状态良好的备用车辆。备用车的数量一般控制在运用车数的 10% 左右。备用车原则上停放在线路两端终点站或车辆段内。

(二)车辆运用计划的含义

车辆运用计划在列车运行图和车辆检修计划的基础上进行编制。车辆运用计划包括以下四个方面。

1.排定车辆出入段顺序和时间

在新列车运行图下达后,车辆段有关部门应根据列车运行图的要求,及时排定运用车辆的出段顺序、时间和担当车次,回段顺序、时间和返回方向。出段时间根据列车运行图关于列车在始发站出发时刻的规定确定,出段时间应分别明确乘务员出勤时间、客车车底出库和出段时间。回段时间和返回方向同样也根据列车运行图确定。

2.确定对应各出段顺序的车辆(客车车底)

根据车辆的运用情况和技术状态,在每日傍晚具体规定次日车辆的出段顺序和担当交路。在具体规定车辆的运用时,应注意使各客车车底的走行公里数能在一定时期内大体均衡。

3.配备乘务员(司机)

为提高车辆利用效率和劳动生产率,轨道交通系统通常采用轮乘制的乘务制度。由于乘务员值乘的列车不固定,在编制车辆运用计划时,应对乘务员的出、退勤时间,地点,值乘列车车次以及工间休息和吃饭等同步做出安排。在安排乘务员的工作时,应注意乘务员的连续工作时间不要超过劳动时间。

第二节　正常情况下的行车组织

一、正常情况下行车组织工作概述

(一)调度集中与调度监督

在城市轨道交通建设的初期,由于技术条件的限制,还存在调度集中控制和调度监督等自动化程度较低的行车调度指挥模式。所谓调度集中控制是指列车运行时,行车调度员通过调度集中控制设备控制所管辖线路上的信号和道岔,办理列车进路,组织和指挥列车运行。所谓调度监督是一种行车调度员只能监督现场设备和列车运行状态,列车进路的排列和信号的开放由车站值班员完成。随着现代自动控制技术的飞速发展,这些行车调度指挥模式现在均被行车指挥自动化模式所取代。

(二)行车指挥自动化

所谓行车指挥自动化是指在城市轨道交通中,利用电子计算机控制调度集中设备,指挥列车运行的一种自动远程遥控设备。在行车指挥自动化时,自动闭塞为基本闭塞法,各站的行车工作由行车调度员统一指挥,车站和车辆基地行车工作分别由车站行车值班员、车辆基地信号楼值班员指挥。列车的运行是通过列车自动控制(ATC)系统来实现。列车自动控制系统包括：列车自动驾驶(ATO)系统、列车自动保护(ATP)系统、列车自动监控(ATS)系统及微机联锁系统。这四个子系统通过信息交换网络构成闭环系统，形成一个高效的综合自动化行车指挥系统。

行车指挥自动化系统的主要功能如下：

(1)由基本列车运行图或计划列车运行图生成使用列车运行图；

(2)自动或人工控制管辖范围内各车站的发车表示器、道岔以及排列列车进路；

(3)跟踪正线列车运行，显示各车站发车表示器开闭、进路占用和列车车次、列车运行状态等；

(4)自动或人工进行列车运行调整；

(5)自动绘制实际列车运行图和生成运营统计报告。

列车自动驾驶(ATO)系统由车载设备和地面设备组成，结合 ATS 和 ATP 子系统完成以下主要功能：完成列车区间运行自动控制、车站站台定位停车控制、车站通过控制；实现司机监督下的自动折返控制、车门(站台屏蔽门)开关控制；进行列车运行调整和节能控制。

列车自动保护(ATP)系统由车载设备和地面设备组成，该系统必须符合“故障安全”的原则。主要功能包括：自动连续检测列车位置，确定 ATP 信息的发送方向；确保列车之间的安全距离，防止列车超速运行，及时显示列车车速、列车限速、目标速度、目标距离等信息，对列车超速、设备故障进行报警；完成列车自动折返的监督。

列车自动监控(ATS)系统由控制中心、车站和车辆基地设备组成，主要功能包括：实现列车自动识别、自动追踪、自动调整，进路自动控制或人工控制；完成列车运行时刻表的编制与管理，描绘列车运行图；进行正线、车辆基地列车运行监视及系统设备状况的检测、报警等。

微机联锁系统由车站设备和轨旁设备组成，是以“故障安全”为原则的安全微机系统。可实现的主要功能包括：控制并监督轨道电路的空闲及占用，道岔转换及锁闭，信号机的开放和进路的排列、解锁等。微机联锁系统的操作和显示可借助操作控制系统的人机接口系统(LOW、MMI)来完成。

行车指挥自动化时，在行车调度员的监控下，由双机冗余计算机组等设备构成的列车自动监控(ATS)系统完成列车运行的控制任务。ATS 系统包括控制中心 ATS 设备、车站 ATS 设备和车载 ATS 设备三部分。控制中心 ATS 是一个实时控制系统，由调度控制和数据传输电子计算机、工作站、显示盘和绘图仪等构成，电子计算机按双机备份配置。车站 ATS 由列车与地面间数据传输设备和电气集中联锁或微机联锁设备等构成。车载 ATS 由列车与地面间数据传输设备等构成。

在行车指挥自动化情况下，列车占用区间的行车凭证为列车收到的速度码，凭发车表示器显示的稳定白色灯光发车，如发车表示器故障无显示，凭行车调度员的命令发车。追踪运行列车间的安全间隔由 ATP 子系统自动实现。

二、正常情况下控制中心行车组织

控制中心是城市轨道交通运营企业行车组织工作的心脏,正常情况下作业流程主要包括运营前准备、运营期间与运营结束三部分。

(一)运营前准备

每日运营前在规定时间内,行调应检查各车站和车辆基地运营前的准备工作。控制中心(OCC)各调度、各车站值班站长(或行车值班员)、车辆基地调度应及时检查并向行调汇报以下内容:①运营线路空闲、施工结束、线路出清,接触网、供电系统及环控系统运作正常;②行车设备、备品齐全完好;③道岔功能正常,站台无异物侵入限界,屏蔽门开关正常;④当日使用电客车、备用电客车安排及司机配备情况。

1. 试验道岔

每天运营开始前规定时间(各地铁公司根据设备情况对时间标准规定有所不同),行车调度员通知各联锁站(具有站控权限的车站)的行车值班员试验道岔,调度主任、行车调度员查看列车自动监控子系统的人机接口调度员工作站及行车调度员模拟屏的显示。联锁站试验完毕,行车调度员收回控制权。调度主任、行车调度员使用调度员工作站试验进路、道岔的操作,使有关道岔处于正确位置。如果发现道岔不能正常使用,及时通知维修调度,派人检查抢修。

2. 检查和准备

运行前主要检查行车值班员到岗情况,站台是否有异物侵入限界,行车设备是否正常,备品是否齐全、完好,当日运用车、备用车的安排及司机配备等情况。

行车调度员检查完毕后,在运营开始前的规定时间通知电调牵引系统送电,同时,行车调度员需按车辆基地调度提供的当日上线列车及备用车编辑无线电调度台动态以便调度。

3. 列车运行图检查

由于城市轨道交通一般根据客流规律采用分号运行图,通常在前一天运营结束后的规定时间里由控制中心主任调度在 MMI 上“加载”次日使用的列车运行图。运营当日须检查使用的列车运行图是否正确与有效。通常运营部门都会编制工作日(周一至周四)运行图、周五运行图、周末运行图及节假日运行图。

4. 核对时钟时间

行车调度员、电调在开始行车前与各站(含车辆基地)、各变电所(站)核对日期和时钟时间(对表),行车调度员与车辆基地派班员核对时钟时间、服务号和注意事项。

5. 核对列车出库计划

根据当日列车运行图,车辆基地调度员核对列车出库计划是否正确。

6. 首班车组织

开行首班车,应特别注意开行时间,严格按照列车运行图组织行车,按时开出,避免晚点发车。

(二)运营期间

运营期间行车调度员应充分使用各种调度指挥设备，组织指挥列车按照计划运行图安全、准点运行，尽量均衡在线列车的运行间隔。运营期间行车调度员的主要工作是列车运行监控、电力供应、环境控制、防灾救护及设备维修施工等的调度指挥，监视各站情况，与相关单位进行信息沟通、列车运行调整、末班车组织等。

1.列车运行控制

通过行车调度模拟显示屏，掌握调度区域范围内信号系统设备(轨道电路、信号机等)状况，列车占用线路情况，各次列车运行位置的动态显示。必要时，人工介入进行列车调整，如发现列车车次变化，可通过系统予以改正。

2.调度指挥

进行电力供应、环境控制、防灾救护及设备维修施工等的调度指挥工作。

3.监视各站情况

通过监视器监视各站的站厅、站台情况，发现异常可进行录像分析。

4.与相关单位进行信息沟通

运用调度电话与车站值班员、车辆基地调度员、运转值班队长保持联系，发布调度命令，实现对列车运行的调度指挥。调度员在日常的工作中，为了确保进行安全、高效的调度指挥，提高各调度的沟通技巧、工作效果，确保调度指令能够迅速准确地下达和执行，必须使用标准用语。调度工作用语使用标准普通话；受令者必须复诵，严禁使用“明白”代替；说话者吐字要清晰，语速适中，发令完毕后，发令人应说“完毕”，再给出调度代码，也应使用调度标准用语。

5.列车运营调整

由于各种因素的影响，列车在运行过程中实际运行图与计划运行图存在偏差，需通过系统自动或调度人工介入进行调整。因此，列车运行调整一般分为系统自动调整和人工调整。

(1)系统(ATS系统)自动调整

当列车运行偏离计划运行图时，系统可自动调整列车的区间运行时间。轨道交通信号系统的列车自动监控子系统(ATS)一般具有列车运行调整的功能。由于列车运行一般很少采取无司机的方式，因此，信号系统只对列车区间运行的时间在系统能力范围内进行调整。列车自动运行调整可根据列车偏离计划运行图的程度大小自动决定所采用的调整策略。由于车辆性能、线路条件和停站时间等因素的制约，当这种误差较大时，往往不可能一次性调整到位。因此，系统需要采取弹性的调整策略，通过改变前后多趟列车的运行状态，逐步消除当前列车的运行偏差对系统总体的影响。

(2)人工调整

当列车运行的偏离误差较大时，可由调度人员人工介入，通过调整列车的进站时间和区间运行时间，来达到实现计划运行图的目的。列车运行晚点或早点，可采用在车站设置扣车命令或设置列车调停命令，使下一列车不停站通过等方式进行调整。在遇到线路中断、堵塞时，行车调度员通过采取小交路、单线双向等特殊组织措施来维持一定水平的运行组织。

6.末班车组织

根据列车运行图，组织末班车正点运行，结束客车服务。需要特别注意的是，禁止末班车早点开出。

(三)运营结束后

每天运营结束后，行车调度员要对当天的行车工作进行分析、总结。运营结束后行车调度员的作业主要包括以下几方面。

1.打印当日计划和实际运行图

按规定打印当日计划和实际运行图。

2.编写运营情况日报表

运营情况日报表的主要内容包括：当天完成运送客运量、客车开行情况、兑现率及正点率和月度累计指标等；运用客车数及投入使用客车数；客车加开、停运及中途退出服务的情况；耗电量和温度、湿度情况；客车服务情况，包括事故、故障和列车运行延误及处理；有关工程列车、试验列车运行方面的信息。

3.组织施工计划的实施

根据施工计划及施工申请，对需要停电区段的接触网通知调度停电，根据线路情况和施工负责人清点情况，批准开始施工。作业完毕后，确认人员出清，同意办理销点。

4.运营指标统计

运营指标主要包括客车运行统计、客运量统计、工程车统计、调试列车统计、检修施工作业统计、用电量统计及设备故障情况统计等内容，一般运营指标的计算基本实现了由专门的系统自动统计。

(1)客车运行统计

①在运营结束后，由行车调度员提供以下数据，调度主任负责进行当日的客车统计。统计的内容包括：计划开行列数、实际开行列数、救援列次、清客列次、下线列次、抽线列次、晚点列数、正点率和运营里程。这些数据由行车调度员向车辆基地调度员收集。

②运营晚点统计。根据“行车组织规则”规定，比照列车运行图统计单程每列晚点时间，因接待工作需要或调整列车运行导致的晚点，不列入晚点指标；行车调度员对发生晚点的客车记录晚点原因。

③对客车晚点原因进行分类，晚点原因分为车辆故障、线路故障、供电故障、通信故障、信号故障、客流过大、调度不当以及其他故障问题。

(2)客运量统计

调度主任根据车站计算机的客流数据和行车调度员向车站收取的免票客流数据，对分站客运量、总客运量、换乘客运量等进行统计，并填写“运营日报”。

(3)工程车统计

要求根据当天工程车开行情况进行统计，统计的内容包括工程车列数、实际进出车辆基地的时间。

(4)调试列车统计

行车调度员根据当天调试列车开行情况，统计实际开行调试列车的列数。

(5)检修施工作业统计

①对于本班正线、辅助线的检修计划件数和完成情况进行统计，对检修施工完成情况进行分析。

②各检修施工单位月计划、周计划、日变更计划、临时抢修计划件数统计。

③检修施工作业清点总件数的统计。

(6)用电量统计

电力调度员于每天凌晨在运营开始前统计好牵引、动力照明和总用电量数据，供调度主任填写“运营日报”。如发现用电量异常时，电力调度员应及时查找原因并报告调度主任，同时在“运营日报”上说明。

(7)设备故障情况统计

行车调度员负责所管辖线路范围内影响列车运行、客运组织、票务运作等设备故障情况的统计。

(8)组织施工

每日运营结束后，按照当日的施工协调，组织与监督施工。

三、正常情况下车站行车组织

车站是乘客乘降列车的主要场所，同时还是轨道交通系统行车组织指挥的二级调度所，其主要任务是在调度的指挥下完成接发列车工作，保证列车按照列车运行图安全、正点地运行。

(一)车站管理方式

随着市场经济的发展，为了进一步地提高本地区的城市轨道交通企业的服务水平与质量，将引入其他企业共同经营。因此，在一些城市，轨道交通涉及多家运营公司经营，特别是换乘站和一些枢纽站的管理方式有多种，主要有集中式管理、分散式管理和混合式管理三种。

1.集中式管理

由其中一家运营公司统一管理，所有人员归属一家运营公司，接受单一控制中心的指挥。

2. 分散式管理

在车站范围内将双方运营公司的管理范围划分清楚，在各自范围内运作，分别接受本运营公司控制中心的统一指挥。

3. 混合式管理

以一家运营单位为主，另一家安排工作人员听从主运营单位的指挥共同参与车站的管理。在通常情况下，车站接收双方控制中心的双重指挥。

车站行车指挥系统一般设有值班站长、车站控制室行车值班员和站台工作人员等岗位。值班站长负责全站行车组织、客运组织的指挥工作，而具体行车组织工作的实施和指挥由车站控制室行车值班员完成。行车值班员主要负责列车运行控制、接收调度命令、按调度要求组织行车，以及设备状态的监控。站台工作人员主要负责列车监控，乘客上、下车组织，设备监控及处理设备故障。

(二)车站控制室的设备及功能

车站控制室(简称车控室)是车站的客运及行车指挥心脏，一般设有信号系统终端操作设备、通信设备、环境控制设备等。

1. 信号系统终端操作设备

该设备主要设置在车站人工控制盘/综合后备盘(MCP/IBP)上，通常具有扣车、设置紧急停车、解除扣车、取消紧急停车、故障报警等功能。在联锁站一般还设有信号系统现场操作站，通常具备人工排列进路、信号开放、道岔转换列车扣停、提前释放运营停车点等功能。

2. 通信设备

(1)调度电话

车站调度电话可与行车调度、电力调度、维修调度及相邻车站间进行通话，通常调度电话只有单独呼叫功能。

(2)广播系统(PA)

车站的广播系统只能对车站区域进行广播，可实现人工广播和语音广播。

(3)闭路电视监视系统(CCTV)

车站闭路电视监视系统只能对车站区域摄像头范围内的情况进行监视、录像。

(4)调度命令打印系统

车站调度命令打印系统只设终端打印机，将控制中心的命令直接打印出来。

(5)施工作业管理系统

车站施工作业管理系统与中央控制中心的功能一致，只是在审批权限上有所区别。

3. 环境控制设备

其功能与中央环境调度系统相同，唯一的区别是车站只监控本站的设备系统，而中央环境控制调度系统可监控全线车站的设备系统。环境控制设备对冷水机组、风机组及空调机组、通风系统、给排水系统、照明系统、屏蔽门系统、系统环境变化等进行监视和控制。

(1)对冷水机组的监控

对冷水机组可实现以下功能：

①实时监控。按时间程序，自动启动、停止。

②启动、停止顺序控制。根据操作或设备要求对冷水机组、冷冻水泵、冷却水泵、冷却塔实施按顺序联锁启动、停止。

③节能及优化停止控制。根据冷冻供水、回水温度差及回水流量，计算出实际冷负荷，用来确定冷水机组开启的台数。冷水机组的启停顺序是根据机组运行时间来确定的，累计运行时间少的先启动，运行时间长的先停止，保证各机组具有均匀的运行时间。以上控制能使冷水机组始终在最优化的状态下工作，从而达到节能和延长设备机械平均使用寿命的目的。

④压差控制。设于供水、回水管间的旁通阀的开度会自动调节。当机组运行后，根据供回水压差自动调节相关阀门开度，保证供回水压差平衡。

⑤监视功能。监视冷水机组各设备工作状态、事故状态，并累计设备运行时间。

⑥显示及打印。包括被监控参数、设备状态、报警、动态流程图的显示及打印。

(2)对风机组和空调机组的监控

①实时控制。按时间程序，自动启动、停止。

②温度控制。测量回风或送风温度并与设定值比较，按比例积分规律输出相应的控制信号。

③调节电动阀的开度。使回风和送风温度控制在设定值范围内。

④电动阀冬季、夏季工作模式自动转换。此功能只用在北方需冬季采暖地区。

⑤冬季湿度控制。测量回风湿度，调节蒸汽流量，使湿度控制在设定范围内。

⑥监视功能。监视风机运行状态、故障状态，并累计运行时间，发出过滤器阻塞报警及送风温度超限报警。

⑦显示、打印。包括被监控参数、状态、报警、动态流程图的显示及打印。

(3)对通风系统的监控

①实时控制。各送风机、排风机实时启动、停止；在发生火灾时也可实现启动排烟系统的功能。

②监视功能。监视风机的运行状态和故障状态，并累计运行时间。

(4)对给排水系统的监控

①监视各类水池、水箱的水位上下限，并根据上下限水位，启动、停止相关水泵。

②监视各类水泵的运行状态、故障状态，并累计运行时间，根据累计时间自动调整水泵的常用、备用状态。

(5)对照明系统的监控

①监视功能。监视照明系统工作状态和故障状态，根据时间表控制及客流控制等方式

实现照明系统节能运行，以及在灾害模式下，切换照明系统用电及指导应急疏散导向系统。

其主要监控功能如下：

声控照明回路开关状态和故障状态；

监控照明模式运行状态；

监控应急照明电源系统的电压、电流、功率因数、用电量，以及开关状态，并发出故障报警。

②显示、打印。包括参数、状态、报警、动态流程图的显示及打印。

(6)对屏蔽门系统的监控

监视屏蔽门系统运行状态、故障状态、紧急开关门状态，根据模式控制要求输出屏蔽门控制指令等。

(7)对系统环境变化的控制

进行温度、湿度检测以及空气质量检测，控制相应的空调系统以实现对环境的控制。

(三)行车备品的种类与管理

1.车站行车备品种类

车站行车备品包括员工劳动保护(简称“劳保”)用品和专用工器具两大类。

(1)劳保用品包括安全帽、绝缘手套、纱手套、安全带、荧光衣、口笛、手电筒、强力探照灯及其充电用具等。

(2)专用工器具包括钩锁器、手摇把、信号灯、手持电台及充电用具、信号旗、红闪灯、手提广播、行车凭证(路票、调度命令)、拾物钳、下轨梯等。

2.行车备品存放

行车备品应按规定要求存放，具体按照各城市轨道交通企业制定的相关规定执行，但基本要求如下。

(1)行车备品应按要求整理，有序摆放，摆放的地方做到干净、清爽。

(2)要求统一存放，摆放合理，不准乱堆、乱放。

(3)行车备品常排放在车控室的行车备品柜中，柜子位置以不影响车控室的整体美观为准。

(4)专用工器具中的钩锁器、手摇把、下轨梯与拾物钳等通常放在站台的监控厅。

(5)行车备品要统一制作标识目录，标明名称、数量和负责人。

3.行车备品的使用

(1)正确穿戴劳保用品。

(2)按照规范使用与保护工器具。

(3)在使用的过程中要检查和保养(如损坏要及时报修更换，使用后及时充电等)。

4.行车备品的交接

每班交接班时按照交接手续及相关规定进行行车备品的交接、检查数量与性能及摆放状态。

四、正常情况下车辆基地行车组织

车辆基地是城市轨道交通车辆停放的基地，也称停车场或车辆段，主要承担城市轨道交通车辆的运用、停放、列检、清扫、洗刷、维修、保养等任务。每天运营开始时，列车由车辆基地出发到正线运行；运营结束后，列车回到车辆基地检修保养。

车辆基地内行车指挥部门为车辆基地控制中心，是轨道交通系统行车组织指挥的二级调度，主要负责组织列车出入段，实施客车、机车车辆转轨、取送、检修作业，车辆基地内行车设备检修维护作业，客车调试等工作。

正常情况下，车辆基地的行车组织包括列车进出车辆基地作业与基地内的调车作业两大类。车辆基地列车进出基地作业过程包括车辆移交、列车出入段计划编制、接发车作业等内容。

(一)车辆移交

客车及工程车车辆根据其所处状态不同分为运营状态和维修状态。在不同的状态下，其调度指挥权各不相同。因此，从一种状态转入另一种状态时，就需交换调度指挥权。

1. 客车及工程车车辆从运营状态转入维修状态

(1)凭证

列车处于计划中的维修状态时，以车辆维修部门的调度提交给车辆基地调度员的周检修计划为凭证；列车是临修状态时，凭证为扣车单。

客车或工程车临时发生故障影响运用时，以车辆维修部门调度提交给车辆基地调度员的扣车单为依据进行扣车，并及时组织换车。

(2)转入时间

转入时间以扣修车辆送达指定地点的时刻为准。

(3)周检修计划的确认和变更

列车进厂前 2 小时，由车辆维修部门的调度与车辆基地调度员确认周检修计划并安排好股道。如周检修计划有变更，以车辆维修部门调度提交的书面通知为主。

(4)车辆的防护、防溜措施

车辆送达维修的指定地点后，由车辆基地调车作业人员负责对车辆进行防护、防溜。车辆在扣修期间的防护和防溜措施由车辆维修部门负责。

2. 客车及工程车车辆从维修状态转入运营状态

(1)凭证

客车以车辆维修部门调度提交给车辆基地调度员的出车计划表和技术状态卡为凭证；工程车以车辆维修部门调度签认后返回给车辆基地调度员的交车单(计划修)或报修单(临修)为凭证。

（2）转入时间

转入时间以车辆基地调度员接收以上凭证的时间为准。

（3）防护和防溜措施的撤除

由车辆维修部人员负责在调车作业实施前撤除车辆维修部门所做的防护和防溜措施，并出清线路；车辆送达维修指定地点时，原来由车辆基地调车作业人员所采取的防护、防溜措施由调车作业人员负责解除。

3.客车整备作业

在客车转入运营状态后，司机驾驶列车前都须进行整备作业，检查其是否具备上线条件，其检查标准如下。

（1）检查与试验走行线路图

其检查顺序：①非出基地端司机室检查试验；②车下检查；③客室检查；④出基地端司机室试验。

（2）检查标准

检查标准如表 6－1～表 6－3 所示。

表 6－1　司机室检查标准

序号	主要检查项目	标准
1	司机室正台侧门	锁闭良好，无明显卡滞现象
2	司机座椅	外观良好无破损，转动和调节灵活
3	正台前窗玻璃	清洁，无破裂，刮雨器、遮阳布完整无缺，动作灵活
4	司机控制器（方向手柄、主控制手柄）	均在零位，完整无缺，无卡滞现象
5	无人电车载台	作用良好
6	显示屏	无明显损坏，信息显示正确
7	各种按钮、仪表、指示灯	外罩完整、显示正确（运行记录仪灯熄灭）、风笛响度适中（包括主台、副台及各侧墙等）
8	疏散门	锁闭良好
9	副台前窗玻璃	清洁、无破损，遮阳布完整无缺，动作灵活
10	副台设备	防护设备、行车备品功能良好，灭火器功能正常、安装牢固
11	司机室副台侧门	锁闭良好，动作灵活，无明显卡滞现象
12	设备柜	旁路开关、自动开关位置正确
13	司机室通道门	锁闭良好，动作灵活无明显卡滞现象，客室侧铅封良好
14	天花风扇	外观良好无破损、导风叶动作灵活、通风良好

表 6－2 客室设备检查标准

序号	主要检查项目	标准
1	客室内观(地板、扶手、座椅、门窗玻璃等)	清洁、无破损
2	照明	照明正常,外罩良好
3	车门	锁闭良好,指示灯无显示,紧急解锁手柄位置正确
4	设备柜、电子柜、贯通道侧板	锁闭良好,完整无损坏
5	车顶空调通风	制冷通风完好
6	动态地图	外观良好
7	乘客报警装置	在正常位置
8	灭火器	安装捆绑牢固、无丢失
9	气制动旁路开关盖板	锁闭良好

表 6－3 车体、走行部检查标准

序号	主要检查项目	标准
1	车体外观(包括受电弓)	无破损、变形,有无防溜设施和禁动标识
2	运行灯、前照灯/标识灯	外观无破损,作用良好,显示正常
3	车钩及缓冲装置	无破损、变形,钩头腔无异物,电气盖板锁闭良好,电缆 软管无脱落,各塞门位置正确
4	转向架	构架正常,空气弹簧无破损漏气
5	轮对	踏面无擦伤
6	停放制动拉环	位置正确,锁闭良好
7	牵引高压电气设备箱、牵引辅助设备箱	箱盖锁闭良好外罩齐全,锁闭良好
8	车间电源	锁闭良好
9	空气压缩机	外观无异常
10	空气制动控制板	开关位置正确
11	风缸及干燥器	各塞门位置正确,无漏风
12	电气设备箱	箱盖关闭锁紧
13	车下所有塞门	位置正确

(二)列车出入基地计划编制

1. 列车出入基地计划编制的前提

编制列车出入基地计划需要满足以下前提条件:

(1)车辆维修部门已移交足够的运用车辆。

(2)运用车辆停放及进出的线路接触网已送电。

(3)当日其他有关列车开行的文件已进行确认。

2. 列车出入基地计划编制的实施

(1)出基地计划的编制

由车辆基地调度员根据当日的列车运行图和其他有关列车开行文件的要求编制列车出基地计划。编制好的计划由车辆基地调度员提前送达控制中心行车调度员和信号楼值班员。

(2)入基地计划的编制

由车辆基地调度员根据当日的列车运行图编制列车入基地计划。编制好的计划由车辆基地调度员提前送达控制中心行车调度员和信号楼值班员。

(三)接发车作业

车辆基地列车接发车作业过程由两部分组成:一部分是由基地车库到基地接发线(转换轨)的进路安排及列车运行组织,另一部分是基地接发车线(转换轨)与正线出入基地线相连接的车站之间的接发车作业。

基地车库到基地接发车线(转换轨)的接发车作业比较简单,与列车转线大致程序一致。而基地接发车线(转换轨)与正线出入基地线相连接的车站之间的接发车作业,在正常情况下由调度集中控制,控制中心与车站值班员排列进路,并通知司机按信号动车,当无法实施集中控制时,由基地与车站直接办理接发车作业。

1. 调度集中控制时,车辆基地列车进入正线/回基地的接发车作业程序

(1)确认线路空闲

确认线路空闲主要包括以下内容:

①设有轨道电路的线路,在轨道线路和信号、联锁设备工作正常时,除了直接在控制屏上确认接车线路是否空闲外,车辆基地信号楼值班员还应认真核对线路运用记录簿和占线板的记录,确保接车线路空闲。

②无轨道电路的线路,由车辆基地信号楼值班员认真核对线路占用登记表和占线板记录,并由基地行车助理现场确认线路是否空闲。

③线路上接入轻型轨道车辆或长期停放机车车辆时,应在控制屏及线路占用登记表、占线板上特别注明,当相关车辆转出后,由车辆基地行车助理现场确认线路是否空闲并通知车辆基地信号楼值班员,由车辆基地信号楼值班员在线路占用登记表和占线板上注明。

(2)进路准备

进路准备包括以下内容:

①出库。列车整备完毕状态符合正线要求后,司机与车辆基地信号楼值班员联系出库。信号楼值班员按照列车开行计划、列车运行图的要求及行车调度员、车辆基地调度员的命令,及时、正确地准备发车进路。

②列车到达车辆基地接发线(转换轨)后,由行车调度安排进路,并通知司机驾驶进入正线运行。

(3)回基地

在确认线路空闲后,信号楼值班员按照列车开行计划、列车运行图的要求:

及行车调度员的命令,及时、正确地准备接车进路,并排列由列车接车线路至停车库的

进路。

2. 无法实施调度集中控制时，由车辆基地与车站组织列车进入正线或回基地的接发车作业程序与标准

(1)列车出基地时

车辆基地信号楼值班员必须通过行车电话与接车站值班员联系，预告发车车次。得到车站值班员同意接车的回复后，车辆基地信号楼值班员在控制屏上确认出基地信号机至车站的接车进路已经排好，然后排列出基地进路，开放出基地信号。

(2)列车入基地时

由发车车站值班员通过行车电话与车辆基地信号楼值班员联系，得到车辆基地信号楼值班员同意接车的回复后，方可排列列车进基地进路并开放信号。

第三节　非正常情况下的行车组织

城市轨道交通信号系统 ATC(Automatic Train Control)，是一套列车运行自动控制系统，是城市轨道交通指挥调度实现自动化、现代化和信息化的基础，主要包括三个子系统：列车自动监控系统 ATS(Automatic Train Supervise)、列车自动防护系统 ATP(Automatic Train Protection)、列车自动驾驶系统 ATO(Automatic Train Operation)，其中，从安全角度讲，ATS 和 ATO 两个子系统属于非安全性系统，ATP 属于安全性子系统。

一、ATC 设备故障时的列车运行组织

(一)ATS 故障时的行车组织

1. 当 ATS 设备无显示时的行车组织

当控制中心 ATS 设备无显示时，无法实现对列车运行的监督与控制，将控制权交予联锁站控制，其操作步骤如下：

(1)行调应授权给联锁站控制。

(2)联锁站值班员确认 LOW 工作站上的 RTU 降级模式是否激活，当“RTU 降级模式”激活时，保持原状态。若“RTU 降级模式”未激活时，联锁站应在确认客车进站停稳后人工在 LOW 上取消运营停车点。

(3)行调通知驾驶员在显示屏上输入当时车次号，到换向运行时，输入新的目的地码和车次号，直至行调通知停止输入为止。

(4)报点站向行调报告各次列车的到开点，至行调收回控制权时止。

(5)行调以报点站为单位铺画客车运行图，至 ATS 设备恢复正常，收回控制权时止。

(6)当车站在 LOW 工作站上取消不了运营停车点时，应立即报告行调，由行调转告驾驶员，用 RM 模式驾驶客车出站，直至转换为 ATO 模式；当车站取消运营停车点而客车目标速度仍为零，且超过 30 s 时，车站值班员应报告行调，由行调指示驾驶员开车。ATO 驾驶恢复正常时，应向行调报告。

2. 当 ATS 的自动排进路或联锁系统(SICAS)的追踪进路不能自动排列时的行车作业

当 ATS 的自动排进路或联锁系统(SICAS)的追踪进路不能自动排列时，应由人工介入，在 MMI 上或在 LOW 工作站上人工排列进路。若使用 6502 电气集中设备，其操作过程如下：

(1)车站在中央控制时，行车值班员申请站控，按下站控按钮，站控表示灯闪白灯，当中央同意后亮稳定白灯，或中央因故需下放控制权时，该灯也闪白灯。车站值班员同意后按下站控按钮，转为站控，站控表示灯亮稳定白灯。

(2)车站在站控状态时，中央申请遥控，闪绿灯，值班员同意并检查站内所有道岔均在解锁状态后，恢复站控按钮，车站为中央控制状态，中央控制表示灯亮稳定绿灯。

(3)行车值班员按下进路排列按钮，进行进路排列。

(二)ATP 故障时的行车组织

1. 车载 ATP 设备故障

当车载 ATP 故障时，列车运行完全不受 ATP 保护，驾驶员应以 URM 模式驾驶。列车运行组织如下：

(1)驾驶员向行调报告无法接收 ATP 限速命令。

(2)行调命令驾驶员以 URM 模式驾驶至前方车站。

(3)驾驶员到达前方车站仍无法接收 ATP 限速命令，报告行调。

(4)行调通知车站派人到驾驶室添乘。

2. 地面 ATP 设备故障

若 ATP 地面设备发生故障，则 ATO 车载设备接收不到限速命令，无法按自动闭塞法行车。此时的行车组织方法如下：

(1)驾驶员向行调报告无法接收 ATP 限速命令。

(2)行调确定故障区间，命令驾驶员在此区间以 RM 模式驾驶。

(3)驾驶员在运行时一直未能切换到 ATO 模式时，则以 RM 模式驶至终点站。

3. 地面 ATP 大规模设备故障，按站间电话联系法组织行车

站间电话联系法组织行车的规定如下：相关车站值班站长要及时回到站控室负责组织车站行车作业，并根据行调发布的命令就地组织控制行车，安排车站值班员到站台接发列车，通知相邻车站采用站间电话联系法组织行车，并把调度命令内容通知驾驶员。

车厂与正线连接站间信号故障时，车厂与车站间采用站间电话闭塞法组织行车，以路票为行车凭证。

(1)行调向车站/厂发布执行站间电话闭塞法的口头命令后，车站或车厂通知驾驶员调度命令的内容，由车站值班站长/值班员与信号值班员共同确认第一趟发出的列车运行前方的区段空闲。

(2)每一闭塞区段内只允许一趟列车占用，列车占用闭塞区段的行车凭证为路票。

(3)接车站(厂)确认闭塞区段内线路空闲后，才可以给发车厂(站)承认发车闭塞号。发车站(厂)接到接车站(厂)同意发车的承认闭塞号，填写路票并自检后交值班员，值班员逐字

逐项复诵，核对无误后，复诵传达并交给驾驶员。

(4)值班员交接路票时必须核对的内容：日期、车次、区间、闭塞号、行车专用章、签名等。

(5)值班员接车从驾驶员处回收路票后须及时打“×”并上交。

(三)ATO故障时的行车组织

(1)列车自动驾驶系统ATO故障时，司机立即报行车调度员，经行车调度员同意后，切换相应的列车运行降级模式(列车自动防护系统ATP监控下的人工驾驶模式)运行。

(2)若有备用车，行车调度员则安排列车自动驾驶系统ATO故障列车运行至终点站退出运营服务，备用车替换运行。

二、车站联锁设备故障时的行车组织

(一)联锁设备出现异常时的处理

1.联锁死机(显示正常，但不能操作)

(1)报告行车调度员和信号维修人员。

(2)行车值班员对联锁主机电源复位，同时行车调度员接收该联锁区的控制权，在人机界面MMI上监控。

(3)如复位故障不能恢复，且人机界面MMI不能监控，报告行车调度员，行车调度员通知相关信号人员组织抢修。

2.联锁工作站全部“灰显”

(1)报告行车调度员和信号维修人员。

(2)行车调度员接收该联锁区的控制权，报告行车调度员，行车调度员通知相关信号人员组织抢修。

3.联锁区故障行车组织规定

(1)一个联锁区发生联锁故障时，采用电话闭塞法组织行车；两个及以上联锁区发生联锁故障时，在故障影响区域停止列车服务，改用地铁公交接驳，其他区域采用小交路运行。

(2)单个联锁区发生联锁故障时，行调必须立即扣停开往该故障区域的列车，确认故障区域内各次列车的具体位置并指令其原地待令。遇列车已占用站线时，行调指令司机改用RM模式进站待令或退行至车站待令；遇列车迫停区间时，在确认停车位置到前方站站线末端之间线路无列车占用且无道岔后，指令司机改用RM模式进站待令，否则按下述第三点有关规定执行。故障区域内列车位置确认工作按以下规定执行：

第一，已占用车站站线的列车位置由行调与车站共同确认，区间的列车位置由行调与司机共同确认。

第二，确认列车位置时以呼车体号为主。

第三，区间列车司机向行调报告列车位置时必须报上、下行，区间，百米标。

第四，行调确认列车位置时根据司机报告内容，结合故障前运行图记录，借助模拟板等辅助工具，准确判断列车位置。

(3)中间联锁站联锁设备故障时，必须待故障区域内的正线道岔人工钩锁且所有列车到达站线后，方可采用电话闭塞法组织行车；两端折返站联锁设备故障时，必须待所有列车到达站线或折返线后，方可采用电话闭塞法组织行车。各联锁站客车运行进路的准备、检查确认和加锁的具体规定。迫停区间的列车遇前方站线有列车占用或有道岔时按以下规定执行。

第一，停车位置到前方站站线末端之间线路无列车占用但有道岔时，行调必须在道岔人工钩锁后，方可指令司机改用 RM 模式进站后待令，遇列车前方有红灯时必须同时发布冲灯命令，司机应加强瞭望和广播安抚乘客。

第二，停车位置到前方站站线末端之间线路有列车占用且有道岔时，行调必须依序组织(分别从线路端点站开始)前方站站线列车出清前方站线并将道岔人工钩锁后，方可指令司机改用 RM 模式进站后待令，遇列车前方有红灯时必须同时发布冲灯命令，司机应加强瞭望和广播安抚乘客。

第三，停车位置到前方站站线末端之间线路有列车占用但无道岔时，行调必须依序组织(分别从线路端点站开始)前方站站线列车出清前方站线后，方可指令司机改用 RM 模式进站后待令，司机应加强瞭望和广播安抚乘客。

(4)当故障区域内列车均已组织到达站线或折返线时，由主任调度员和行调双岗作业再次与车站确认列车的位置正确无误后，方可向全线司机和有关车站发布口头命令：从×时×分起，在上行线×站至×站间采用电话闭塞法组织行车，在下行线×站至×站间采用电话闭塞法组织行车。

(5)采用电话闭塞法，每一站间区间及前方站接车站线为一个闭塞区段。一个闭塞区段只允许一个列车占用(各公司规定不尽相同)，客车驾驶模式为 RM，行车凭证为行车许可证。

(6)有关站值班站长或行值接到调度命令后，采用就地级控制、组织行车；在每个需接发列车的站台头端墙屏蔽门端门外方分别派站务人员负责接发列车，接发列车作业按以下规定执行：

第一，所有行车许可证由车控室办理。

第二，车控室办理行车许可证，接发列车手续由值班站长和行车值班员双岗作业，实现安全互控。

第三，上、下行列车行车许可证分别指定两位站务人员专职领取后交司机。

第四，采用电话闭塞法行车的各车站不得办理通过列车。

第五，车站接车人员接车时，必须在司机立岗处显示停车手信号。

第六，接车站行车值班员确认站内接车线路及区间空闲，办理好接车进路后向发车站给出电话记录号码，同意接车。

第七，发车站行车值班员接到前方接车站同意接车的电话记录号码，确认发车进路准备妥当后，填写行车许可证安排人员交指定上行或下行接车站务员，站务员核对无误后交司机。

第八，司机确认行车许可证正确后，依次关闭好屏蔽门、车门后发车。

第九，列车停稳后，接发车人员向司机收回行车许可证并及时打“×”作废，行车许可证保存 1 个月备查。

(7)在执行电话闭塞法行车时,当信号系统恢复正常或客车进入正常联锁区时,客车收到速度码后,司机自行转换为SM/ATO模式行车,并在前方站交回行车许可证。如到达正常联锁区首个车站后仍未收到速度码时,司机报告行调并按其指令处理。

(二)轨道电路故障时的行车组织

(1)站内轨道电路故障时,列车收不到速度码,司机转换限制人工RM驾驶模式,车站行车值班员采用引导方式接发列车。

(2)区间轨道电路故障时,列车可在故障区段前停车,经司机与行车调度员确认后,转换成限速人工驾驶模式后继续行车,在列车越过故障区段后再转换为列车自动防护系统ATP监控下的人工驾驶模式或自动驾驶系统ATO模式运行。

(3)在多个区间轨道电路故障时,改变行车闭塞方式,启用自动站间闭塞法,启用自动站间闭塞法或电话联系法组织行车,列车采用人工驾驶模式。

三、特殊情况下的行车组织

(一)扣车

(1)扣车时,行调可在MMI上直接操作并通知司机和车站,或指令车站操作后通知司机。

(2)当车站需要扣车时,由车站值班站长(值班员)按压LCP盘上的扣车按钮并报行调,由行调通知司机。

(3)扣车原则上要求"谁扣谁放",只有在ATS故障时,对原在MMI扣停的列车,经行调授权后由相关车站放行;车站或OCC取消扣车放行时,应及时由行调通知有关司机。

(4)如取消扣车作业时,行车调度员或车站行车值班员应确认列车已停稳后方可操作。

(二)列车反方向运行

1.反向运行定义

列车反方向运行是指下行列车在上行线运行或上行列车在下行线运行的情形。

2.反向运行规定

(1)在没有列车自动防护系统ATP保护的情况下,除降级运营时,组织单线双方向运行或开行救援列车外,载客列车原则上不能反方向运行。

(2)在列车自动防护系统ATP正常使用时

第一,列车反向运行在各站不能通过、自动停车、没有跳停功能,停站时刻由司机掌握。

第二,列车须反向运行时,在人机界面MMI(计算机联锁区域操作员工作站LOW)上排列进路,列车根据列车自动防护系统ATP允许速度以列车自动驾驶系统ATO或受监控的人工驾驶SM模式运行。

(3)列车自动防护系统ATP轨旁设备故障时,行车调度员通知司机以限制人工驾驶RM模式运行。

工程车需在明确行车计划和进路排列好的情况下,方可反方向运行。

(三)列车退行

1. 列车退行定义

列车退行是指非正常情况下,列车越过停车标退回对标停车或列车从区间返回发车站运行的情形。它既可以是推进也可以利用牵引运行。

2. 列车退行规定

(1)列车因故在站间停车需要退行时,司机必须及时报告行车调度员,在得到行车调度员的命令后,方可退行。行车调度员应及时通知有关车站。

(2)列车退行进入车站时,车站接车人员应于进站站台端处显示引导信号,列车在进站站台端外必须一度停车,确认引导信号正确方可进站(后端推进退回车站难以确认时,车站应做好站台防护工作)。需要强调的是,列车退行时司机一般会换端反方向牵引列车回始发站,但如果后端推进退回车站,由于难以确认引导信号,一般前端应有人引导,车站应做好站台防护工作。

(3)退行列车到达车站后,司机应及时向行车调度员报告,同时根据行车调度员的命令处理。

(四)列车推进运行

1. 列车推进运行定义

列车推进运行是指在列车尾部驾驶室操纵列车运行或救援列车在前端驾驶室推送被救援客车运行。

2. 列车推进运行规定

(1)列车推进运行,必须得到行车调度员的调度命令,应有引导员在列车头部引导。

(2)因受天气影响,难以辨认信号时,禁止列车推进运行。

(3)在30‰及以上的下坡道推进运行时,禁止在该坡道上停车作业,并注意列车的运行安全。

(4)单列车的推进运行限速10 km/h,电客车连挂推进运行时,司机需在后列车前端司机室(运行方向)驾驶,前列车前端司机室需有监控员进行引导,运行限速25 km/h。

(五)单线双向运行

1. 单线双向运行定义

单线双向运行是指在一条固定进路上同一时间内只有一趟列车往返运行,是城轨行车组织中一种有效的调度调整方式,其特点因列车运行交路类似于拉风箱的动作,也被形象地称为"拉风箱"运行。

2. 单线双向运行适应条件

当信号系统、接触网设备等发生故障不能正常使用时,单线双向运行就成了一种非常必要的调度调整方式。

(六)列车在站通过

1. 列车在站通过定义

在行车工作中,如因车辆、设备故障、事故及客流突变等原因造成运行晚点或特殊原因需要时,准许客运列车在站不停站,又称跳停。

2. 列车在站通过规定

调度员应及时通知司机和相关车站做好客运服务工作。但考虑到客运服务的质量,以下几种情况不准列车在站通过:

(1)不影响后续列车正点运行或折返后能够正点始发的晚点列车,原则上不得通过。

(2)末班车或乘客无返乘条件的列车,不得通过。

(3)不准三列及其以上客运列车在同一车站连续通过。

(4)始发站不准两列及其以上客运列车连续放空。

(七)开放引导信号

在排列进路时,当主体信号机不能正常开放时,需要开放引导信号。列车在该信号机前停车后,司机应立即用无线车载台报告行调。行调与联锁站行车值班员共同确认进路正确无误后,行调在行车调度员工作站上或授权车站在 LCW/LOW 现地控制工作站上开放引导信号。具体规定如下:

(1)需要开放引导信号,如该进路的监控区段出现红光带或粉红光带,车站应立刻派人到现场检查(如有杂物立即清除),确认无杂物侵限后,开放引导信号。

(2)开放引导信号发车时,当列车占用起始信号机之前的轨道电路,在 LOW/LCW 或 C－LOW/C－LCW 工作站操作"开放引导"命令,进路防护信号机开放引导信号后客车要在 60 s 内进入该进路。

(3)列车在关闭状态的防护信号机前方停车后,方可开放引导信号。

第一,司机应立即用无线车载台报告行调(车站行车值班员):呼叫"××次在××信号机前停车。"

第二,行调(车站行值)听到司机"××次在××信号机前停车"的呼叫后,立即通知车站开放引导信号,并确认信号开放好后,用无线电台应答司机:"××信号机引导信号开放好。"

第三,司机听取"××信号机引导信号开放好"的应答并复诵,确认引导信号开放好后,按规定的速度(正线一般限速 25 km/h)要求立即动车。

(八)运行秩序紊乱时的行车组织

当发生设备故障或突发事件,造成运行秩序紊乱时,行调应报告主任调度,并尽快查找原因。当列车延误 3 分钟以上时,应通知沿途各站,如在下一个往返不能恢复正点时,可利用备用列车在始发站开行正点的方式调整列车运行。同一方向多个列车发生运行秩序紊乱时,除按上述办理外,还可安排个别列车到折返线退出服务或中途折返,或在始发站调整列车服务号(改车次)恢复按图运行。如遇列车晚点折返后走不上该列车运行线时,采用抽线停运调整列车运行时,经值班调度主任同意,行调向有关车站和司机发布抽线列次停运命令。

由于信号机、轨道电路故障不能开放信号时,在不影响安全的情况下可不采用非正常行车办法组织行车,在进路准备正确后凭调度员命令行车。

(九)隧道内线路积水时的处理

(1)巡道、巡检人员、司机在作业中发现隧道线路积水时,应立即报行调。

(2)行调接到隧道线路积水的报告时,及时通知维调组织处理,并通知司机在该区段改用人工驾驶模式并按规定速度运行。

(3)当积水浸到道床时,该区段限速 25 km/h。

(4)当积水浸到轨腰时,该区段限速 15 km/h。

(5)当积水漫过轨面时,该区段不得通过。

(十)恶劣天气时的行车组织

(1)在恶劣天气条件下的行车组织原则,以确保行车安全为原则,采取降低运行速度、严格控制一个站间区间只准同方向一列车占用的办法组织行车。

(2)当遭遇恶劣气候影响运营时,车站(高架及地面)应做到以下几点:

第一,各岗位要按照分工,加强对各自负责区域的检查和巡视,发现危及运营安全情况时,立即向控制中心 OCC 行车调度员、设修调度员汇报;

第二,车站值班站长要立即赶赴现场了解情况,并组织人员、物资进行先期处理。

(3)遇恶劣气候影响司机瞭望或危及运营安全时,司机立即向行车调度员汇报。特殊地段(出入基地、进站、区间弯道)操纵列车,应采取减速运行、加强瞭望等安全措施,确保列车运营正常。

(4)控制中心 OCC 根据气象预报的预警信息,立即向运营公司领导和有关部门、中心通报,当大雾、暴风、雨、雪、严寒等恶劣天气来临时,提供不同等级的预警、预报。

(5)控制中心 OCC 根据各类天气的影响程度和相应级别向运营公司领导报告,经同意后,成立指挥机构和现场处置机构。

(6)控制中心对现场恶劣气候条件下的防范措施进行检查、指导,及时向车站发布运营信息。

(7)控制中心执行指挥机构指令,对不具备安全运营的车站下达关闭命令,启动公交接驳方案。

(8)控制中心组织具备运行条件的区段维持运营。

第二节　行车调度工作

一、控制中心及设备功能

(一)控制中心

控制中心(OCC)是轨道交通日常运营管理、设备维修、行车组织的控制中心,也是轨道交通系统的信息收发中心、通信联络中心,又称调度中心或行车指挥中心。

在正常情况下,控制中心监控列车运行,维持正线列车运行秩序,确保列车运行安全、正点。控制中心代表运营公司负责与外界及各运营机构的协调联络工作。

当运营过程出现紧急事件时，控制中心应分析影响程度，记录处理经过，通报故障及延误情况，及时调整列车运行，尽快恢复正常运营，减少损失。

运营控制中心通常设有调度主任、行车调度员、电力调度员、环控调度员、信息调度员、维修调度员（维修调度员有设在控制中心的，也有设在维修部门的，不同城市的轨道交通公司有不同的做法）。

按中央调度实施地点不同，控制中心可分为分散式控制中心、集中式控制中心和区域式控制中心。

1. 分散式控制中心

在每条或两条线路上设置运营控制中心，负责本线的中央调度监控和指挥，同时，把运营信息上报有关部门。

2. 集中式控制中心

集中式控制中心是指轨道交通所有线路的运营监控和指挥集中到一个统一的控制中心，集中式控制中心负责全部线路的协调指挥工作。

3. 区域式控制中心

在轨道交通网络中，区域式控制中心负责其中几条线路的运营监控和指挥，一般每三条线左右设立运营控制中心，负责这几条线的运营调度监控和指挥工作，并接受线网指挥中心的统一指挥。

（二）控制中心的设备及功能

为了实现对列车的自动运行控制，控制中心主要设有通信、列车自动运行控制系统，供电、环控系统的中央监控终端设备，以及其他一些监控设备终端。下面对控制中心的布置做简要的介绍。

1. 控制中心大屏

大屏幕一般分为几个区域，分为电视监控、环控、电力监控系统、列车自动运行控制系统的列车自动监控子系统等，用以显示各设备系统运作情况以及各车站的现场情况等信息，包括列车运行状态、供电系统情况和车站环控设备工作情况等。

2. 中央监控设备

控制中心的工作台分别设置了列车自动控制系统、全线自动售检票终端监控系统、通信系统、电力监控、防灾报警等操作设备，供有关人员操控及监察日常客运作业及处理故障和事故。

(1)中央行车调度系统监控设备

中央行车调度系统监控设备，主要包括列车自动监控子系统的人机接口调度员工作站和中央联锁工作站（C－LOW）。

ATS－MMI 具备时刻表输入及储存，列车运行实时跟踪，列车晚点显示，运行图打印，列车运行调整中的扣停、跳停，车次变更设置等功能。

中央联锁工作站具备人工对进路排列、信号开放、道岔转换进行控制的功能，还具备列车扣停、提前释放运营停车点等功能。

当中央行车调度系统处于正常情况下时，列车的运行处于控制中心的信号设备自动监控状态。联锁系统根据自动列车监控系统的指令自动设置进路，列车在自动列车保护系统的安全保护下，按照自动列车监控系统的指令由自动列车驾驶系统自动驾驶列车，满足设计的行车、折返间隔及列车出入基地线等作业的要求，并实现列车运行的自动调整，行车调度员负责监督列车及设备的运行，当运行被打乱而不能自动处理或遇其他特殊情况时，可人工介入，运用联锁控制、调度调整和运行图数据应用等功能。当信号系统设备发生故障无法实现中央控制时，行车设备控制权下放到车站；当车站级信号设备无法控制现场设备时，采用就地控制，并按有关规定处理。

(2)中央电力调度系统(SCADA)监控设备

中央电力调度系统监控设备的主要功能是对轨道交通各变电所、接触网设备进行实时监控和数据采集，使调度人员通过监控系统实时监控供电系统设备的运行情况，及时掌握和处理供电系统的各种故障、警报事件，准确实施调度指挥、事故抢修和故障处理，保证供电的可靠性、安全性。系统具有完成控制范围内的所有断路器、电动隔离开关的控制操作功能，完成控制范围内数个开关的倒闸作业功能，完成信息采集和处理功能，完成数据归档和统计报表功能，并且还具有自检和维护扩展功能。

(3)中央环控调度系统设备

中央环控调度系统设备可监视全线各车站的通风与空调系统、给排水系统、自动扶梯及防淹门、屏蔽门的运行状态，监视、记录各车站主要设备的运行状态，根据设备累计运行时间将操作信息、报警信息进行记录和分析，自动生成日、周、月报表，同时，具备火警监控功能，主要对轨道交通车站(站厅、站台、设备房)、控制中心大楼、车辆基地等监管场所进行消防监控，为运行安全提供有力的保障。

3. 通信设备

控制中心的通信设备主要有调度电话、无线调度电话、中央广播设备等。

(1)调度电话

调度电话是为列车运行、电力供应、维修施工、发布命令等提供指挥手段的专用通信工具，包括调度直通电话、公务电话等。

(2)无线调度电话

包括无线调度台和手持台。

无线调度台：值班调度主管工作台及行车调度员工作台均需设置无线调度台(互为备用)。可对列车司机、站场无线工作人员实施无线通信，该设备应具有组呼、紧急呼叫、私密呼叫及对列车进行广播等功能。

手持台：控制中心配备多部手持台用于无线调度台故障时的备用设备，分为车站台、维修台与电力调度台等，在日常交接班时需保持手持台处于良好状态。

(3)中央广播系统

值班调度主管工作台、行调、电调、环调等工作台分别设置全线广播控制台，可对各车站、基地等相关单位进行广播，具有人工和自动广播两种模式，并可制定区域广播，可在事故抢险中组织指挥、疏导乘客和工作人员安全撤离时使用。

(4)闭路电视监视系统

闭路电视监视系统是轨道交通运营管理现代化的配套设备，可供控制中心调度员实施监视车站客流，列车出站，乘客上、下车及设备运作等情况，以提高运营组织的管理效率，保证列车安全、正点运送乘客。控制中心闭路电视监视系统必须有录像、放像功能。

(5)气象服务系统

随着全球环境的不断恶化，气象灾害发生的频率越来越高，危害越来越大，气象灾害防范已成为轨道交通急需重视的问题，尤其是沿海城市。

(6)调度命令打印系统

调度命令打印系统用于行车调度员向车站或车辆基地调度员发布调度命令、传递信息等，由行车调度员或信息发布员在计算机上填好相关命令后，点击相应按钮，向车站或车辆基地调度员发布相关命令，此时，在车站或车辆基地的终端打印机会将其直接打印出来。

(7)施工作业管理系统

施工作业管理系统具备施工作业计划的申报、审批、作业计划的清点、销点等功能。通过该系统可大大减少施工作业的清点、销点的通信时间。

二、城轨行车调度工作概述

(一)城轨调度指挥工作的基本任务

在城轨运营过程中，行车工作涉及比较复杂的工作环节，为了统一指挥、有序组织运行工作，一般情况下，将调度指挥划分为若干部分，实施专业对口管理。通常在控制中心设置行车调度、电力调度、环控调度等，其中心工作是指挥相关专业的作业流程，协调各项相关工作的开展。其工作的基本任务主要以下几点：

(1)科学地组织客流，合理使用各类运输设备，挖掘运输潜力，及时调整列车及其他作业方案，提高运输能力。

(2)组织行车部门紧密合作、协调动作，按照列车运行图要求组织行车，确保运营秩序和安全行车，完成运输生产工作任务。

(3)贯彻、组织、监控运输计划、施工计划的实施。

(4)指挥列车运行、实施突发情况时的运行调度，确保运输安全。

(5)实现电力、环控等对运行产生直接影响的重要工作内容的控制、指挥。

(6)积极参与和组织各类突发事件、事故的救援工作。

(7)做好运营指标统计、分析工作。

(二)城轨行车调度工作的基本原则

城市轨道交通运输系统是一个技术密集、社会化程度较高的公共交通系统，它有着由多部门、多工种相互配合，并且工作环节紧密联系，工作过程连续不断的特点。因此，必须实行高度集中、统一指挥的运行指挥调度体制,以构成日常运输指挥与调度的中枢。

城市轨道交通运输系统相关运行线路和环节应设置控制中心或相对独立的调度指挥部门来实施高度集中、统一指挥,并且必须遵守以下基本原则。

1.安全生产原则

调度指挥必须坚持安全生产,正确、及时地指挥列车运行。杜绝因调度指挥不当造成事故隐患。当出现危及行车安全的情况时,要正确、及时、妥善处理,提高应变能力。行车调度员必须正确、及时、清晰地发布调度命令,以保证列车安全为重点,组织列车安全运行。

2.按图行车原则

轨道交通运输产品质量的重要技术指标之一就是列车正点率,因此,按图行车目的是提高列车的正点率。列车正点率不但是运输质量和组织管理水平的综合反映,也是社会舆论关注的热点。在列车运行调整中,要加强调度指挥和运行调整,严格按图行车,提高列车正点率,确保列车正点运行,尤其是每日的首班车和末班车及特殊时段(如上、下班早高峰,大型活动时)的运行组织工作。

3.坚持单一指挥的原则

行车调度员要努力提高调度指挥的科学性。在列车运行调整的过程中,与行车有关的各部门的工作人员,必须服从行车调度员集中统一的指挥,各级领导和主管领导对列车运行的指示,要通过所在区段的行车调度员去实现,坚决杜绝"令出多口"或"多头指挥",维护调度命令的严肃性和权威性。

4.下级调度服从上级调度的原则

在列车运行调整中,必须严肃调度纪律,下级调度必须服从上级调度的指挥,对出现的问题,双方主动协商解决,当出现意见不一致的情况时,由上一级调度进行决策,一经决定,有关人员必须无条件执行。车站(值班员)、基地调度员必须听从行车调度员的指挥,对不认真执行命令和指示、影响列车运行者,要追究责任,严肃处理。

5.按列车等级进行调整

在发生列车运行秩序混乱的情况下,列车调度员须进行列车运行调整。对不能按列车运行图运行的列车,应按下列等级顺序进行运行整理(等级由高至低):专运列车、旅客列车、调试列车、回空列车、其他列车。

(三)城轨行车调度机构

1.运营指挥机构

(1)运营指挥分为一级、二级两个指挥层级,二级服从一级指挥。

(2)一级指挥:行车调度员(简称行调)、电力调度员(简称电调)、环控调度员(简称环调)和设修调度员(简称设调)。

(3)二级指挥:车站值班站长、车辆基地信号楼调度、车辆检修调度、派班员、二级调度。

(4)各级指挥要根据各自职责任务独立开展工作,并服从运营控制中心值班调度主任的总体协调和指挥。

2.运营控制中心(OCC)

(1)OCC是地铁日常运营、设备维护、行车组织的指挥中心。

(2)OCC是地铁运营信息收发中心。

(3)OCC代表地铁公司总经理指挥运营工作,代表地铁公司与外界协调联络地铁运营支援工作。

(4)OCC各调度员由值班调度主任协调统一指挥。在处理突发事件、事故时,各调度员有责任向值班调度主任提供本岗位的协助处理方案,并及时报告相关信息。

(5)行车工作由行车调度员统一指挥。

(6)供电设备运作由电力调度员统一指挥。

(7)环控和防灾报警设备由环控调度员统一指挥。

3.设施维修调度(MCC)

(1)MCC负责除车辆设备以外的设备计划性维修和故障维(抢)修的组织。

(2)MCC主要负责物资设施部管理范围内的故障(事故)信息接收、传递、反馈和处理的组织、协调及统计分析工作。

(3)MCC负责检修作业计划的审核、协调及作业的实施监控等工作。

4.车辆检修中心

(1)车辆检修中心设有车辆检修调度员。

(2)车辆检修中心负责车辆日常检修、清洁、定修和临修工作控制,为运营及设备维修施工提供质量良好和数量足够的客车或工程车。

5.车辆基地信号楼

(1)车辆基地信号楼设微机联锁控制室,是车辆基地内所有线路信号设备的集中控制点,隶属乘务中心管理。

(2)车辆基地信号楼调度员负责车辆基地范围内的行车组织、维修施工管理,并和正线连接站共同组织列车进出车辆基地。

(四)行车调度员的岗位职责

行车调度员是城轨运营中行车组织的指挥者,其主要岗位职责如下:

(1)负责日常行车组织、指挥工作,按照“运营时刻表”的要求组织行车,实现安全、准点和优质的运营服务。

(2)负责监督控制全线客流变化情况,调集人力、物力和备用车辆,疏导突发大客流。

(3)负责组织正线、辅助线范围内的行车设备检修以及各种施工、工程车运输作业。

(4)传达上级有关运营工作的指令,发布调度命令,布置、检查、落实行车工作计划,确保行车工作顺利进行。

(5)负责组织、处理在运营过程中发生的各种故障、突发事件、事故,及时调整列车运行,尽快恢复正常运营,尽量减少损失。

(6)收集、填写运营工作有关数据指标,做好原始记录。

(7)监控行车设备的运行,做好故障记录。

(8)服从值班调度主任的指挥,与其他各工种调度配合,共同完成行车和施工组织工作。

(9)及时完成领导临时交办的任务。

为实现按图行车,行车调度员必须熟悉主要行车人员情况,掌握车辆、线路、设备、供电等方面的知识,熟悉相关的行车规章,掌握与其他调度的工作衔接,概括起来为"人、车、天、地、电、设备、接口、规章"几大要素。

人:了解各站行车值班员及司机的基本情况,包括业务能力、工作习惯、家庭情况、个性特点等,便于更好地组织工作。

车:了解车辆结构及动车组的基本工作原理,车辆制动系统、转向架系统等车辆主要系统常见故障处理办法,便于在列车运行时出现车辆故障能胸有成竹、沉着冷静地进行合理调度,使故障的影响降到最小。

天:了解天气变化,在雨、雪天防止因雨具导致站厅、站台地面潮湿而造成乘客伤亡;对于露天线路,须随时了解和掌握天气变化可能给行车工作带来的影响,以便根据不同情况采取有效的调整措施,取得计划指挥的主动权。

地:指轨道交通线路的横、纵断面,信号机的布置,桥隧及建筑物限界等。行车调度员应熟悉列车运行过程中途经线路的曲线、坡度、信号机布置、桥隧及建筑物限界等情况。

电:掌握所辖线路的牵引供电区域的划分。

设备:主要指 ATC 系统、信号设备及环控设备、防灾报警设备、车站监控设备、售检票设备、电扶梯系统、动力照明系统、屏蔽门等设备。

接口:主要是指与电调、环调、维调的接口,行调与电调的接口主要体现在接触网停(送)电、牵引变电所跳闸或故障处理及供电设备的维修施工组织等方面;行调与环调的接口主要在环控系统开启和关闭、隧道风机的开启及环控系统的施工协调等方面;行调与维调的接口主要表现在影响行车的设备(如信号、通信、线路、车站设备、供电)故障和 ATS 系统故障的维修及抢修的组织衔接。

规章:行车调度应全面了解并掌握以下规章——"技术管理规程""行车组织规则""行车调度规则""行车事故处理规则""行车设备维修施工管理规则""突发事件应急处理办法"等。

(五)行车调度基本工作制度

城轨行车调度的基本工作制度包括日常工作制度、安全管理制度及业务培训制度三方面内容。

1. 日常工作制度

日常工作制度包括交接班制度、文件传阅制度、员工大会制度、调班申请制度等。

(1)交接班制度

交接班会在调度工作中具有承上启下的作用,当班的调度人员必须提前 10 min 到岗,全面了解上一班需要跟进的工作和本班的生产任务。接班值班调度主任主持召开交接班会,听取各岗位人员的汇报,布置本班的工作重点,分配工作任务,并制定具体的工作措施。

(2)文件传阅制度

当值人员必须按时传阅最新文件,进行学习、贯彻文件的相关精神。在传阅文件后,当值人员应按要求签名并注明日期。

(3)员工大会制度

每月月初召开一次全体员工大会，总结上月的工作情况，并布置本月的工作任务，对重点工作内容提出具体要求，同时传达上级会议精神。

(4)调班申请制度

调度岗位轮值必须按照排班表进行，遇特殊情况无法按照班表上班时，应与相同岗位的同事协商，双方一致同意调班后，由申请人填写“调度员调班申请表”，经双方值班调度主任同意后调班。

2. 安全管理制度

安全管理制度包括安全例会制度、安全检查制度、安全演练制度、事故分析制度等。

(1)安全例会制度

每月月初召开一次安全例会，总结上月的安全工作情况，对上月发生的故障、事件和事故处理进行分析和学习，同时布置本月的安全工作任务，对安全工作的重点内容提出具体要求，同时传达上级安全会议的精神。

(2)安全检查制度

安全检查制度包括运营前检查、每周一查、非正班检查以及安全大检查制度等。

①运营前检查制度。行调在每天运营开始前 30 min 检查车站和基地的运营准备情况，填写“运营前准备工作检查记录表”，并进行一次 MMI 操作功能检查。发现设备设施故障或其他异常情况时，应做好记录，并及时通知设修调度处理。

②每周一查制度。安全员每周检查安全培训记录、设备安全运行、调度日志(兼交接班簿)、调度命令、线路施工作业登记表记录情况，故障及延误报告的填写等，发现问题及时整改。

③非正班检查制度。在非正班时间段，控制中心或上级部门领导不定期对控制中心进行突击抽查，检查各班组的“两纪一化”和安全运作情况。

④安全大检查制度。逢元旦、春节等大节日时，在节前安全网络进行一次安全大检查，检查内容除了日常的安全检查内容外，还包括了节假日的运营组织方案和运作命令等。

(3)安全演练制度

为使调度员熟练掌握各种应急方案，提高调度指挥水平，各班组每月至少进行一次桌面演练。此外，各班组还需参加上级部门组织的突击演练。

(4)事故分析制度

发生事故后，当值班组要进行全面分析，分析不足，总结经验，写出事故处理报告，由控制中心上报部门安全网络；控制中心视情况召开全体成员的分析会，对事故的责任进行内部分析，制定防范措施，教育广大员工，防止出现同类事故。

3. 业务培训制度

业务培训制度包括班组学习制度、每日一问制度等。

(1)班组学习制度

所有调度员必须参加培训网络组织的班组学习。学习内容包括规章文件、运营方案和各种故障、事故处理案例。

(2)每日一问制度

为了检查员工对近期重点工作内容和安全关键点的掌握，值班调度主任每班抽问一成员，了解班组成员的掌握情况，发现不熟练时要进行有针对性的培训。

4. 调度分析制度

(1)调度工作分析的作用及分类

调度工作分析是通过对日常运输工作进行综合分析，肯定成绩，总结和推广先进工作经验，及时发现日常运输工作中存在的问题，查明原因，并针对问题对症下药，提出相应的解决措施。若把运输调度机构看作是轨道交通运输指挥部，那么调度工作分析就是这个指挥部的参谋部。因此，调度工作分析不仅仅是对日常运输工作进行事后分析，而且要通过分析研究，预见运输工作发展的趋势和可能出现的问题，要走在运输工作的前面，充分发挥参谋部的作用。

调度工作分析可分为日常分析、定期分析和专题分析三类。

①日常分析每日进行，于班工作或日工作终了时对日班计划的执行情况及日常运输中的先进经验和存在的问题进行简要的分析。对运输中存在的问题应查明情况及原因，以便及时采取措施。

②定期分析有旬分析和月分析。在日常分析的基础上，收集和积累有关资料，建立必要的台账和报表，如运营日报、故障报告等，按时做出旬、月分析，总结经验，发现问题，并提出改进意见。

③专题分析是运输工作在某一方面或某一指标有比较突出的变化，而且对运输生产产生较大影响时，分析人员深入现场调查研究，对某一方面或某一指标做出专题分析，并提出改进意见和措施，以改进运输工作。

(2)调度工作分析的主要内容

作为运营管理指挥中心，轨道交通控制中心每天均应对行车组织、客运组织及票务管理等方面进行总结分析，以适应及改善日后的工作。一般地，控制中心的运营调度工作分析主要包括以下内容。

①运营日报

值班主任每日均须编写运营日报，报告前一天运营计划完成情况。

运营日报主要内容有以下几点：

当日完成运送客运量、客车开行情况、兑现率、正点率和月度累计指标；

车辆调度提供的运用客车数及投入使用客车数；

客车加开、停运及中途退出服务情况；

耗电量和温湿情况；

客车服务情况，包括事故、故障和列车延误及处理等；

有关工程列车、试验列车运行方面的信息。

②故障和延误报告

故障和延误报告作为编写运营日报原始资料的一部分，行调应在行车设备发生故障及造成列车延误时，及时编写故障和延误报告。故障和延误报告主要包括如下内容：

发生故障的时间、地点、列车编组报告员及概况故障现象等情况；

发生故障导致行车延误、影响情况；

所采用的调整列车运行的措施；

恢复正常运作的时间。

③行车事故概况

行调应根据每件行车事故及时填写“行车事故概况”，并按规定的时间报运营公司安全监察室和运营主管部门。

④统计分析工作制度

客车统计分析。在运营结束后，控制中心值班主任负责客车统计分析，其分析内容：计划开行列数、实际开行列数、救援列次、清客列次、下线列次、晚点列数和正点率、列车运营里程(列公里)。

行调对发生晚点的客车记录晚点原因。晚点原因：车辆故障、线路故障、供电故障、通信故障、信号故障、客流过多、调度不当及其他等方面。

工程车统计分析。

调试列车统计。

检修施工作业及统计分析。首先对前一天的正线、辅助线的检修计划件数和完成情况进行统计。其次对检修施工完成情况进行分析，分析内容包括：日计划、临时计划兑现率；临时计划占全日比例；各单位施工计划完成情况分析；检修施工作业清点件数的统计。

⑤月度运营技术分析

轨道交通企业一般都有月度运营技术分析工作制度，通常每月上旬对上月的运营情况进行技术分析。调度部门根据各室、部相关网络提供的资料，重点对月度运营指标完成情况、行车组织、客运组织、票务管理等情况、设备故障和当月典型事件、故障、事故等进行技术分析，找出存在问题，提出完善建议。

三、列车运行调整与运行调整技巧

(一)列车运行调整

城市轨道交通系统很复杂，行车组织工作涉及运营企业各环节，任何一个环节出现问题都可能造成列车延误或晚点，甚至中断行车，为保证城市轨道交通正点、安全运行，有时不可避免地需要进行运行调整。

1. 列车运行调整的基本原则

城市轨道交通运营的特点是根据不同时段的断面客流，合理地安排一定数量的列车，按照固定的交路间隔均匀地循环运行。在考虑行车间隔满足客运服务水平的同时，某一时段单方向的运能必须满足该时段的最大断面客流的需求，即“运能”满足“运量”。

城轨运营是一个动态的、变化的过程，运营中的各种情况都具有随机性、复杂性的特点。客流的增减、列车的晚点、运营秩序的紊乱、突发事件及设备故障的影响，都要求行车调度在日常的运营组织工作中根据情况的变化，及时合理地采取调整措施，使列车尽可能按图行车。

列车运行调整的基本原则:安全、快速、全面、服务。

(1)安全原则

安全是运营企业生存与发展的生命线,在任何情况下的运营调整都必须把安全工作放在首位,要确保行车安全、设备安全及乘客生命财产的安全。

(2)快速原则

在调度调整时,要做到反应快、报告快、处置快,把握事发初期的关键时间,将影响控制在最小范围。

(3)全面原则

在运营调整时,行车调度要有全局观,不能只关注突发事件及设备故障,而忽略了其他因素和影响。

(4)服务原则

运营是服务的基础,运营调整必须考虑对服务及乘客的影响,并将相关信息告之乘客,最大限度地减少损失、降低影响。

2. 列车运行调整方法

列车正点始发是保证列车正点运行和实现列车运行图的基础。对始发列车,行调应在列车出库、列车折返交路和客流情况等方面进行具体掌握和组织,保证正点发车。列车运行晚点时,行调应根据列车运行的实际情况,按规定的列车等级顺序进行调整,对同一等级的旅客列车可根据列车的接续车次和乘客的多少等情况进行调整,尽可能在最短时间内使列车恢复按图运行。调度指挥的主要困难在于发生了列车运行秩序混乱。这时需要在短时间内根据变化了的情况,选择出在区段内放行列车的最优决策,同时在区段通过能力使用紧张和高速行车的条件下,选择和实现放行列车的决策常常在时间非常紧迫的情况下进行,因此,列车调度员必须掌握列车运行调整的基本方法,进行专业训练。

行车调度员对列车运行调整方法的选择,取决于列车运行的具体情况。在实际工作中,几种列车运行调整方法可以结合运用,具体方法如下:

(1)始发站提前或推迟发出列车,以保证列车按照既定的列车运行图运行。

(2)组织列车赶点:根据车辆的技术性能、司机操作水平和线路允许速度,组织列车加速运行,恢复正点。

(3)压缩中间站停站时间:通过组织车站快速作业,压缩停站时间。

(4)组织列车不停车通过某些车站(跳停):列车不停车通过可分为列车载客通过和列车放空通过两种情况。应严格控制列车载客通过车站,仅因车辆、设备故障,发生事故,乘客滞留造成人多拥挤等原因引起运行秩序紊乱,或因其他特殊需要,方准列车载客通过车站,末班车不能载客通过车站。在组织列车通过车站时,行调应提前下达命令。司机和车站有关人员应对乘客做好宣传解释工作,以防乘客恐慌。车站应维持秩序,严密组织好乘客乘降,确保乘客安全。

(5)变更列车运行交路:组织列车在具备条件的中间站折返,以确保列车均衡和按图行车。这种方法一般在前方线路拥堵的情况下采用。

(6)组织列车反方向运行:在双线线路上,如一个方向列车密度较大,另一个方向列车密度较小,为恢复正点运行,可利用有道岔的车站的渡线,将列车转到列车密度较小的线路上反方向运行。

(7)扣车:当一条线路的列车由于车辆、设备故障或其他原因不能正常运行,造成换乘站站台上乘客拥挤时,行调可采取扣车措施,即将另一条线路的列车扣在换乘站附近的各个车站,以缓解换乘站的压力。扣车时间一般应控制在 10 min 内,如果堵塞线路的列车在短时间内不能恢复正常运行,可组织扣下的列车在换乘站通过。

(8)调整列车运行行车间隔:当换乘站由于客流剧增造成作业困难时,行调可根据列车的运行情况,适当调整列车运行时间间隔,尽量避免各线列车同时到达换乘站。

(9)抽线停运列车:行调调整列车运行,可根据列车运行的实际情况进行选择,也可将上述列车运行调整方法综合使用。

(10)加开备用列车。当出现列车晚点、客流异常、列车故障、开行专列等情况时,可以使用加开备用车的调整方法。通过正线备用车或库内备用车进入正线运营,从而提高运能,解决运输瓶颈。该方法已经成为一种常用的调整方法,可以有效地解决短时运力紧张的问题。

(11)停运列车:即部分线路停止运营服务,通常在列车中断行车及降级模式时实施。

(二)列车运行调整的基本技巧

列车运行调整时,调度员要根据列车的运行情况合理安排。组织列车正点始发和保证列车按图行车是行车调度调整中的两大基本技巧。

组织列车正点始发是保证列车正点运行和实现列车运行图的基础。对始发列车,行车调度员应在列车出库、列车折返交路和客流情况等方面进行具体掌握和组织,以保证正点发车,列车在始发站发车早点不应超过 1 min。

在列车运行晚点时,行车调度员应根据列车运行的实际情况,按规定的列车等级顺序进行调整,对同一等级的旅客列车可根据列车的接续车次和乘客多少等情况进行调整,尽可能在最短时间内使列车恢复按图运行。

在进行列车运行调整时,列车等级顺序依次排列如下:专运列车、旅客列车、调试列车、回空列车、其他列车。在抢险救灾的情况下,优先放行救援列车。列车运行调整应注意列车运行安全,做到恢复正点运行和行车安全兼顾。

第七章　城市轨道交通车站票务管理

第一节　城市轨道交通票务系统概述

城市轨道交通票务系统是轨道运营方为给乘客提供快捷、优惠的出行，有效进行票务收入管理，合理配置运营系统（运营设备、运营模式）资源而建立的一套满足城市轨道交通票务管理需求的系统。

一、城市轨道交通票务系统简介

城市轨道交通票务系统是轨道运营方为乘客提供快捷、优惠的出行，有效进行票务收入管理，合理配置运营系统资源而建立的一套满足城市轨道交通票务管理需求的系统。其主要功能是制定票价等运营策略，对车景制作、车票出售，入站检票、出站检票和补票、罚款等进行有效管理，并对运营状况进行监控管理。

城市轨道交通票务系统是城市轨道交通票务收入和结算的基础，只有通过安全可靠和完备的自动售检票系统才能有效地实施票务的结算和清分。

二、城市轨道交通票务系统的作用

本着“快捷、方便”“以人为本”的宗旨，城市轨道交通票务系统具有以下作用：

(1)有利于提升城市轨道交通行业的社会形象和服务区域形象。

(2)提高运营管理水平，保障票务收益。

(3)利于管理责任的落实，保证交易数据和票务信息的安全；

(4)简化操作，方便出行，提高乘客的出行效率。

(5)提供准确的客流及票务统计分析数据。

(6)减少现金交易、人工记账及统计工作，提高准确率和效率。

三、城市轨道交通 AFC 系统的工作内容及其优越性

(一)城市轨连交通 AFC 系统的工作内容

(1)实现中央系统、车站系统和终端设备之间的数据传输和处理。

(2)完成车票制作、售票、检票、票务统计分析等工作。

(3)及时、准确地进行客流、票务数据的收集、整理、汇总和分析。

(4)实现轨道交通收益方的清分结算以及与关联系统之间的清分结算。

(二)城市轨道交通 AFC 系统的优越性

(1)有利于简化操作，方便出行，提高乘客的出行效率。

(2)有利于提高运营管理水平,保障票务收益。

(3)有利于管理责任落实,保证交易数据和票务信息的安全。

(4)有利于提供准确的客流及票务统计分析数据。

(5)有利于减少现金交易、人工记账及统计工作,提高准确率和工作效率。

(6)有利于提升轨道交通行业的社会形象。

四、城市轨道交通票务职责

(一)票务管理工作职责

城市轨道交通运营企业票务科的一般工作职责描述如下:

(1)负责公司票务管理规章、管理制度及各岗位作业程序的拟订和修订。

(2)负责各项票务规章制度执行状况的检查、监督及指导工作。

(3)负责独立组织或协调相关部门有效开展票务稽查工作。

(4)对检查中发现的问题,负责根据规定要求及时处置、上报,并依据客运公司绩效考核管理办法,对各项票务违章行为向公司绩效考核委员会提交考核处置建议。

(5)负责定期统计分析公司、站区及班组执行票务规章制度状况票务稽查状况的各类数据,对重复发生,连续发生的行为及管理漏洞或薄弱环节,制订并组织落实各项防范措施。

(6)负责组织召开公司级票务工作例会及专题会议。

(7)负责定期搜集并汇总乘客对地铁票务工作的意见及建议,积极妥善进行相关处置。

(8)负责根据 AFC 系统的实际运行情况向上级主管部门反馈存在的问题,提出整改建议,并负责配合有关部门对整改情况进行检查。

(9)负责票款收缴的管理,监督及审核工作。

(10)负责票务有关数据的统计分析,并与地铁运营公司财务部进行运营收益核对。

(11)负责公司级票务培训,确保票务工作质量。

(12)负责制定可收车票的调配制度与流程,确保运营需求。

(13)负责审核票务中心提交的车票及硬币的领用。配发和调拨计划。

(14)负责定期分析公司票务工作情况及票款指标任务完成情况,为领导决策提供科学依据。

(15)负责协助运营公司调查处理 AFC 系统事故。

(二)各线路票务中心工作职责

各条地铁运营线路票务中心的一般工作职责描述如下。

(1)在票务科的领导下,参与制定各管辖线路 AFC 系统票务工作制度和作业流程,并对贯彻执行情况进行监督和指导。

(2)负责公司级 AFC 票务专业知识培训,提高票务工作及业务水平。

(3)负责与 ACC、一卡通公司进行车票申领,运送的联系协调工作。

(4)负责所辖线路的公司级 AFC 票卡库存管理。

(5)负责所辖线路内运营数据、收益数据的统计分析工作,编制相关财务统计报表,及时报送有关票务数据。

(6)负责所辖线路库存管理系统(TC)设备的监控及操作,掌握各站车票库存情况,及时发起所辖线路内的车票调配。

(7)负责组织所辖线路循环使用车票的按期回收和分批清洗工作。

(8)负责根据车票发行计划,完成对单程票的预赋值或定值纪念票的初始化发行工作。

(9)负责"一票通"票的二次发行、分株封装及个性化车票的制作。

(10)负责建立并保存票务资料和台账,按时、按程序向上级报送。

(11)负责审核并汇总所辖线路内各站区的票卡及硬币申领、配发计划,组织具体实施。

(12)负责审核并汇总各站区的报销凭证需求计划,并根据计划落实各种面值报销凭证的申请、配发及票根回收工作。

(13)负责各类终端设备的员工 ID 的集中管理。

(三)票务组工作职责

每条线路 AFC 线路中心票务组的一般工作职责描述如下:

(1)在票务科的领导下,负责客运公司各站区票款的收款、核对和汇总工作。

(2)负责各站区银行交款账目单据的核对、登记,每月最后一日汇总各站区售票结算表。

(3)负责编制站区全月售票款统计表,审核各站区票款结算单。

(4)负责协调各站区与银行之间的事宜。

(5)负责根据票务科的安排,参加票卡、硬币调配及其他工作。

(四)站区级票务管理职责

线路各个站区的票务管理一般工作职责描述如下:

(1)参与公司票务管理规章、管理制度及各岗位作业程序的拟订和修订。

(2)负责根据公司票务政策以及各项规章制度制定本单位的实施细则及工作程序,报票务科备案。

(3)负责制订站区票务工作计划并组织实施。

(4)负责本站区票款指标任务的分解与落实。

(5)负责本站区票款收缴作业管理。

(6)负责组织召开站区级票务工作例会及专题会议。

(7)负责站区级票务培训,提高员工票务工作水平及业务水平。

(8)负责组织站区级票务检查,监督指导班组级各项票务检查的执行情况。发现问题应根据规定要求及时处置、上报。

(9)负责定期统计分析本站区及班组票务规章制度执行状况和票务稽查状况的各类数据,对重复、连续发生的行为及管理漏洞或薄弱环节,制定防范措施并组织落实。

(10)负责站区票卡、现金的库存管理,及时组织所辖各站的票卡与硬币调配。

(11)负责审核、汇总所辖各站的票卡与硬币需求:每月 21 日,以站区为单位向票务中心提交月度票卡、硬币补充需求计划。

(12)负责站区报销凭证、发票、打印纸、专用钥匙等票务专门用品的管理工作。

(13)负责车站工作票的管理工作。

(14)负责站区员工 ID 管理。

(15)配合开展所辖各站的 AFC 系统事故调查。

(五)车站级班组票务管理职责

地铁车站及各班组票务管理的一般工作职责描述如下：

(1)负责各项票务规章及有关规定在本车站的全面贯彻与落实。

(2)负责制订班组票务工作计划并组织实施。

(3)负责制订本站各岗位工作流程及一日工作程序并组织实施。

(4)负责组织召开车站级票务工作例会及专题会议。

(5)负责定期统计分析本班组票务规章制度执行状况和票务稽查状况的各类数据，对重复、连续发生的行为及管理漏洞或薄弱环节，制定防范措施并组织落实。

(6)负责车站终端设备的操作及人员管理。

(7)负责单程票、出站票、福利票、定值纪念票、一卡通储值票、AFC 应急纸票的发售及日常管理工作。

(8)负责车站级票卡与硬币的库存管理，及时向站区提交票卡、硬币需求。

(9)负责报销凭证，发票、打印纸、专用钥匙等票务专门用品的领用与保管工作。

(10)负责车站 AFC 现金管理，组织每日票款的结算与缴纳。

(11)负责班组员工 ID 管理。

(12)负责保管人工售检票模式下的纸质车票及台账。

第二节 自动售检票系统

自动售检票系统是以磁卡或智能卡为车票介质，利用自动售票机、半自动售票机、自动检票机、自动查询机等终端设备，通过计算机网络实现轨道交通运营中的自动售票、自动检票、自动收费、自动统计的封闭式票务管理系统。

一、自动售检票系统概述

(一)自动售检票系统的技术制式

AFC 系统是集电子技术、计算机通信、微机实时控制等于一体的自动收费系统和数据库系统。在轨道交通 AFC 系统的发展过程中，先后出现过磁卡 AFC 系统、磁卡和 IC 卡兼容 AFC 系统、IC 卡 AFC 系统三种技术制式。下面主要介绍磁卡 AFC 系统和 IC 卡 AFC 系统。

1. 磁卡 AFC 系统

磁卡 AFC 系统投入应用的时间最早。磁卡车票上涂有两条磁粉物质，一条为磁卡密码、编号等不变信息，另一条为车次、进站时间和地点等可变信息。磁卡车票可作为单程票或储值票使用。磁卡 AFC 系统的技术虽然比较成熟，但也存在下列缺陷：磁卡存储信息有限、用途单一；磁卡密码等信息易被破译、伪造和盗用，安全性较差；读卡设备的机械结构复杂，购置成本和维护费用较高；乘客使用不熟练；吃卡、误读写等故障。

2. IC 卡 AFC 系统

IC 卡是将一块集成电路芯片封装在塑料基片上(非接触式 IC 卡内还嵌入一小型天线),在集成电路中有微处理器,微处理器由存储和控制两个单元组成,由于微处理器具有人工智能功能,因而 IC 卡又称为智能卡。IC 卡具有数据存储能力,其内容可供外部读写和内部处理。随着超大规模集成电路和大容量存储芯片技术的发展,IC 卡及 IC 卡系统所具有的优点使其将逐步取代磁卡和磁卡系统。

与磁卡系统比较,IC 卡系统具有下列特点。

(1)使用方便快捷

IC 卡与读写设备的信息交换通过触点接触(接触式 IC 卡)或电磁感应(非触式 IC 卡)方式进行,不会因机械故障而出现吃卡和误读写等问题,提高了检票机的通过能力。

(2)存储容量大

IC 卡的数据容量大于 8 kbit(磁卡的数据容量小于 300 bit),可划分多个数据区满足不同的需要,可实现一卡多用。

(3)保密性强

IC 卡复杂、完善的加密处理及多次的双向验证,能有效防止解密、伪造票卡和对数据内容进行修改、复制。

(4)使用寿命长

IC 卡无机械磨损,可重复使用 10 万次以上。

(5)设备成本较低

IC 卡系统的读写设备为电子设备,无复杂的机械移动部件,造价较低,维修简单。此外,票卡不需要维护,能耗较低。因此,IC 卡系统的设备购置和运营成本大大低于磁卡系统。

(6)票卡成本较高

当 IC 卡用于单程票时,卡的成本一般远高于票价,如果票卡不能回收,将给运营企业带来经济损失。

(二)自动售检票系统的组成与功能

AFC 系统由中央计算机系统、车站计算机(station computer,SC)系统、车站 AFC 设备和票卡四个层次组成。

1. 中央计算机系统

中央计算机系统包括小型机系统、数据库系统、监控工作站、数据传输设备、票卡编码及初始化设备等。其基本功能如下:

(1)将运营模式、票价表等系统控制与执行参数和黑名单信息等下达给车站计算机系统。

(2)接收来自车站计算机系统的票务、客流和维修信息,建立 AFC 数据库;分析 AFC 数据并生成各类运营报表。

(3)实时监控车站计算机设备,接收及处理外界侵犯或紧急报警。

(4)对新车票进行编码等初始化处理,以及自动分拣各类车票、剔除废票等。

(5)与其他票务清算系统连接,进行数据交换和实现数据共享。

2. 车站计算机系统

车站计算机系统包括车站计算机、监控工作站、数据传输设备等,其基本功能如下:

(1)将来自中央计算机系统的控制与执行参数、黑名单信息等下载给车站的各台 AFC 设备。

(2)定时收集 AFC 设备的状态信息和运营数据,处理后发送给中央计算机系统。

(3)实时监控车站 AFC 设备的运行状态。

(4)紧急情况下,车站计算机发出指令或通过紧急开启装置使检票机处于自由通行状态,便于乘客快速疏散。

3. 车站 AFC 设备

车站 AFC 设备包括检票机、自动售票机、半自动售票机、自动检票机和自动加值机等,它们的基本功能分别如下。

(1)检票机

检票机又称为闸机。根据用途的不同,检票机可分为单向检票机和双向检票机,其中单向检票机又分进站检票机和出站检票机。根据闸门阻挡方式的不同,检票机可分为三杆式检票机和门式检票机等。检票机可对各类车票进行读写操作,进站时在车票上写入进站有关信息,出站时扣除乘车费用等;对车票进行有效性确认,有效票放行、无效票禁止通行。出站检票机能自动回收单程票,以及在紧急情况下开启闸门。

(2)自动售票机

自动售票机用于乘客自助式购票,能识别指定的硬币和纸币并退出伪币,可以找零;票盒无票或钱箱已满时能提示相关信息,设备的状态信息和运营数据能自动传输给车站计算机。

(3)半自动售票机

半自动售票机用于辅助售票员处理各种售票及查询业务,如发售各种车票,车票的充值、挂失,以及退票、验票和补票等,设备的状态信息和运营数据能自动传输给车站计算机。

(4)自动检票机

自动检票机用于乘客自助式查询车票的相关信息,包括车票种类、卡号、金额、有效期及近期若干次乘车记录等。

(5)自动加值机

自动充值机用于乘客自助式对储值票用现金或银行转账方式进行充值,用现金充值时能识别伪币,可以找零,具有分析车票和自动显示余额的功能,可以将设备的状态信息和运营数据能自动传输给车站计算机。

4. 票卡

轨道交通使用的票卡,目前主要有磁卡和非接触式 IC 卡两种。磁卡通常用于单程票、多程票和纪念票等票种,非接触式 IC 卡通常用于储值票和员工票等票种。

(三)AFC 系统的运营模式

通过中央计算机或车站计算机的设置,可使 AFC 系统处于不同的运营模式,以适应列车故障、大客流集中进站等各种非正常运营情况和火灾等紧急情况，确保乘客的利益或安全。

1. 正常运营模式

正常运营模式采用计程、计时收费运营方式。乘客进出收费区均需持有效车票通过检票机检票后方能通行。检票机根据中央计算机设定的参数，自动扣减车资，储值票在显示余额后返回给乘客，单程票则进行回收。如车资不足或超过时间，乘客需补票。

2. 特殊运营模式

特殊运营模式主要有下列几种。

(1)列车故障时的运营模式

当列车故障时，部分车站可能处于停运状态，此时通过中央计算机或车站计算机的设置，允许已进入收费区的乘客和从故障列车上下来的乘客不收费通过出站检票机。单程票将不回收，乘客可在一段时间内(一般为 7 天)继续使用。如果乘客不准备继续使用，也可退票。

(2)超时、超程忽略的运营模式

站台拥挤、列车故障和发生事故等原因，使列车跳站停车或运行时间延长，中央计算机或车站计算机可将有关车站设置为超时忽略或超程忽略的运营模式，对乘客车资不足或超过时间不再补票。

(3)大客流集中进站时的运营模式

当大客流集中进站，而进站检票机能力不足时，可发售应急票，乘客持应急票可不通过进站检票机进站，此时中央计算机或车站计算机可将其他车站设置为进站检票忽略运营模式，允许持应急票的乘客通过出站检票机正常出站。

(4)紧急情况下的运营模式

当车站发生火灾、爆炸等危及乘客人身安全的情况时，为及时疏散收费区内的乘客，中央计算机或车站计算机将该车站设置成紧急运营模式。此时，检票机的闸门处于自由通过状态，乘客可尽快地撤离。

(5)高峰/非高峰运营模式

通过中央计算机的设置，将每日的运营时间分为高峰时段和非高峰时段；在非高峰时段内对票价实行折扣优惠，以吸引客流或鼓励乘客在非高峰时段乘车。

二、自动售检票系统的基本架构形式

自动售检票系统的基本架构形式包括线路式架构、分散式架构、区域式架构、完全集中式架构和分级集中式架构。

(一)线路式架构

1. 基本架构形式

线路式架构是根据符合运营线路独立管理自动售检票系统和票务的设想，在路网中表现的系统架构形式。

在线路式架构中，每条运营线路建有一套独立的自动售检票系统(包括中央计算机系统、车站计算机系统、终端设备和车票媒介)。中央计算机系统完成线路轨道交通自动售检票的管理、票务统计和票务结算,并单独与外部卡清算系统连接,实现与外部卡清算系统交易数据的转发、对账和结算等。不同线路之间的自动售检票系统是彼此独立的,票务信息不能共享,无法满足站内跨线换乘票务清分的应用需求。

2.特点

从技术的角度看,自动售检票系统管理线路式架构容易实现,能满足各条线路自动系统的运营管理要求。如果需要实现站内跨线换乘票务清分,则应在各线路上增加一个跨线换乘票务清分中心,同时要求至少把各线路有进站、无出站或有出站、无进站的所有进或出站的检票交易数据上传给清分中心,由清分中心进行进、出站配对并按某种预定的规定清分后,给出清分算报表,据此实现线路间关于营收款应收、应付账的结算。实际上,线路独立式自动售检票系统中不可能有票务清分系统(这种管理方式对应票务管理分级集中式架构),所以无法实现跨线站内换乘。

3.适用范围

线路式架构的自动售检票系统只能适用于单线式轨道交通线路和分离式轨道交通线路。

(二)分散式架构

1.基本架构形式

轨道交通网络由若干个区域构成,每个区域由若干条线路组成,但各个区域相互独立,各自完成本区域线路的票务处理和运营管理,构成分散式架构。

区域中心负责获取所管辖范围内的线路交易数据,确定其管辖范围内各线路的换乘结算模式,并对所管辖范围内各线路的跨线交易数据进行实时清分。每个区域的清分中心负责相应区域线路的清分,区域中心与外部卡清算中心连接,交换外部卡交易数据和清分结果。由于区域清分中心是相互独立的,区域清分中心之间不能实现互联,因而乘客不能跨区域直接换乘,但能够在区域内直接换乘。

2.特点

从技术的角度看,构造分散式架构的路网不能实现跨区域换乘。从运营管理的角度看,分散式架构的售检票系统可以设置若干区域,每个区域之间相互独立,每个区域仅能对本区域的线路实现票款、客流统计和收支分离等方面的管理。若要实现路网全面管理,则必须将若干个区域清分中心的数据进行汇总、分析和统计。对分散式架构系统而言,区域清分中心管辖的线路少,发生换乘的路径少,清分工作量相对较小;但是,不同区域清分系统之间的线路不能直接换乘,增加了路网的运营管理工作量。

3.适用范围

分散式架构的自动售检票系统适用于条状区域管理的轨道交通线路和由一个投资和运营方管理的多条线路。

(三)区域式架构

1.基本架构形式

区域式架构是在分散式架构和线路式架构的基础上设置一个路网中心。路网中心直接与独立线路的售检票系统连接，同时与区域中心连接，区域中心直接与所管辖线路的自动售检票系统连接。区域中心负责获取所管辖线路的交易数据，确定其管辖范围内各线路的换乘清分方式和结算，并对所管辖范围内各线路的跨线交易数据进行实时清分。路网中心与外部卡清算系统的接口用于转发数据、对账和结算等。

2. 特点

从技术的角度看，线路收益的清分、统计和管理分布在两个不同的层面上，路网中心无法直接了解区域线路之间的清分数据，只能通过区域售检票系统查询相应的数据。

从运营管理的角度看，若区域中心对应的线路由一家投资方投资和一家运营公司管理，则可将此区域视为一条线路。系统就可简化为一个区域中心；若区域的线路由多方投资和多家运营公司管理，则此时采用两个层面进行清分。采用区域式架构的自动售检票系统会给管理带来麻烦。但它保护了原有的投资，并可通过区域中心实现跨线换乘。

3. 适用范围

区域式架构的自动售检票系统适用于由区域式线路和独立线路构成的轨道交通网络。

(四)完全集中式架构

1. 基本架构形式

完全集中式架构是将轨道交通网络中所有的线路拟为一条路网式线路，设置一个路网中心，线路上的车站计算机系统集中后，通过通信设备直接与路网中心连接，即不设置线路中心系统进行相应的清分处理。路网中心相当于自动售检票系统的中央数据处理系统，负责获取全路网的所有交易数据并负责各线路的数据处理和结算，同时负责线路的运营管理。

完全集中式架构的自动售检票系统的路网中心(中央数据处理系统)与各独立线路的车站系统直接连接，路网中心替代线路中央系统的职责。同时负责对各线路的清分、统计和管理。路网中心负责全路网所有线路单程票/储值票交易数据的收集、处理、清分、对账和结算处理，负责路网所有线路外部卡交易数据的收集、转发、处理和清分，负责路网车票的统一编码和管理，负责与公共交通卡清算中心的清分。全路网数据的管理与结算由路网中心独立完成。

2. 特点

从技术的角度看，完全集中式系统架构清晰，可以实现路网内所有线路的换乘和清分(实际上是一条路网式线路)，满足路网便捷化的需求。由于路网的所有信息都由路网中心统一管理，因而路网中心需要具备较大的存储容量和高速的处理能力；同时，由于是完全集中的管理，因而对路网中心的可靠性也提出了较高的要求。

从运营管理的角度看，完全集中式架构的自动售检票系统实质上为线路售检票系统，在全路网范围内实施票款、客流和运营的管理。

3. 适用范围

完全集中式架构的自动售检票系统适用于单一线路或运营商和多个独立的运营商管理的多线路。

(五)分级集中式架构

1. 基本架构形式

分级集中式架构是在线路式架构的基础上设置一个路网中心，路网中心负责获取全路网交易数据，确定各线路的换乘结算方式和数据公共接口，并对各线路的跨线交易数据进行实时清分。

分级集中式架构的自动售检票系统的路网中心直接与各独立线路售检票系统的线路中央计算机系统连接，路网中心负责对各独立线路进行清分、统计和管理。路网中心负责全路网所有线路售检票系统单程票/储值票换乘交易数据的收集、处理、清分和清算，负责路网所有线路外部交易数据的收集、转发、处理、清分和结算，负责路网车票的统一编码和管理，负责与外部卡清算中心统一接口的处理。线路中央计算机系统负责线路交易数据的收集、处理、分析和管理，并与路网中心交换数据。清分交易数据的管理由路网中心与线路中央计算机系统共同完成。

2. 特点

从技术的角度看，分级集中式系统架构清晰。可以实现路网不同线路的换乘和清分，满足路网捷运化和信息化的需求。但在分级集中式票务系统架构中，乘客换乘的路径较多，从而导致跨线换乘票务清分规则的确定和计算较为复杂。

从运营管理的角度看，分级集中式架构的售检票系统可以实现对全路网票款、客流的全面管理，可实施收支分开的管理。

从投资的角度看，分级集中式架构的自动售检票系统由多套线路售检票系统和一个路网中心构成，路网中心负责与线路售检票系统的连接，同时也负责与外部卡清算中心的连接。由于分级集中式架构只建设一个路网中心(考虑主备系统)，所以相应的投资也较少，即采纳此架构建设的票务系统在总投资上将相对减少。

3. 适用范围

分级集中式架构的自动售检票系统能够满足城市轨道交通网络化的基本需求。

三、自动售检票系统业务

(一)自动售检票系统业务的作业方式

自动售检票系统是城市轨道交通运输组织的一个非常重要的环节，根据售检票作业的环境分为开放式售检票作业方式和封闭式售检票作业方式。

1. 开放式售检票作业方式

开放式售检票作业方式是指车站不设检票口，乘客在上车前(进入付费区以后)或在列车上进行检票，并随机查票的售检票作业方式。开放式售检票作业方式一般适用于客流量较小的系统，同时要求乘客有较高的素质。

2. 封闭式售检票作业方式

封闭式售检票作业方式是指乘客进出付费区都要经过检票口检票的售检票方式。这种方式能够减少或杜绝无票乘车现象，减少或避免票务流失。

在封闭式售检票的作业环境下，售检票方式可分为人工售检票、半自动售检票和自动售检票。

(二)自动售检票系统业务管理的主要内容

城市轨道交通自动售检票系统业务管理的主要内容有以下几项。

1. 票卡管理

票卡是乘客乘坐轨道交通的有效凭证，是自动售检票系统中不可缺少的信息载体和交互媒介。票卡管理是指对票卡采购、循环使用及回收、报废等整个过程进行的管理。一个完整的票务管理过程应包括票卡采购、票卡初始化、票卡发放、票卡销售、检票、票卡回收、结算、票卡报废及整个的运营分析等过程，其中包括售票、补票、充值、设立黑名单及其相关的特殊操作等。

票卡是整个城市轨道交通自动售检票系统的信息源头，票卡消息的正确有效能确保系统的正常运作。票卡是有价凭证，有效票卡的流通实际代表着资金的流动，一旦票卡管理不善，将会造成经济损失。因此，必须从资金管理的角度看待票卡管理。

通常应设立专门的机构(可以是运营单位，也可以委托专门单位)对票卡的发行、发售、使用、票务处理、回收等全过程进行严格、规范的管理。该机构通过对票卡进行初始化，使票卡成为系统内可使用的媒介；同时也负责车票的赋值发售、使用管理、进出站处理、更新、加值、退换、回收、监督管理、注销等规范流程的管理。

2. 规则管理

票务系统涉及多部门、多环节，要确保这些部门和环节有效协作、高效联动，就必须依托一套科学、严密的规则和流程。规则管理就是为确保系统规范运作而制定的一系列规则和流程(包括票价策略、收益分配、结算规则、权限管理和操作流程等)。

3. 信息管理

城市轨道交通自动售检票系统是一个庞大的系统，它涵盖了乘客进出站、乘车费用、流向、流量等基本信息，同时为满足运营管理及相关各方的需要，必须对系统收集的基本数据进行深度挖掘、加工，开展统计分析并发布信息。信息管理就是对系统中相关的信息进行收集、传递和处理，包括信息收集、信息传输、信息存储、信息统计分析和信息发布等。

(1)按照信息的生成方式可将信息分为原始信息和派生信息两种。

第一，原始信息是指系统运行过程中自动生成、无须进行任何人为加工的信息，如售票记录、乘客进出站信息、乘车费用、流向、流量等。原始信息是运营管理和生成派生信息时最基础和必要的信息源。

第二，派生信息是指在原始信息的基础上，为进一步满足运营管理及相关各方的需要，对原始信息(如客流量、运营收入、平均票价、平均运距等)进行的深度挖掘、加工和分析。

城市轨道交通包含一个极其庞大、复杂的信息体系，要对它进行行之有效的管理，离不开信息的收集。特别是乘客流动的信息，不仅对轨道交通运营管理、经营策略具有极其重要的价值，而且对地域、城市的人员流动、设施配套、规划、经济布局和管理都具有难以替代的重要价值。

(2)城市轨道交通自动售检票系统的信息统计分析借助于一系列的工具和方法，将系统收集到的信息进行汇总、加工和处理，以生成满足人们日常管理需要的数据、报表和资料，并从各种不同的角度对这些数据、报表和资料加以分析，为运营管理提供信息支持。系统报表主要分为结算类报表、管理分析类报表和故障辅助解决类报表三大类。

第一，结算类报表。结算类报表是指在结算过程中所产生的报表，这一组报表完整体现了结算过程中的所有资金和信息内容。结算类报表主要有如下几种：

①车站售卡、储值收费统计表。其用来统计各站点收取的现金额及分类。

②车站收入统计表。其用来统计各站点出站检票的交易情况。

③银行账户余额表。其用来统计各银行账户的账户余额。

④车站结算统计报表。其用来统计各站点的资金结算。

⑤银行划账单。其用来通知银行划账清单。

⑥收益方收益表。其用来按收益方的收益构成分析。

⑦票卡存量表。其用来统计各线路、站点的票卡存放。

第二，管理分析类报表。管理分析类报表是为了满足清分中心日常管理及对路网运营情况进行分析而设置的报表。管理分析类报表主要有如下几种：

①车站票卡对账表。其用来按车站统计票卡的使用量及存量。

②线路票卡存量表。其用来按线路统计票卡的使用量及存量。

③公务卡使用统计报表。其用来统计每张公务卡的使用次数。

④路径费率表。

⑤分时流量表。其用来分时段统计路网的客流量。

⑥流量统计表。其用来按站、线路统计出入口流量。

⑦换乘客流统计表。其用来按线路统计出入口流量。

⑧OD表(其中O表示客流和车流的总出发地节点，D表示客流和车流的总目的地节点，这里主要指始发和终到客流表)。其用来对应OD的流量统计。

⑨路网收费支付方式统计表。其用来按线路/站统计单程票、储值票的使用次数及金额。

第三，故障辅助解决类报表。当出现对账不平的情况时，故障辅助解决类报表可为有效解决问题提供辅助信息。

4. 账务管理

城市轨道交通自动售检票系统中涉及票卡发售、票款汇缴、收入清分和资金划拨等一系列账务处理过程。账务管理就是对系统内的分配、入账等过程所进行的管理。

5. 模式管理

所谓模式，就是指在不同的状况和条件下，为达到某些特定效果所采用的方式方法。模式管理就是针对不同的运营状况、条件所做的相应操作行为的选择和实施。模式管理包括正常运营模式、降级运营模式及相配套的运营管理。

6.运营管理

系统运营涉及通信、信号、列车、运营组织及乘客、线路、车站等方面。城市轨道交通自动售检票系统的运营管理就是通过本系统的设备及所具有的完整、严密、及时的信息流对运营状况进行实时跟踪监督，以提高运营质量和服务水平，包括信息传输状况监督、客流状况监督、车票调配监督、收款监督和收益监督等方面。

四、自动售检票系统设备配置与布局

（一）影响因素

影响车站自动售检票系统设备配置与布局的因素主要有以下几个方面。

1.高峰小时进出站客流

高峰小时进出站客流的数量是决定车站自动售检票系统设备配置的主要因素，高峰小时进出站客流的流向则是决定车站自动售检票系统设备布局的基本依据。

根据客流统计资料数据分析，车站客流的进出站高峰小时出现时间与断面客流高峰小时出现的时间通常不同，车站客流的进站高峰小时与出站高峰小时出现的时间通常不同，工作日高峰小时进出站客流通常大于双休日高峰小时进出站客流，因此，一般采用工作日高峰小时进出站客流作为计算车站自动售检票系统设备配置的依据。

2.车站自动售检票系统设备的使用能力

车站自动售检票系统设备的使用能力是指车站自动售检票系统设备在单位时间内（通常为 1 min）的出票张数或通过人数等。车站自动售检票系统设备的通过能力可以分为设计能力和使用能力。设计能力是理想状态下的设备能力，根据自动售检票系统文件提供的数据确定。例如，检票机的设计能力主要取决于票卡读写时间、闸门开启时间和乘客通过闸门时间等。但实践中，乘客特性、使用熟练程度、设备利用不均匀等原因，造成车站自动售检票系统设备的使用能力小于设计能力。因此，在进行自动售检票系统设备配置数的计算时，应考虑其使用能力。

3.站台与站厅层的设计布局

站台与站厅层的设计布局主要包括设计站台类型、车站控制室的位置、升降设备的位置和车站出入口的布置等。

站台与站厅层的设计布局对收费区及检票机的设置有较大影响，从而影响车站自动售检票设备的配置和布局。例如，对于岛式站台车站，其收费区的自动扶梯和步行楼梯设置在站厅的中央区域；对于客流量比较大的车站，会在收费区增加检票机的数量。

（二）配置原则

1.实用性原则

车站的设备配置要符合车站服务的特点，即服务的短暂性和高频率。轨道交通车站主要应解决乘客在轨道交通系统中的汇聚与疏解，有很强的时效性；乘客的基本要求是在短暂的移动过程中充分享受车站所提供的舒适服务。因此，设备的实用性是车站首先考虑的问题。

2. 功能匹配原则

由于轨道交通系统投资巨大，因此城市轨道交通车站的设备配置不仅要满足乘客所需的服务要求，而且要防止设备能力闲置，降低设备的使用效率及系统运营的经济效益（不包括正常的设备能力储备），即车站设备的服务能力应与乘客所需的服务容量相匹配。车站设备配置能力匹配，还包括各设备之间的容量与能力匹配，如列车运营密度对售检票能力提出了相应的配套要求，这一要求首先就是售检票系统和车站各配置设备之间的能力协调。

3. 先进性原则

城市轨道交通系统作为先进的大容量、快捷交通运行工具，同时也是一个复杂的运营系统。高技术、高智能化是其基本特征，而要体现高技术、高智能化特征，构成这一系统的各设备必须具有相当的先进性，就目前而言，应以计算机技术、信息技术和控制技术为主要应用对象，提高车站设备的技术层次和应用层次。

4. 经济性原则

在满足乘客乘降需求的前提下，本着提高设备利用率的原则，售检票系统配置的相关设备必须符合经济性，即从设备的等级、规模、先进的程度等方面出发，体现够用的原则，从而使车站售检票系统的建设投资恰到好处。

5. 安全性原则

与其他各类交通工具一样，城市轨道交通系统的运营也十分强调其运营的安全性，它是所有被考虑因素中的第一要素。而安全运营的实现除了依靠严格、科学的运营管理外，设备的运行可靠程度也是一个决定性因素。对于售检票系统设备的配置来说，不仅要从所配置设备的安全可靠性上严格把关，而且要配备必要的应急设备，以防万一。

(三)满足要求

1. 正确设置售检票系统设备的位置

售检票系统设备的位置一般不设置在出入口、通道内，并尽量与出入口、楼梯保持一定的距离，从而保证出入口和楼梯处的畅通。

售检票系统设备一般设置在站厅内宽敞的位置处，保持售检票系统设备的位置前通道宽敞，便于售检票系统设备位置前客流的疏导，避免排队时发生拥挤。

2. 合理布置付费区

售检票系统设备应根据出入口的数量相对集中布置，并满足客流流向的要求。因轨道交通车站一般有多个出入口，为了缩短乘客进入车站后的走行距离，一般应设置多处售检票系统设备，但又不宜过多，因为过多地设置售检票系统设备容易造成设备使用不均衡，降低设备的使用效率，并且不利于管理。

3. 设备应采用相对一致的外尺寸

每个付费区内至少设置一台补票机，每个出入口处的检票机数量不应少于两台。

五、自动售检票系统终端设备的工作原理

(一)自动售票机的工作原理

自动售票机以主控单元为核心,辅以现金处理装置、车票处理装置、乘客显示器、打印机和电源等模块,此外,还可以根据需要配置触摸屏、运营状态显示器、储值票或银行卡读写器及银行卡密码键盘等部件。

(二)半自动售票/补票机的工作原理

1. 总体架构

半自动售票/补票机以主控单元为核心,辅以车票读写器、乘客显示器、打印机和电源等模块,此外,还可以根据需要配置触摸屏、车票处理装置、钱箱等部件。

2. 交易处理流程

半自动售票/补票机具有两种工作模式,即售票模式和补票模式。安装在非付费区内的半自动售票/补票机通常工作在售票模式下,可以发售除出站票以外的各种车票,并可以提供票务处理机的其他服务。

安装在付费区内的半自动售票/补票机通常工作在补票模式下。在补票模式下只允许发售出站票,供无票或车票破损的乘客补票使用。

此外,半自动售票/检票机还支持车票更新操作。半自动售票/补票机在发售车票时的车票有效性检查主要包括密钥安全性检查、票种合法性检查、车票状态检查及黑名单检查等。

车票状态检查主要包括使用地点检查、余值检查、有效期(使用时间)检查及进出站次序检查等内容。

(三)自动检票机的工作原理

1. 总体架构

自动检票机以主控单元为核心,辅以阻挡装置、车票处理装置和声光处理装置等模块。

主控单元一般选用高可靠性、低功耗的通用型嵌入式计算机设备或工业级计算机设备,需要具有丰富的外部接口以支持外部设备的连接,并需要保留部分接口以支持未来设备的扩展。

2. 交易处理流程

自动检票机在待机状态下可监测自身各部件的工作状态,搜索车票及等待接受车站计算机系统的指令。当发现车票后,自动检票机将首先检查车票的有效性。自动检票机对车票的有效性检查主要包括密钥安全性检查、黑名单检查、票种合法性检查、车票状态检查、使用地点检查、余值检查、有效期(使用时间)检查、进/出站次序检查等。

(四)自动充值机的工作原理

自动充值机以主控单元为核心,辅以车票读写器、乘客显示器、打印机、电源、现金识别

设备等模块，此外，还可以根据需要配置触摸屏、银行卡读写器和银行卡密码键盘等部件。

第三节　车站票务设备的管理

车站票务设备是城市轨道交通客运组织中十分重要的硬件设施，车站票务设备的管理在整个客运组织管理中占有十分重要的地位。

一、自动售检票终端设备的管理

自动售检票终端设备是乘客直接接触的设备，也是城市轨道交通运营收入的重要设备。在日常运营工作中影响车站AFC系统运作的主要有闸机紧急放行装置、供电设施、网络设备、病毒防范和用户权限等。为确保车站AFC系统的正常运作，必须规范相关人员的使用行为。

(一)闸机紧急放行装置

闸机紧急放行装置控制着整个车站所有闸机的紧急放行，只在发生紧急情况需要疏散乘客时才使用。所以在管理上要求车站人员在正常情况下不得按压紧急放行按钮，以免引发闸机的误开放，导致单程票流失和票务收益损失。对AFC系统的带驾驶室和受电弓的动车(motorcarwith cabinand pantograph，MCP)盘盒及相关附属设施(如配电箱、输入插座、电源开关、控制盒等)也应加强管理，禁止非专业人员接触。

(二)供电设施

车站AFC系统供电一般都属于一级负荷，配备有不间断电源(uninterru ptible power supply，UPS)对所有AFC终端设备进行供电。所以，UPS和配电箱一般禁止非专业人员接触。

(三)网络设备

网络设备用于及时上传各类交易数据，严禁非专业人员拔插车控室和客服中心网络设备的接线及AFC终端设备的网络接线。

(四)病毒防范

车站AFC终端设备及各种AFC专用计算机一般安装的都是windows操作系统，对AFC专用计算机的各种数据接口，如USB(通用串行总线)、软驱、光驱等，都应进行屏蔽，以免引发病毒感染和传播。整个AFC系统也应与外网隔离，如与公司内部其他网络存在数据接口，也应设立防火墙。在AFC终端设备及各种AFC专用计算机上应安装杀毒软件，以便实时监控；对杀毒软件，应定期更新病毒代码库。

(五)用户权限

对车站AFC系统的各类操作人员应设立用户号，每位操作员的用户号应唯一，一般采用员工号，以便识别。对不同的用户应设立不同的权限和使用范围，原则上非本站员工不得拥有本站 AFC 终端设备的操作权限。用户的密码由操作员自行设置。密码长度不得少于 6 个字符,密码更换周期不得长于 1 个月。若操作人员需要在系统运行过程中离开工作现场,则应在离开前退出系统,以防其他人员越权操作。

二、票务工(器)具的管理

在日常票务工作中,车站需要进行大量的现金和车票的清点及运送工作,为了提高车站票务工作的效率,同时保障现金、车票清点工作的准确性,以及现金、车票及相关票务设备在运送途中的安全性,通常需要使用一些辅助工具和器具完成票务工作。

(一)点钞机

点钞机主要用于对车站所接收纸币的清点,可对所有面额的纸币进行清点,并能按照预先设置的数量自动停止清点;一般也具有验钞功能,当清点发现伪钞时,能终止清点并发出报警提示。

(二)验钞机

验钞机一般具有多种验钞手段,如荧光检测、红外穿透检测、磁性检测、激光检测等,可对人民币的纸质、油墨的颜色与厚度、磁性、荧光字等各方面进行检测,辨别真伪。

(三)点币机和点票机

点币机和点票机分别用于对硬币及车票进行清点,具有速度快、准确率高的特点。

(四)票务手推车

票务手推车用于装运各种钱箱、票箱等贵重设备及现金、车票等有价证券,可锁闭,极大程度地保障了设备及有价证券运送的安全性和方便性。

(五)配票箱

配票箱用于票务员日常工作中票卡、备用金、票款的收纳,票务员上岗前由票务收益室领出,下班前将其交还。

票务工(器)具的状态直接影响车站票务工作的安全、销量和质量,车站应按相关规定加强对票务工(器)具的管理,以保持工(器)具数量完整、状态良好。工(器)具配发到站后,车站需设置专门的工(器)具台账,用以记录工(器)具的保管、交接和使用情况,保管人员需根据书面台账凭证定期对所负责保管的所有票务工(器)具进行盘点,清点工(器)具的种类、数量,并检查确认状态是否良好,确保做到账实相符、状态良好。票务收益室内的票务工(器)具由车站当班值班员全权负责保管,票务处的票务工(器)具由当班站务员全权负责保管,车站在使用工(器)具的过程中需注意保持工(器)具的清洁,爱护票务工(器)具,并注意避免其受损。

三、票务钥匙的管理

票务钥匙的种类较多,为了保证现金和车票的安全,减少违章行为,必须规范票务钥匙的使用和管理。

(一)票务钥匙的种类

车站保管、使用的钥匙有两种：一种是非票务钥匙，主要是车站内各个房间的钥匙，以及部分机电设备(如电梯、自动扶梯等)的钥匙；另一种是票务钥匙，包括票务使用房钥匙、票务设备钥匙、AFC 票务室监控系统钥匙，具体分为钱箱钥匙、TVM 门钥匙、补票箱钥匙、硬币/纸币钱箱座钥匙、TVM 副找零器上盖钥匙、BOM 电子钱箱钥匙、BOM 键盘钥匙、BOM 侧门钥匙、GATE(闸机)门钥匙、TCM 门钥匙、回收箱钥匙、纸币模块钥匙、售检票亭门钥匙、边门钥匙、票柜钥匙、钥匙柜门钥匙、票务室门钥匙、防盗门钥匙、保险柜钥匙、尾箱钥匙(包含 A 和 B 两种)、AFC 监控系统控制器锁定/设置钥匙、AFC 监控系统专用柜钥匙等。

(二)钥匙管理的基本原则

AFC 设备钥匙应由车站站长指定人员进行逐级管理；设置专门的设备钥匙借用/归还登记本；所有借用钥匙的站务员或检修人员必须做好相应的记录，详细填写借用时间、借用人员、借用原因和归还时间等内容；钥匙使用后应立即归还。在特殊情况下，可适当延长借用时间，但要注明原因。

(三)票务钥匙的保管规定

票务钥匙的保管应符合如下规定：

(1)票务钥匙由车站值班员或以上级别人员保管，备用钥匙(除车站票务室门钥匙、防盗门钥匙交由值班站长保管外)由站长加封后保管。由站长负责保管的钥匙在一般情况下不得使用，只有当其他岗位保管的钥匙丢失或损坏时，才会使用站长保管的钥匙，并应记录在车站票务钥匙清单中，同时做好钥匙的增补需求补报工作。

(2)车站需设立台账，记录钥匙的保管情况。

(四)票务钥匙的使用规定

票务钥匙的使用应符合如下规定：

(1)任何人不得同时借用或掌握以下票务钥匙：TVM 门钥匙与副找零器上盖钥匙(补币箱钥匙)、TVM 门钥匙与纸币模块钥匙、票务室门钥匙与钱箱钥匙、TVM 门钥匙与硬币退币杯钥匙。

(2)AFC 维修人员对 TVM 进行故障处理时，由车站人员持 TVM 维修钥匙配合维修。

(3)副找零器上盖钥匙、纸币模块钥匙、硬币退币杯钥匙、钱箱钥匙须由行车值班员负责保管；如需使用，须到行车值班员处办理借用手续，使用完毕后由两人加封交行车值班员。钱箱钥匙必须在监控摄像头的有效范围内开封，在钱箱清点过程中，钱箱钥匙应一直在监控仪可视范围内。

(4)售票亭门钥匙供售票员在运营售票期间使用。运营结束后，客运值班员打印相关报表，当需要使用售票亭门钥匙时，需得到当班值班站长或以上级别人员的许可。

(5)借出和归还车站票务钥匙时均需在车站票务钥匙登记簿上登记。

(6)售票员上班时从当班客运值班员处借出边门钥匙和闸机门钥匙，下班时归还给当班客运值班员。

(7)车站各班次之间的AFC设备钥匙的交接按照“保管人负责交接”的原则实施，即客运值班员、值班站长两班同岗位人员负责交接其保管的钥匙，当面交接完毕后在客运值班员交接班簿和值班站长日志上进行相关登记；如发生钥匙数量不符的情况，应及时报告本站站长处理。

(8)值班站长可从当班客运值班员处借出维修钥匙进行简单的设备故障处理，故障处理完毕后应及时将钥匙归还给客运值班员。

(9)厂家维修人员在维修过程中，如需借用AFC设备钥匙，必须由AFC维修人员办理钥匙的借出和归还手续，厂家维修人员不能单独借用AFC设备钥匙。

(10)如有涉及车站之间的AFC设备钥匙调配，经站务部部长同意后，由站务部办事员负责调配工作；相关车站站长应在车站票务钥匙清单中记录相关钥匙的增减情况。

(五)票务钥匙的交接规定

票务钥匙的交接应符合如下规定：

(1)票务钥匙在保管人之间或在保管人与使用人之间交接时，车站需设置台账记录交接情况。

(2)票务钥匙借出时，借用人负责钥匙的使用安全和保管工作。

(3)票务钥匙使用完毕后应立即归还。运营结束后，保管人应对票务钥匙进行清点，确认其已全部归还。

(六)票务钥匙的更换

当车站票务钥匙发生自然折损或折断时，由站务部负责钥匙的更换工作。对已破损钥匙的处理按照相应的废旧物资回收处理办法中的相关规定执行。

(七)遗失票务钥匙的处理

在保管、使用票务钥匙时若发现遗失，车站应及时组织调查并上报站务部和安全技术中心，同时在台账中记录相关情况。除AFC设备通用钥匙外，其他票务钥匙遗失时。车站都应及时向站务部申请换锁。

(八)票务钥匙使用时的注意事项

票务钥匙使用时的注意事项如下：

(1)所有的票务钥匙均统一配发，统一管理，不得复制、私自接收票务钥匙，谨防遗失。

(2)使用钥匙的过程中需注意避免对钥匙造成损坏。

(九)钥匙保管人应遵守的原则

钥匙保管人应遵守以下原则：

(1)离职或调离本岗位时应将钥匙上缴，站务部管辖的钥匙交本站站长，其他部门管辖设备用房、设备的钥匙交所属部暂时保管。

(2)车站站长调换时,由新、老站长根据车站票务钥匙清单当面核对本站所有钥匙的种类和数量后进行交接,交接完毕后在车站票务钥匙清单上签字确认;如发生钥匙数量不符的情况,应在车站票务钥匙清单中注明,并由新站长在一个工作日内报站务部办事员,由站务部办事员进行处理。

(3)钥匙遗失后,由相关部门负责调查遗失原因,并向专业归口管理部门提出补配钥匙的申请,专业归口部门核实后,应统一配备,并做好记录。

(4)各单位要加强对所属设备、设备房钥匙的管理,钥匙保管人不得将钥匙随意借给外人使用。

第四节 车站票务管理

票务作业作为车站日常工作的重要组成部分,是城市轨道交通运营企业向乘客提供售检票服务、完成收益结算及实现财务管理的重要环节,是运营管理工作的组成部分。

一、运营前的准备作业

(一)自动售票机运营前的作业流程

1. 票箱压票

客运值班员必须为每个票箱手动压入规定张数的单程票。

2. 钱箱补币

客运值班员需要在硬币补币钱箱内加入硬币。例如,某一钱箱补币的操作流程是:登录自动售票机维护功能主菜单→选择更换钱票箱→更换硬币箱→添加硬币→输入添加的硬币枚数→插入硬币箱→拉开拉板释放硬币→推回拉板→取下硬币箱→安装回收箱→将取下的硬币箱装入硬币回收箱的位置。

此外,客运值班员还需要在纸币找零钱箱中加入5元硬币,具体流程因设备的不同而有所差异。

3. 开启自动售票机

在运营开始前,行车值班员在车控室的车站计算机上远程操作唤醒自动售票机,使其处于正常运营服务状态;必要时,也可以手动开启自动售票机。例如,某一开启自动售票机的操作流程是:打开自动售票机后的维修门→开启断路器→开启UPS开关→开启直流电源→开启工控机的开关。

(二)开站的作业流程

我国的城市轨道交通暂不提供24h的运营服务,在末班车开出后,各车站依次关站,停止运营服务。一般在第二天首班车到达5～10 min前开站,对外进行运营服务。

车站在开站前的具体准备工作是:在首班车到站前30 min左右,车站行车值班员对道岔进行测试,开启环控系统并检查其运行状况,安排人员测试屏蔽门功能、检查站台和线路出清情况，并向行车调度汇报检查结果。售票员需前往车站票务关联室领取票务用品，与客运值班员核对配置的车票和现金，核对无误后，准备开窗售票。车站值班站长巡视全站及各个出入口。

在首班车到站前 10 min 左右，行车值班员打开全部车站照明开关，开启车站自动售检票设备，值班站长将各出入口大门及自动扶梯打开，站台工作人员领齐备品到岗准备接发车。首班车到达车站后，车站正式开始运营服务。

(三)售票员上岗及开窗工作流程

1. 售票员上岗

售票员在客运值班员处领取各种车票和备用金，并与相应的车站售票员结算单上的数量核对无误后，在车站售票员结算单上签字确认。签收完毕后，售票员还需领取车站票务中心钥匙，并做好相关登记工作。

2. 开窗售票

售票员售票前使用自己的密码进行登录。售票时必须遵守"一收、二唱、三操作、四找赎"的步骤；在将车票交给乘客之前，必须使用半自动售票机对其进行分析，确保每一张车票的有效性，并通过显示屏请乘客确认。若售票员中途离开车站票务中心，则可不退出半自动售票机，但其必须在视线范围内；若半自动售票机不在视线范围内，则必须退出半自动售票机，且站厅巡视员在该端站厅处引导乘客，报车控室后方可离开。当车票、备用金不足时，售票员必须及时通知客运值班员，要求补充，并在车站售票员结算单和客运值班员交接班簿上注明，做好交接工作。

需要有人顶岗时，不允许借用车票、现金，顶岗人员必须使用自己的密码、操作号登录半自动售票机。售票员必须将本班所有的现金、车票和报表放入上锁的售票盒中。

二、运营期间的票务作业

(一)售票员配票及结账作业

1. 配票前的准备工作

(1)将乘客事务处理表和特殊车票退款表放在售票盒的底部。

(2)清点备用金，将硬币装入钱袋，扎好袋口；将纸币装在票盒内，按大小金额放置。

(3)根据硬币及纸币的金额，客运值班员在车站售票员配票及结账现金明细表中填写日期、班次及各面值配备数量；在客运值班员交接班簿中对配备的纸币及硬币进行记录；在售票员结算单中对备用金的配备情况进行登记。

(4)客运值班员在售票员结算单和客运值班员交接班簿中对行李票及其他车票的配备情况进行登记。

2. 配票

(1)当日首班售票员在行车值班员处领取车站票务中心及半自动售票机钱箱钥匙，并做好钥匙借用登记工作。

(2)售票员在车站票务室内打开售票盒，按照售票员结算单中的备用金及各种车票的配备数量，逐一清点。

(3)清点无误后，售票员及客运值班员分别在车站售票员配票及结账现金明细表中的“售票员”和“客运值班员”处盖章；售票员及客运值班员分别在客运值班员交接班簿中的“售票员”和“值班员”处盖章；售票员及客运值班员分别在售票员结算单中的备用金金额后面盖章，共同确认备用现金及车票正确无误。

(4)售票员领齐售票盒挂锁和钥匙后，将售票盒放入上锁的手推车中，由客运值班员陪同上岗。

3. 结账

(1)清点所有现金后，客运值班员将各面值现金的回收数量填写在车站售票员配票及结账现金明细表中，并在客运值班员交接班簿中记录本班所回收纸币和硬币的情况，在售票员结算单中记录实收总金额。

(2)逐一清点各票种并对关窗张数、售出张数、废票张数及售出金额进行记录；按充值金额的不同，清点充值次数和充值次数累加记录，金额及次数的乘积之和即为充值总余额。

(3)上交单据。售票员结账时需要将交通卡充值小单、票箱卸载/更换小单、正常情况下单程票退票小单等一并上交给客运值班员。

(4)加封上交车票。

对当日需上交的回收箱中的储值票、执法过程中的弃置储值票、车站在票务运作中发现已折损或变形的单程票等，由客运值班员用小信封按规定加封后归整地放入废票钱袋。

当日需上交的乘客事务的车票、特殊情况下的单程票退票、正常单程票退款、发售不成功储值票等及其对应的小单，由售票员和客运值班员用小信封按规定加封后归整地放入退款钱袋。随报表上交的车票应与相应的报表装订在一起。

(5)客运值班员填写车站营收日报表。

(二)退票作业

普通单程票退票分为以下两种情况。

(1)正常情况下的退票。一般地铁对售出当天规定时间内未曾使用、卡内信息可以读取的单程票，可在购票车站按车票余值办理退票，由站务员办理。

(2)地铁原因导致的退票，需经两名以上站务员共同确认后在车站票务中心办理。

(三)交接班作业

1. 售票员交接班作业

(1)交接时，交班售票员应将“暂停服务”提示牌放在乘客对讲窗口处，其间如发生乘客事务，应请乘客稍等，或引导乘客去另一票亭办理。

(2)交班售票员整理好报表、单据(装入信封)、问题车票(单独装入信封)，收齐现金并装入票盒，退出半自动售票机并将售票盒上锁。

(3)客运值班员与交班售票员双方共同确认收齐了所有的现金、单据、报表和问题车票，半自动售票机的钱箱内无遗留硬(纸)币现金,且已退出半自动售票机。

(4)交接班售票员根据票务中心票务钥匙备品表逐一交接,确认无误后,双方在票务中心票务备品交接班簿中的"交班人"及"接班人"处签字。

2. 客运值班员交接班作业

(1)车票的交接

对交接的车票必须进行封装。车站接收人员必须依据相应的配票单据当面检查车票包装及封条是否完好,在确认封条与配发单据所写票种、数量一致后在单据上签名,将车票存放在相应的区域,并登记相关台账和进行系统数据录入。

下面以某地铁公司为例进行介绍。

①车票交接的原则

预赋值储值票。对预赋值储值票,必须当面清点票卡数量,确认票卡信息无误后办理签收交接手续。

预赋值单程票。当班客运值班员与车站另一站务员工负责将预赋值单程票用专用点票机进行清点。

编码票卡。对已加封的编码票卡进行交接时,接班人确认加封正确完好后凭加封数量交接。

交接时若发现车票的数量或信息有误,接班人员应及时报站长或当班值班站长到点钞室确认,并在相关台账或交接本上做好记录,车票按实际数量进行签收。站长或值班站长应及时调查原因,视情况进行处理,同时,将事情经过及时上报车务、票务、稽查等部门。

②客运值班员之间的车票交接

接班客运值班员应依据值班员交接班簿上的记录与交班客运值班员当面清点点钞室内所有的车票、当日的车票上交单、车票配给单,确认无误后进行签收。

接班客运值班员应检查每一包车票封装盒的封口是否完好,若有破封的情况应立即报站长或值班站长,该包车票严禁使用,等站长或值班站长核查清楚后方可使用。车站需要用票时可开另一包封口完好的车票。

③客运值班员与售票员之间的车票交接

开窗前的车票交接。客运值班员与售票员当面清点和交接车票,在确认车票信息后,填写售票员结算单中的"开窗张数"栏。

结账时的结余车票交接。客运值班员与售票员当面清点和交接车票,在确认车票信息后,填写售票员结算单中的"关窗张数"栏。

结账时无效票及与乘客事务处理有关的车票交接。经售票员回收的其他种类的车票,由本人将车票分类扎好,根据加封的车票数量封入票务专用信封或钱袋,注明车票类型、票种、数量、加封车站、加封人和加封日期,由客运值班员根据信封封面的张数与无效/过期票处理记录表所填写的张数进行核对,确认无误后随报表上交票务室。

(2)钥匙的交接

未加封的票务钥匙应逐条当面清点钥匙种类、数量,已加封并未破封数清点,确认无误后双方办理交接手续。当出现不符的情况时,需及时报当班值班站长,车站应及时组织调查并上报分部，同时在票务钥匙交接清单中记录相关情况；已加封或破封的钥匙开封发现有误时，使用人应及时报当班值班站长到场确认，车站及时组织调查并上报站务分部，同时在钥匙交接清单中记录相关情况。

(3)备品及其他方面的交接

票务备品包括钱箱、票箱、库包、点钞机、验钞机、保险柜、票柜、配票箱、车票回收箱、手推车、点币机、补币箱、纸币清分机、扎钞机、点票机、售票盒、硬币盘等。交接时，查看数量及性能，定位摆放。

交接台账和报表的填写情况，交接票务最新通知及文件，交接票务方面未完事宜。

特殊工作卡应当面交接，在特殊工作卡使用登记表和客运值班员交接班簿中做好交接记录。

三、车站现金的管理

车站的现金主要由两大部分构成，即设备和售票员收取的票款和票务备用金。对现金进行使用和保管时，必须在车站票务室设立安全区域，未经允许和授权，任何人员不得进入现金安全区域。

(一)车站现金管理规定

(1)严格执行“收支两条线”的规定，严禁坐支票款和挪用票务备用金。

(2)严格执行“账实相符”的管理规定，严禁弄虚作假、虚报瞒报。

(3)对票务备用金与票款实行分区管理，发生票务备用金误解行现象须立即上报票务部门。

(4)交接、盘点票务备用金时，如发生短款必须由责任人及时补齐。

(二)现金安全区域的相关规定

车站的现金只能存放在现金安全区域(车站票务室、客服中心、自动售票机和自动增值机钱箱)。

(1)现金安全区域内严禁存放私人钱、票。

(2)客服中心内的所有现金均须放在现金抽屉及配票箱中。

(3)客服中心内的票款和票务备用金必须放在乘客接触不到的地方。

(4)未得到车站当班值班站长的许可，任何非当班工作人员不得进入车站票务室和客服中心。在非运营时间，车站工作人员不得进入客服中心开启、操作票务设备终端。

(5)车站非当班工作人员在进入车站票务室时，必须有当班客运值班员陪同。

(6)在非运营时间，除车站当班客运值班员、值班站长、售票员、站厅巡视员外，任何人员不得进入车站票务室，特殊情况下，由值班站长或站长批准进入。

(7)票款及票务备用金必须由车站当班工作人员双人清点，清点后放入车站票务室的保险柜内保管。

(三)车站现金的运作管理

1.自动售票机现金的处理

自动售票机的钱箱分纸币钱箱和硬币钱箱，一般由客运值班员负责安排更换自动售票机的钱箱。若在运营时间内更换钱箱,则须设置“暂停服务”提示牌。更换完毕,在确认自动售票机已恢复正常服务状态后,撤除“暂停服务”提示牌,并立即将钱箱送返点钞室。

(1)更换钱箱的时间

①车站计算机系统提醒自动售票机钱箱将满时。

②各站结合本站具体情况制定的更换钱箱的固定时间。

③在本站最后一列载客列车开出后的规定时间内。

(2)更换钱箱时的注意事项

①更换钱箱必须在车站计算机设置的系统运营结束时间之前全部完成。

②每日运营结束后,必须更换所有投入服务的自动售票机的钱箱,将找零器和副找零器内的所有硬币回收至硬币钱箱内,此项工作需两人共同完成:一人负责具体操作,另一人负责更换钱箱操作的监控和安全工作。

③打开自动售票机的维修门及取出钱箱时必须报车控室,在得到车控室允许的条件下,用员工工号和个人密码登录。

2.收到的其他票款的处理

一般情况下,值班员在收到自动售检票系统维修人员或站厅巡视员上交的现金后(在自动售票机出币/出票口或其他地方拾获),必须求拾获人员在车站营收日报上备注并签名。严禁售票员收取自动售检票系统维修人员或站厅巡视员上交的现金。

3.备用金的处理

车站票务运作的备用金主要用于自动售票机找零、乘客兑零、储值票和特殊情况下的退票款及乘客异常事务退款。对备用金的使用范围应严格控制,不得挪用,各站之间不得调拨和借用。车站备用金的保管要指定专人负责,每班进行交接。备用金的使用和借出要有登记备案。

(1)备用金的适用范围

①车站自动售票机找零。用于车站自动售票机找零的备用金,在每日运营前加入自动售票机,在运营中根据消耗情况进行补充,每日运营结束时进行回收。

②乘客兑零。用于乘客兑零的备用金在使用过程中的情况与自动售票机的情况类似。备用金数额不会发生变化,但形式会发生变化,由原来的零钞变为面额较大的纸币。售票员结算时,要将这部分备用金与票款分开计算。

③规定情况下的乘客事务处理及特殊情况下的退票(如因车站原因清客或疏散)。当用于规定情况下的乘客事务处理及特殊情况下的退票时,票务备用金用于对外支付,金额将会减少,所以要求进行乘客事务处理时必须填写相关表单,并由乘客、车站经手人员、审核人员进行签字确认。经过一段时间的运作后,车站的票务备用金数额会不断减少,需要定期对车站减少的票务备用金进行核销和补充。

(2)备用金的管理要求

①票务备用金每班交接都需要清点,若有异常情况,则应登记备案。

②严格执行收支两条线的财务管理制度,车站票务备用金应单独使用和保管,不能和当日的车站票款收入混淆管理,更不能出现坐支现金的现象。

③车站票务备用金除配备在售票设备的找零钱箱及客服中心外，一律存放在专用保险柜中，并由专人保管，不得解行。

④必须按规定用途使用车站票务备用金，不得因私借用或挪用车站票务备用金。

4. 现金的借用

原则上，车站的票款和备用金不得借作他用。如有特殊情况需要借用车站现金，须经票务管理部门和财务部门的批准。

5. 现金的交接

在进行现金交接时，交接双方必须做好交接记录。

(1)纸币。在监控范围内，交接双方当面清点纸币金额后，进行签名确认交接。

(2)硬币。在监控范围内，对已加封的硬币交接时，确认加封正确完好后，可凭加封金额交接；对零散硬币，可按实点数交接。

(3)交接流程。客运值班员之间的现金交接必须按照以下流程进行交接，交接双方必须共同确认，确保车站现金交接准确无误。

第一，接班客运值班员应依据客运值班员交接班簿上的记录，在监控范围内与交班客运值班员当面清点车站票务管理室内的所有现金，核对封包的数量及金额等，确认无误后进行签收。

第二，当客运值班员交接班或打包返纳，发现交接现金金额与客运值班员交接班簿不一致时，应立即通知值班站长到现场，共同对车站票款、备用金进行清点。若实点金额比报表金额小，则由交班人员补缴相应差额，交接双方在客运值班员交接班簿和车站营收日报表上做好记录说明；若实点金额比报表金额大，则多出金额记入车站营收日报表的“客值交接长款”栏，由接班人员记入营收，交接双方在客运值班员交接班簿和车站营收日报表上做好记录，并由值班站长确认，及时上报站长。

第三，若出现车站对账不一致的情况，则应由值班站长立即上报票务管理的相关工作人员，及时组织调查并将调查情况上报。

6. 现金的加封

车站所有现金的加封均须双人负责。现金可用钱袋、信封、砂纸加封，加封后必须保证一经破封就无法复原。

(1)钱袋加封。加封前，先在砂纸上注明加封金额、加封车站、加封人和加封日期。加封时，将钱袋口用绳子扎紧后再用砂纸缠绕加封。当纸币需用钱袋加封时，应先用砂纸加封或信封加封后再放入钱袋内加封。

(2)信封加封。加封前，先在票务信封的正面注明加封金额、加封车站、加封人、加封日期。加封时，先将信封口封住，再用砂纸将信封背面的接缝处封住，最后在信封背面砂纸骑缝处及封面上签名。放入信封加封的纸币仅限于同一面额数量不足100张的，按面额大小归整后放入信封内进行加封。

(3)砂纸加封。同一面额的纸币每满100张需用砂纸加封。加封时，用砂纸缠绕归整后的纸币中部加封，砂纸上应注明加封车站、加封人和加封日期。

7. 假钞的处理

当车站收到假钞时，遵循“谁收取谁补还”的原则进行处理，具体处理办法如下：

（1）售票员在进行票款清点打包或结账时，发现钱款有明显的失真特征或可通过验钞机识别为假钞的，由客运值班员或以上人员共同确认，并在客运值班员交接班簿上登记，由该售票员当场补足票款。

（2）客运值班员清点自动售票机钱箱时，发现钱款有明显的失真特征或可通过验钞机识别为假钞的，应将假钞对准摄像头，在值班站长的监督下用信封将假钞单独封装，封口上由客运值班员和值班站长两人签名，并在自动售票机钱箱清点记录表中的相应栏里注明假钞的金额，次日随报表交票务管理部门。

（3）当将票款存入银行，银行清点票款发现假钞时，由相关票款的封装人负责补足票款。

四、票务系统的业务管理

（一）车票管理业务的相关定义

1. 车票标准名称

车票标准名称是指被票务部门规范化的、运营单位统一采用的车票名称。

2. 车票要素

车票要素是指车票名称、票面设计、发行方式、发行数量、车票售价、销售时间、销售有效期等要素。

3. 新票

新票是指未经编码分拣机进行初始化编码的空白车票。

4. 票样

票样是指厂家送来做外观、尺寸鉴定的空白 IC 卡车票的样本。

5. 样票

样票是指地铁在发行各种新版 IC 卡车票时，厂家送来用于大批量生产前做外观检测、性能测试的车票。

6. 设备废票

设备废票是指编码分拣机编码不成功的车票、半自动售票机或自动售票机发售不成功并掉入废票箱的车票、闸机回收单程票时掉入废票盒的车票。

7. 过期票

过期票是指超过规定使用有效期的车票。

8. 车票注销

车票注销是指对于生命周期即将到限的车票，通过编码分拣机在自动售检票系统中进行操作来结束其生命周期。注销后的车票不能再次在自动售检票系统中使用。

9. 车票销毁

车票销毁是指在使用过程中产生的不可再循环使用的车票需集中进行物理销毁。

（二）车票的使用范围

在城市轨道交通系统中所使用的车票种类较多。根据车票是否由闸机回收，车票可分为可回收车票和不可回收车票。可回收车票包括单程票、福利票和出站票等，不可回收车票包括各种纪念票、公务票等。

(三)票价制式

1. 票价制式的种类

在城市轨道交通行业中采用的票价制式主要有单一票价制和计程票价制。

(1)单一票价制

单一票价制是指不论乘客乘坐里程长短或站点数多少都实行一种价格的票价制度。

(2)计程票价制

计程票价制分为按区间分段计价和按里程分段计价两种。

按区间分段计价。按区间分段计价是指按乘客乘坐的车站区间数量实行多级票价，根据设定的基本起步价、起价区间、每个计价段所包含的区间数、每个计价段的价格等进行票价的计算。

按里程分段计价。按里程分段计价是指按乘客乘坐的运营里程长短实行多级票价，根据设定的基本起步价、起价里程、每个计价段包含的里程数、每个计价段的价格等进行票价的计算。

(四)车票加封

车票可以根据其种类、性质等需要，使用特制票盒、钱袋或票务专用信封等予以加封，也可以使用封条直接加封。

对车票实施加封时，应两个人一起加封(其中一人应为客运值班员)。加封后，封条上必须注明加封内容(包括车票的种类、数量等)、加封车站、加封人和加封日期。

使用钱袋加封时，应将钱袋口用封条缠绕扎紧；使用票务专用信封加封时，应采用“工”字加封，放入车票后先将信封口封住，再用封条将信封背面的接缝处封住，最后在信封背面封条骑缝处及封面上盖章；使用封条直接对车票加封时，可采用“十”字加封法，将车票整理好后用封条直接加封。

(五)车站票务管理相关岗位职责

1. 站长的职责

(1)总体负责车站的票务管理工作，确保车站的票务工作运作顺畅。

(2)负责车站的车票、现金及票务备品的安全。

(3)监督、检查、指导车站员工的票务工作。

(4)保管部分备用票务钥匙。

2. 值班站长的职责

(1)具体负责车站的票务管理工作，确保本班的票务工作运作顺畅。

(2)具体负责本班车票、现金及票务备品等的安全。

(3)具体负责车票、备用金及票务备品的申领。

(4)具体负责车站票务管理室闭路监控系统的日常管理和监控。

(5)检查、监督员工的票务工作。

3. 客运值班员的职责

(1)负责自动售票机钱箱的更换、补币、清点及票箱的补票工作。

(2)安排并监督站务员的票务工作,负责给售票员配票、配备用金及结账的工作。

(3)完成相关票务报表、台账的填写,负责每月报表的装订和存档。

(4)负责车票和报表的接收、上交等工作。

(5)保管车站票务管理室的车票、现金、报表、单据、票务备品、票务钥匙等,并保证其安全。

(6)处理与乘客相关的票务事宜。

4.售票员的职责

(1)负责车站票务中心当班的售票工作。

(2)保管当班报表、单据、现金、车票、票务钥匙、车站票务中心相关备品,并保证其安全。

(3)完成相应票务报表的填写。

(4)协助处理票务紧急情况。

5.站厅巡视员的职责

(1)引导乘客正确操作票务设备。

(2)巡视车站自动售票机等的运作情况。

(3)按要求更换自动检票机的票箱。

(4)检查乘客车票的有效性。

(5)及时回收乘客遗留的车票。

6.编码人员的职责

(1)按照生产计划完成车票的领用、生产、入库,并填写相关台账,确保各类车票数量、金额等信息的准确无误。

(2)负责对车票初始化、预赋值、重编码、注销等工作中涉及的各种票务报表、台账提出合理化建议,确保车票制作时各项统计数据的完整、准确。

(3)负责编码室日常安全的监督、检查,负责进出编码室人员的监管。

(4)负责编码室各项设备的保管,发现问题及时上报。

(5)负责车票生产方面月报表的整理和填写。

7.配收人员的职责

(1)按照配收计划单的要求,及时、准确地完成车票的配送、回收工作。

(2)负责按照规定做好各类票据、报表、台账及相关备品的日常回收工作。

(3)负责对回收报表、台账进行分类和整理,并及时上交给相关审核人员。

(4)负责完整、正确地填写本岗位负责的各类报表和台账,并对其进行保管。

8.车票处理员的职责

(1)协助车票管理负责人完成样票、新票的外观和性能检测。

(2)新票到货时,负责清点新票的数量,办理入库手续。

(3)负责各种情况下的车票入库、出库及库内保管工作,对票库内的车票进行分区统计。

(4)负责月末与相关人员对票库内的车票进行清查、盘点。

(5)负责与票库管理员共同确认需要销毁的车票数量,做好车票销毁出库工作。

(6)及时、准确、完整地填写本岗位负责的各类报表和台账,并对其进行保管。

(7)保管票库钥匙,对票库的安全负责,因故离岗需要经票务室主任同意后,与票库管理员做好票库钥匙及相关物品的移交工作。

9. 票库管理员的职责

(1)协助车票管理负责人完成样票、新票的外观和性能检测,并填写相应的报表、台账。

(2)根据出入库的实际情况填写相关单据,并按照出入库单据做好相关台账的登记工作。

(3)负责与车票处理员共同完成出入库车票的清点工作,确保账实相符。

(4)负责月末与相关人员对票库的车票进行清查、盘点,并填写相应的报表和台账。

(5)负责与车票处理员共同确认需要销毁的车票数量,并根据要求按时上报车票的销毁计划,填写相应单据,做好车票销毁前的各项准备工作及车票销毁出库工作。

(6)负责本岗位各类报表、台账的填写和保管。

(7)做好票库钥匙及相关物品的移交工作。

(六)车票的作业流程

车票的作业流程大体为:车票发行→车票采购→车票验收→车票制作→车票出入库→车票配送→车票回收。

1. 车票发行

(1)非营销类车票的发行。发行非营销类车票前需要确定的因素主要包括车票标准名称、车票票面设计、发行方式、发行数量、车票售价、销售时间、销售有效期等。

(2)营销类车票的发行。发行营销类车票前,综合部应进行车票发行前的市场需求分析,确定车票的主题、销售时间,并形成车票发行策划方案及版面设计方案。

2. 车票采购

票务部门应在每年的年末提前报下一年度单程票采购计划,提报数量的主要依据为本年度地铁进出站客流、单程票售卖量、循环使用率及单程票流失量,同时需要考虑票库单程票备用量,确保全线单程票保有量和票库单程票备用量充足。

3. 车票验收

(1)外观测试

测试工具是游标卡尺或千分尺。测试部门为票务部。测试内容包括表面光洁度、版面、划伤和物理尺寸等。

(2)性能测试

测试方式为票务室编码分拣机、车站自动售检票系统设备。测试部门为票务部。测试内容包括:车票在编码室制作、车票在车站发售、验票、进出站、补票、车站计算机/中央计算机交易数据是否与实际相符等。

4. 车票制作

(1)车票制作的工作类型。车票制作包括车票初始化、车票预赋值、车票重编码、车票注销等。

(2)车票的制作流程。

票务部车票管理负责人下达车票生产计划单,包括纸质生产计划单和系统生产计划单,确保双单内容一致。

车票编码员根据纸质生产计划单办理出库手续。

车票编码员在编码分拣机工作站系统中选择相应系统生产计划单，并对计划制作的车票进行编码或赋值等操作。

车票制作完成后，车票编码员填写生产日志，记录车票制作情况，并将制作后的车票进行清点、加封、入库。

(3)车票的制作要求。

车票的制作、清点、加封、入库必须双人进行。

编码员必须使用自己的账号、密码登录系统。

车票制作过程中若出现设备故障，应及时上报并做好相应记录。

车票出库、制作、入库的数量必须与生产计划单上的数量保持一致。

5. 车票出入库

(1)车票出入库类型。车票出库类型包括生产出库、配送出库、领用出库、借票出库、销毁出库、库内流动等。车票入库类型包括生产入库、回收入库、归还入库、上交入库、库内流动等。

(2)领票或还票人员将相关资料交给车票处理员审核无误后，车票处理员应按照资料中规定的票种、数量办理车票出入库，并填写相关表格；在办理出入库时，认真核查车票有无毁损，数量、票内信息是否正确，若出现差异则应按照实际情况核查出入库数量，并将差异情况立即反馈给车票管理负责人，跟进差异车票的处理情况。

6. 车票配送

(1)车票配送类型及配送流程

车票配送类型包括日常车票的配送和大客流情况下的车票配送。

日常车票的配送。当票务室的车票监控人员通过车站车票库存日报表发现车站单程票的数量低于车站单程票最低保有量时，应及时通知车票管理负责人。车票管理负责人确认信息后下发配收计划单，注明配送车站、票种、数量、完成时间等信息。车票配收员按照配收计划单的内容填写配送明细单，并持配收计划单到车票处理员处领取车票。车票处理员核查配收计划单，并按照配收计划单中的要求与车票处理员共同将车票交予车票配收员。车票处理员及车票配收员共同在车票交接室的监控系统下清点车票，清点无误后，将车票配送至相应车站。当车票数量低于车站车票最低保有量时，车站应打电话向票务室申请，票务室根据全线车票库存数量检查其他车站是否有与之相匹配的多余车票。若有，则电话通知两个车站进行站间车票调配；若无，则票务室于次日将车票配送到车站。

大客流情况下的车票配送。遇到假日出现大客流时，车站应根据预测的进站客流情况上报需要预制单程票的数量，票务室应提前做好预制单程票的工作，并提前两天将车票配送到各车站，保证车站有充足的车票。

(2)配送车票的清点交接

车票清点交接的原则，车票配送员将清点加封好的车票配送至车站后，与客运值班员一起在车站票务管理室内进行清点交接。车票配送员与客运值班员必须在车票管理室监控仪可监控的范围内进行交接。客运值班员对车票进行开封、清点，确认车票类型、票种、数量、金额等；车票配送员负责监督、检查。开封后，若车票数量和信息核对正确无误，则交接双方在配票明细单上签字确认。若发现车票数量有误，则车站应按实际清点数量进行签收，交接双方在、配票明细单上进行备注并签字确认；若发现车票信息有误，则交接双方应在配票明细单上进行备注并签字确认。清点完毕，客运值班员将车票分类保存，以备使用。

各种车票的清点方式，单程票。对整包加封的单程票，客运值班员应在确认加封正确完好后凭加封的数量进行交接；对零散的单程票，车票配送员应与客运值班员共同清点单程票的数量，确认无误后办理签收交接手续。计次票、纪念票、一卡通。车票配送员应与客运值班员共同拆封，清点车票数量，确认车票信息和数量无误后办理签收交接手续。预制单程票。车票配送员和客运值班员负责按照售出期限和票价对预制单程票进行清点，确认车票信息无误后办理签收交接手续，并加封车票。纸质车票。对整包加封的纸质车票，客运值班员在确认加封正确完好后凭加封数量、纸票编号进行交接；对零散的纸票，车票配送员和客运值班员应当面清点纸票的数量及编号，确认纸票信息无误后办理签收交接手续。

7. 车票回收

(1)随次日报表上交的车票

种类及定义，单程票坏票。单程票坏票包括在乘客事务处理过程中回收的人为损坏的单程票，以及进行替换操作的非人为损坏单程票。特殊情况下的单程票退票。特殊情况下的单程票退票是指在列车发生晚点、运营故障需清客等特殊情况下，受影响乘客在规定日期内在地铁车站办理的单程票退票。计次票坏票。计次票坏票是指发售过程中发售失败的计次票及按照规定可以给乘客退款的计次票。

上交流程，单程票坏票、特殊情况下的退票、计次票坏票由售票员分类别用信封加封；回收箱中的储值票、执法过程中弃置的储值票及票务运作过程中已折损或变形的单程票由客运值班员用信封加封，次日由车站早班客运值班员连同票务报表一起上交给票务室。

(2)票务室定期回收的车票

①种类及定义

车站设备废票。车站设备废票是指车站自动售检票设备废票箱中的废票，包括自动售票机废票、半自动售票机废票等。待清洗单程票。待清洗单程票是指票务室需定期进行回收清洗的车站单程票。

②上交流程

车站设备废票。每月 15 日、月末最后一天，票务室对车站设备废票进行回收(若该月 15 日、月末最后一天为周末或节假日，则顺延到周一)。车站提前对设备废票进行回收清点，分类别用信封或布袋加封，并填写车票上交单，票务室在规定的时间内进行回收。待清洗单程票。在回收待清洗单程票前，票务室应提前以 1∶1 的比例给车站配票。车站在票务室回收待清洗车票前将车站原有的单程票进行清点，分类别用信封或布袋加封，并填写车票上交单，票务室在规定的时间内进行回收。

(3)票务室不定期回收的车票

①种类和定义

票务室不定期回收的车票是指票务室根据车站客流情况及库存情况及时制订回收计划、安排回收的车票(主要包括溢出车票和预制单程票)。

溢出车票。当车站拥有的单程票数量高于票务室规定的最高保有量时,票务室根据整个线路的车站车票库存日报表的情况制订车票回收计划,并电话通知需上交溢出车票的车站。预制单程票。票务室根据预制单程票的有效日期制订回收计划,并电话通知需回收预制单程票的车站。

②回收流程

溢出车票和预制单程票的回收由票务室提前通知车站,车站进行清点,分类别用信封或布袋加封,填写车票上交单。票务室在3个工作日内到车站回收车票。

(4)回收车票的清点交接

随次日报表上交的车票清点。随次日报表上交的车票由收益核对助理对上交的车票与报表中的数量进行核对,对于少交的车票应通知车站进行补交。

定期、不定期回收的车票清点。票务室定期回收的车票、不定期回收的车票由车票配收员与客运值班员在监控仪可监控范围内按加封数量进行交接,确认无误后,双方在车票上交单上签名确认。回收的车票由车票处理员在监控仪可监控范围内按类别进行清点,清点完的张数与上交的张数进行对比,将差异记录到车票上交单中,通知车站将多余的车票领走,对少交的车票进行补交。

(七)车票的管理

1.普通单程票的管理

普通单程票一般由车票主管部门配发到各站,根据各车站的每日单程票的流入、流出数量,定期或不定期进行站间调配和中心调配,以保证各车站单程票的运营需求。

车站对普通单程票的管理包括以下几个方面。

(1)接收

车票主管部门负责将封装好的车票配送到各车站,配送人员与车站的客运值班员进行交接,车站客运值班员依据配送车票的明细单当面检查车票包装以及封条是否完好,确认封条与配发单据上所写的票种和数量是否一致。确认无误后在单据上签名,登记相关台账,更新系统数据,将车票存放在车站票务室的相应区域内。

(2)保管

为确保车票安全,车票均应存放在车站票务室内,平时须上锁,钥匙由客运值班员负责保管,交接班时移交。当车站保管的车票数量发生变化时,须登记相关台账并更新系统数据。

车站保管单程票时,根据单程票的不同状态划分不同的区域进行保管,一般分为上交区和循环区。上交区主要用于存放废票(设备不能识别的车票),循环区用于存放车票主管部门配发的单程票、车站闸机回收的单程票、运营结束后售票设备结存的车票及售票员上交的未售单程票。

(3)发售

车站在日常运营中，车票经自动售票机出售，乘客可自助购买车票；当车站客流较大时，可以启动客服中心的票务处理机发售单程票，若仍无法缓解排队压力，则可启用临时售票亭出售预制单程票。

(4)回收

运营结束后，回收出站闸机、自动售票机及客服中心的单程票，进行清分、清点。

(5)上交

以下几种情况的单程票需要上交：运营过程中进行乘客事务处理时回收的无效票；设备产生的废票；人工回收的单程票；当车站存放的单程票数量超过规定的保有量时，根据车票主管部门要求上交的多余的单程票。

(6)站间调配

随着每日的运营，单程票在各个车站之间流动，根据各站进、出站客流分布的不同，各站单程票的数量将发生变化，主要分为以下三种情况。

车票流入车站。车站的出站客流大于入站客流，每日回收的单程票数量多于发售的单程票数量。

车票流出车站。车站的出站客流小于入站客流，每日回收的单程票数量少于发售的单程票数量。

车票平衡车站。车站的出、入站客流基本持平，每日回收的单程票数量约等于发售的单程票数量。

因此，每隔一定时间就需要在各车站之间进行车票的调配，由车票主管部门负责从流入车站将多余的车票调出，调入流出车站。对于调出车站而言，相当于车票上交；对于调入车站而言，相当于车票接收。

2.预制单程票的管理

预制单程票由车票主管部门提前制作并配发到各个车站，用于应对突发的大客流或设备故障等情况。与普通单程票不同，预制单程票已赋值，处于“已售”状态，等同现金。预制单程票的有效期较长，可供车站较长时间备用。在预制单程票投入使用、经闸机回收后，它的性质就与普通单程票一样，可以在车站内循环使用。

预制单程票的接收、调配过程与普通单程票一样，但在保管、发售、上交等环节的要求与普通单程票有所不同。

(1)保管

预制单程票已赋值，应放在保险柜内保管。保管时需要注意以下几点要求：

不同价格的预制单程票不能混放。

不同有效期的预制单程票不能混放。

对于已经过期的预制单程票，要立刻停止使用，存放在票柜的上交区内。

(2)发售

预制单程票的发售应具备以下条件：车站站厅等待购票的人流持续增加，在较长时间内通过自动售票机和票务处理机发售都无法缓解。预制单程票的发售需要经过授权，一般由车站站长根据现场情况下达发售命令，车站安排启用临时售票亭人工售票，要求售票员熟记票价表，准确计算售出。

(3)上交

预制单程票分为不同的有效期，对于已经过期的预制单程票，车站应定期上交车票主管部门。

3. 储值票的管理

普通储值票由专门的发卡单位制作，由车票主管部门配发到各车站，代理发卡单位向乘客发售。储值票的管理包括以下五个方面。

(1)接收

车票主管部门与车站进行储值票交接时，需要双方当面清点，车站接收人员在确认数量、票种一致后，登记相关台账，将相关数据录入系统，将储值票存放在相应区域。

(2)保管

储值票的成本较高，丢失或损坏应予以赔偿。因此，储值票应存放在保险柜内保管。

(3)发售

日常运营时，储值票在客服中心进行出售。

(4)充值

乘客可以在客服中心进行人工充值，也可以在自动增值机上完成增值业务。

(5)上交

在出售储值票的过程中，对因设备原因或储值票自身问题造成的无效储值票需进行封装，注明封装时间、封装数量、封装票种及封装车站，并上交给车票主管部门。

计次票是储值票的一种，其管理流程基本与普通储值票一样。

五、运营结束后的作业

(一)钱箱更换及钱箱内现金清点作业

1. 钱箱更换作业

钱箱是自动售票机的主要部件，一般包括硬币钱箱、纸币找零钱箱、纸币回收钱箱和废钞箱。钱箱更换作业一般由负责客运的值班员进行操作。若在运营时间内更换钱箱，则须设置“暂停服务”提示牌。更换完成后，须确认设备恢复正常服务状态，方可撤除提示牌，并将钱箱送还车站票务管理室。

2. 钱箱清点作业

钱箱清点是收益管理的重要环节，必须严格把控。通常，涉及硬币及现金的清点工作必须在车站票务管理室内由负责客运的值班员和另外一名站务员两人共同完成。

(1)清点的基本要求

为保证自动售票机票款收益统计的准确性，车站对从自动售票机上更换下来的钱箱中票款的清点必须按规范要求进行，以确保准确无误。清点工作的基本要求如下：

①清点前后，清点人员必须清理并确认硬币清点机、纸币清点机无灰尘且状态良好；均

需两人共同确认机器内无遗留硬币或无夹纸币。

②钱箱必须逐一清点，即清点一个核对一个，且核对完毕方可开启下一个。严禁同时清点两个以上的钱箱。

③待清点/已清点钱箱和现金必须分区域放置，且固定存放位置。

④清点过程中，硬币清点机和纸币清点机的显示屏须面向摄像头，以便票务管理室中的监控系统记录清点数据。

⑤票务管理室中的监控系统须全程监控清点过程，任何人不得遮挡摄像头，不得以任何形式或方式妨碍清点工作。

(2)清点流程

清点钱箱时，相应的钱箱、钱袋、硬币清点机和纸币清点机必须放在安全区域，整个清点过程必须受到监控装置的监控。若监视系统发生故障造成无法按程序清点钱箱时，须由一名值班站长及以上职务人员和车站客运值班员两人一起清点，必须逐一清点。在整个清点过程中，清点人员除紧急情况外不得离开票务管理室。清点钱箱的流程如下：

①检查确认硬币清点机、纸币清点机的模式为所需的模式。

②站务员向客运值班员报告钱箱的编号，以备核实。

③站务员打开钱箱，将硬币倒入点币机内清点，纸币钱箱由客运值班员取出清点（纸币找零钱箱清点前，客运值班员和站务员按面值进行清分，且必须正反面各清点一次）；客运值班员与站务员共同确认钱箱内无遗留纸硬币；站务员负责锁闭钱箱并放入已清点存放区域。

④站务员和客运值班员共同确认清点金额。若清点金额与显示金额不一致，则须进行二次清点，并按实际清点金额填记在自动售票机钱箱清点记录表中；当清点存在大额差异时，值班站长需到现场确认核实。

⑤使用铅笔在钱箱更换单据上画钩，以示清点（如有差异，记录实点金额）。

⑥清点中，对纸币清点机报警的钱必须取出并经人工鉴别真伪。

⑦全部清点完毕后，站务员和客运值班员按照补币所需金额清点出数袋次日需补充的硬币加封；纸币按 100 张捆扎加封以备次日补币所用。加封规范参照车站运作相关规定，且须注明加封内容、加封车站、加封人和加封日期。

⑧全部清点完毕后，值班站长需确认自动售检票系统车站计算机录入的数据与自动售票机钱箱清点记录表中记录的实点金额一致。

(二)票款收缴作业

车站的票款是车站现金的重要组成部分，应严格执行财务管理规定，严禁坐支票款，票款和备用金要分区管理。

车站票款主要有自动售票机售票收入、自动充值机储值票充值收入、票务处理机售票收入和临时售票亭售票收入等。对于车站的票款收入，要求每日运营结束后进行清点、登记、系统录入、封装和解行。

1. 票款封装

车站当日要解行的票款由值班员一人在监控仪的监控下清点，清点完毕由车站值班站长复核并确认金额后，由值班员填写现金缴款单，注明交款金额、企业账户等信息，与票款一起装入尾箱，并由两人共同加封尾箱。

2.票款解行

票款解行是指车站与银行之间的票款交接，即车站将票款收益存在银行专用账户中的过程。票款收入一般要求每日按时解行，不得在车站过夜保管，解行方式由各城市轨道交通运营企业视情况而定。

(1)解行方式

城市轨道交通运营企业的票款解行方式主要有直接解行和打包返纳两种。

直接解行是指由车站清点票款，并由车站人员送到银行，银行工作人员与缴款人员当面清点票款并当即返还现金送款单的结款方式。这种方式适合有驻站银行的车站。

打包返纳是指由银行或专门押运公司到车站收取票款，运送到银行，银行工作人员按规定清点票款后于次日返还现金送款单，最终确认金额的结款方式。这种方式适用于距离银行地理位置较远的城市轨道交通车站。

(2)解行时间

城市轨道交通运营企业应根据车站特点及银行服务时间确定解行时间，以保证车站能将票款尽可能多地存入银行，尽量减少在车站过夜的票款，降低车站收益保管风险。

(3)解行的操作程序

①车站两人在监控摄像头的有效范围内清点票款，按银行要求打包，填写现金缴款单和现金缴款明细单，将填写好的单据放入银行提供的专用箱内加封。

②核对押运公司职员的身份，确认无误后填写押运交接单，并与押运公司职员办理交接。

③将专用箱交给押运公司的职员。

④将现金缴款单上的交款金额填入车站营收日报。

⑤车站在收到银行回单后，将现金缴款单随报表上交票务部门。

第八章　城市轨道交通应急处理

第一节　城市轨道交通突发事件概述

一、突发事件的概念和分类

(一)突发事件的概念

突发事件是指突然发生的，造成或者可能造成人员伤亡、财产损失、环境破坏和重大社会影响的，危及安全的事件。它是指在人的理性范围内所无法完全预测且突如其来的事件；它是在事先没有明显预兆或者有一些预兆但难以完全预警的情况下突然发生，造成(或者可能造成)社会公众财产、公共健康甚至生命严重损害的各种自然或人为事件；它是在一定社会、历史及自然条件下，由特定因素诱发，超出通常时空和心理额度并难以控制的事件。

(二)城市轨道交通突发事件的分类

城市轨道交通突发事件大致可分为自然灾害、事故灾难、突发公共卫生事件和突发社会安全事件。

1. 自然灾害

自然灾害主要包括台风、暴雨、冰雹、沙尘暴等气象灾害，地震灾害，山体崩塌、滑坡等地质灾害，风暴潮、海啸等海洋灾害等。

2. 事故灾难

事故灾难主要包括重大交通运输事故，建设工程、公共场所发生的各类重大安全事故，造成重大影响和损失的供水、供电等事故以及通信、信息网络等安全事故，核与辐射事故，重大环境污染和生态破坏事故等。

3. 突发公共卫生事件

突发公共卫生事件主要包括突然发生、造成或可能造成社会公众健康严重损害的重大传染病疫情、群体性不明原因疾病，以及其他严重影响公众健康的事件，如霍乱、肺炭疽、传染性非典型肺炎、重大动物疫情等。

4. 突发社会安全事件

突发社会安全事件主要包括重大刑事案件、涉外突发事件、恐怖袭击事件和经济安全事件以及规模较大的群体性事件等。

当然，随着形势的发展变化，今后还会出现一些新情况，突发事件的类别和内容可能还会适当调整。

二、城市轨道交通突发事件的特点

城市轨道交通突发事件具有如下特点：突发性、危害性、不确定性、一定的人为性、应急处理的综合性与系统性。

（一）突发性

突发性是突发事件的首要特征，表现为突发事件的发生在事先没有较为明显的预兆或征兆，或者有一些预兆但难以完全预警，这一特征往往导致公众和政府部门在较短时间内无法及时地应对与处理，进而造成一定的财产损失和人员伤亡。突发事件是事物内在矛盾由量变到质变的飞跃过程，是通过一定的契机诱发的，而这个契机是偶然的。因此，突发事件发生的具体时间、实际规模、具体态势和影响深度，是难以完全预测的。

（二）危害性

不论什么性质和规模的突发事件，都必然会不同程度地给国家和人民群众造成政治、经济和精神上的破坏与损失。尽管突发事件可能导致原有矛盾的充分暴露，对社会进步起一定的促进作用，但是从突发事件导致的社会混乱、经济衰退、秩序失衡等后果方面分析，其负面影响要大于正面影响。一方面，其破坏了原有秩序，有可能导致原有秩序因没有采取有效的对策而无法恢复，或者无法承受打击而崩溃；另一方面，其导致社会的混乱，使人的心理产生恐惧，此外还造成巨大的经济损失。

（三）不确定性

多数突发事件具有未知性特征，使得人们在突发事件发生时难以全面了解事件发生的真正原因，进而影响到对突发事件发展的态势及结果做出正确分析和判断，从而加大了损失程度。如何处理突发事件的不确定性是研究突发事件的关键之一。突发事件中显示出来的重要因素是不确定性对人们行为的影响和针对不确定性采取对策的必要性。

（四）一定的人为性

多数突发事件发生的直接原因不是人为的，但人为因素却往往加剧或减轻突发事件所造成的损失与危害。

（五）应急处理的综合性与系统性

突发事件涉及面广，影响到社会生活的方方面面，可以用“牵一发而动全身”来形容，因而对突发事件应采用系统方法加以综合处理。在处理突发事件时，现场抢救、控制、转运、事件的调查和善后处理等涉及多系统、多部门，政策性强、时效性强，因而必须在政府的领导下系统地综合协调和处理。

三、城市轨道交通突发事件的主要因素

（一）人的因素

人的因素是导致城市轨道交通突发事件的重要原因。当突发事件发生时，人的因素对

于降低损失尤为重要。城市轨道交通运营系统中的人包括乘客和地铁工作人员，下面就分别从这两个方面对其风险进行分析。

1. 乘客因素

导致地铁突发事件的乘客因素如下。

（1）未遵守乘客守则

部分乘客无视地铁运营安全管理的要求，擅自携带易燃、易爆、有毒危险物品乘车，给地铁和广大乘客的安全带来了各种潜在的事故隐患。尤其是春节期间，携带烟花爆竹直接进入地铁，极易引起火灾爆炸事故。部分乘客在列车运行期间，有拉门、砸窗、跳车等危险行为。因此，乘客应该严格遵守地铁乘客守则，严禁携带危险物品进入地铁站。

（2）人为故意破坏

由于地铁的客流量大，空间封闭，疏散困难，少数敌对分子、恐怖组织或对社会不满的人，为造成轰动效应，选择在地铁内搞破坏。

（3）无应急技能

如果乘客平时缺乏应急技能以及心理素质的培养，将会加重突发事件的后果。乘客在平时乘坐地铁时要注意熟悉环境及地铁的消防设施和安全装置，灾害发生时，取出列车座位底下的灭火器进行灭火并积极配合地铁工作人员的指挥，采取有效自救措施，留意车上广播，在驾驶员的指引下，沉着冷静、紧张有序地通过车头或车尾疏散门进入隧道，往临近车站撤离。

2. 工作人员因素

地铁工作人员应该通过上岗前考核且最新考核为有效期内。工作人员如果缺乏安全意识的培养，缺乏对易燃易爆危险物品的识别能力和自身处理各类突发事件的能力，将会导致重大突发事件。突发事件发生时，工作人员应有条不紊紧急处理，驾驶员尽可能将列车开到前方车站处理，这样可以依靠车站的消防力量进行救灾。遇紧急情况，列车在隧道内无法运行且需要在隧道内疏散乘客时，控制中心及驾驶员应根据列车所在区间位置、火灾位置、风向等综合因素确定疏散方向，并迅速通知乘客，组织疏散。

（二）物的因素

城市轨道交通运营功能的实现，除了要依靠地铁车辆，还需要依靠地铁沿线设置的大量设备系统，主要包括供电系统、通信系统、信号系统、通风排烟系统以及其他辅助设备系统，这些设备在运营过程中都存在一定的风险。

1. 地铁供电系统

地铁供电系统一般由外部电源、主变电站、牵引供电系统和车站及区间动力照明供电系统、防雷接地系统等部分组成。地铁供电系统的主要危险是电气火灾和触电。

电气火灾的原因包括以下几点。当电路发生短路时，电流可能超过正常时的数十倍，致使电线、电器温度急剧上升，远远超过允许值，而且常伴有短路电弧发生，易造成火灾；线路、电动机、变压器超载运行均将导致其绝缘材料过热起火；导线接头连接不牢或焊接不良均会使接触电阻过高，导致接头过热起火。接触不良的电线接头、开关接点、滑触线等还会迸发火花，引燃周围易燃、易爆物质；电动机、变压器均配备有散热装置，如风叶、散热器等，如果风叶断裂、变压器油面下降均会导致散热不良，使电器热量累积起来。电缆沟内电缆过密，散热不良亦会引起火灾；照明、电热器具安置或使用不当，如灯泡过于靠近易燃物等均易引起火灾。

引起触电事故的主要原因，除了设备缺陷、设计不周等技术因素，大部分是违章作业，违章操作。

2. 地铁车辆系统

地铁车辆在运营时可能存在的危险因素包括：列车失控、轨道损伤或断裂、列车脱轨都可能造成严重的伤亡事故；地铁车门的安全标志不清，可能造成机械伤人事故，并且在事故发生后，不利于应急救援以及人员疏散；地铁列车内的座椅等材料的选择不当，易引起火灾，且产生有毒烟气，加重事故后果；地铁列车内的高压电器设备的安全防护措施不当，可能引起人员伤亡事故。

3. 地铁通风排烟系统

与地面建筑相比，地铁工程结构复杂、环境密闭、通道狭窄、连通地面的疏散口少、逃生路径长。发生火灾，不仅火势蔓延快，而且积聚的高温浓烟很难自然排除，并迅速在地铁隧道、车站内蔓延，给人员疏散和灭火抢险带来困难，严重威胁乘客、地铁职工和抢险救援人员的生命安全，这是造成地铁火灾人员伤亡的最大原因。因此，地铁的通风排烟系统是整个地铁安全运营中相当重要的设施。造成地铁中通风系统故障的原因有：在通风系统管理上的缺陷，妨碍了通风系统的正常工作（如有的风亭成了仓库，风亭进出口外侧盖商店和自行车管理室，把原可作为风道的行人出入口长期封闭起来等）。

4. 地铁给排水系统

地铁给排水系统在运行期间可能存在的危险因素包括：地铁中的排水系统设置不完善，污水乱排以及污水、垃圾排入地铁隧道等会影响地铁内环境卫生；给排水管道的防腐、绝缘效果不佳，发生渗漏现象等；隧道内排水系统不完善，隧道防水设计等级过低，导致涝灾或地表水侵入；地面车站的地坪高度低于洪水设防要求；地铁给排水管道及设备有被杂散电流腐蚀的危险；由于设计、施工、材料等方面的原因，混凝土结构本身往往会产生各种裂缝或密实度不够而导致地下水的漏入或渗入。

5. 地铁通信、信号系统

地铁专用通信系统是直接为地铁运营、管理服务的，是保证列车及乘客安全，列车快速、高效运行的一种不可缺少的信息传输系统。当发生异常情况时，通信系统应能迅速转变为应急通道，为防灾、救援和事故处理提供方便。因此，地铁通信应适应地铁运输效率、保证行车安全、提高现代化管理水平和满足传递语音、数据、图像和文字等各种信息的需要，做到系统可靠、功能合理、设备成熟、技术先进、经济实用。当通信系统的电源发生故障或通信设备本身发生故障等问题时，各种行车信息及控制信息不间断地可靠传输就得不到保证，从而引发事故。

信号系统是整个城市轨道交通自动控制系统中的重要部分，它保证列车和乘客的安全，实现快速、高密度、有序运行的功能。地铁信号系统应由行车指挥和列车运行控制设备组成，并应设必要的故障监测和报警设备。地铁信号设备通常由闭塞、联锁、行车指挥和列车运行控制等设备组成。闭塞、联锁及列车运行控制系统中的自动停车、列车超速防护等设备，直接维系着行车安全，一般定义为安全系统。而行车指挥和列车运行控制系统中的列车自动驾驶或无人驾驶系统一般不维系行车安全，定义为非安全系统。地铁信号系统的不完善或地铁信号系统设备故障，不能保证列车和乘客的安全，从而引发重大事故的发生。

6. 公用工程及辅助设施

地铁站台、站厅设施可能存在的危险因素包括：车站地面材料不防滑或防滑效果不明显，存在安全隐患，人员较多时，可能导致踩踏事件；地下车站站厅乘客疏散区、站台及疏散通道内及地铁中地下商业等公共场所存在发生火灾的危险，且会发生连锁火灾事故，不利于事故救援，使火灾事故范围扩大；地下车站站厅乘客疏散区、站台及疏散通道内有妨碍疏散的设施或堆放物品，不利于事故救援，造成人员拥挤，使事故后果加重；车站内建筑的装修材料选用不当，会发生火灾，且产生有毒烟气，加重事故后果；地下车站安全出口的设置不当，会造成人员拥挤，引发意外事故，且事故发生后，不利于事故救援和人员疏散，使事故范围扩大。

在地下车站站台边设置的全封闭式屏蔽门，可以保证乘客安全，降低空调系统运营能耗，对提高站内环境舒适度都有明显作用。屏蔽门/安全门的设置应适应各种运营模式的要求，正常运营时为乘客上下车通道，火灾事故时配合地铁运营模式要求为乘客提供疏散通道。地铁在运营过程中屏蔽门可能存在的危险因素如下：由于地铁车门的安全标志不清，造成机械伤人事故，并且在事故发生后，不利于事故救援和人员疏散；如果地铁采用三轨受电方式，站台仍存在电位层，站台边 2 m 宽度范围内需做绝缘层；屏蔽门/安全门与轨道连接，使屏蔽门/安全门与轨道等电位连接。因此在地铁屏蔽门处由于绝缘和接地的问题，可能发生人员触电事故。

(三)环境因素

1. 自然环境

城市轨道交通在运营期间可能发生台风、洪涝水淹、地震等自然灾害，这些灾害将对城市轨道交通运营造成影响，而且自然灾害还会引发次生灾害从而造成更大的危险。

(1)台风

根据对国内外地铁事故的分析，台风对地铁上面的建筑物有一定的影响，并且其破坏程度较高。

(2)水灾

地铁车站和隧道大都处于地面标高以下，一方面受到洪涝灾害积水回灌危害，另一方面受到岩土介质中地下水渗透浸泡危害。地下水或地表水进入地铁车站和隧道，可以使装修材料霉变，电气线路、通信元件受潮浸水损坏失灵，造成事故。

(3)地震

地铁车站和隧道包围在围岩介质中，地震发生时地下构筑物随围岩一起运动，与地面结构不同，围岩介质的嵌固改变了地下构筑物的动力特征。

(4)地质条件

如果地铁的某些区域内软弱地层类型多,分布不稳定,横向变化特别大,且规律性不强,将难以进行层位判别与对比,局部地段受构造影响,存在不良地质异常体和软弱夹层,这些问题必须在地铁运营中予以重视,考虑防范措施。

(5)雷电

应该根据地铁所在地的气象资料,对其雷电防护设备设施进行检查,并制定相应的安全对策措施。

2. 社会环境

任何灾难的发生都不是孤立的偶然事件,它是在各种内在的或外在的因素共同作用下发生的。因此,防止突发事件必须进行综合整治。日益激烈的社会竞争使生活空间变得越来越拥挤,促使部分人产生悲观厌世的心理。近年来,地铁已经成为某些自杀者的首选场所,更有甚者在失望之余产生报复社会的心理,在地铁内制造灾难事故。国际上,在地铁内已发生多起恐怖主义炸弹袭击事件。

(四)管理因素

如果管理上存在缺陷,同样会导致突发事件的发生。目前,从保障城市轨道交通安全运营的实际情况来看,地铁运营安全管理机构职责和安全投入是确保城市轨道交通运营安全的重要管理手段。

1. 管理机构职责

为了保持地铁系统长期正常运行,必须设立专门的安全管理机构,配备足够的专兼职安全管理人员,明确规定他们各自的职责,并且管理人员只有在经过相应的安全培训后才能持证上岗。规范、完备的安全管理制度是实现地铁运营安全的基础。为方便乘客,地铁从早上一直运行到晚上,工作人员白天管理力度较强,而早晚管理力度相对较弱,都容易发生事故。安全教育是安全管理中的一项重要工作。就我国现状而言,亟待加快对乘客进行地铁安全教育工作的步伐。应深入宣传“地铁安全,人人有责”的观念,努力提高乘客的安全防范和自救知识的水平。

2. 安全投入

地铁运营公司应该具备安全生产条件,并保障相应的资金投入。每年投入相当数量的安全专项资金,安排用于配备劳动防护用品及进行安全生产培训的经费,加强和强化安全意识,依法参加工伤保险,为从业人员缴纳保险费,从而最大限度地减少事故损失。

第二节　城市轨道交通应急管理

一、应急管理的内涵

从安全学的角度看,应急是指为避免事故发生或减轻事故后果及其影响而需立即采取超出正常工作程序的行动，其关键在于协调系统中的各个组织或者机构。应急管理的目的是将突发事件对人员伤亡、财产损失、环境影响以及其他影响降低至最低程度。上述四个方面的排列顺序，也就是应急管理的优先顺序。正因为环境影响和其他影响在应急管理中也同样比较重要，所以在现代社会应该提倡可持续应急管理，即在突发事件应急管理中不得以破坏环境或造成其他不良影响为代价。

应急管理是一个动态的过程，包括预防、预备、响应和恢复四个阶段。尽管在实际情况中，这些阶段往往有重叠，但它们中的每一阶段都有自己单独的目标，而且每一阶段又是构筑在前一阶段的基础之上的。因此，预防、预备、响应和恢复的相互关联，构成了应急管理的循环过程。

预防就是从应急管理的角度，防止紧急事件或事故发生，避免应急行动。如制定安全法律、法规、安全规划，强化安全管理措施、安全技术标准和规范，对员工、管理者及社区进行应急宣传与教育等。

预备又称准备，是在应急发生前进行的工作，主要是为了建立应急能力。它把目标集中在发展应急操作计划及系统上。

响应又称反应，是在事故发生之前以及事故期间和事故后立即采取的行动。响应的目的，是通过发挥预警、疏散、搜寻和营救以及提供避难所和医疗服务等紧急事务功能，使人员伤亡、财产损失、环境破坏以及其他影响减少到最小。

恢复工作应在事故发生后立即进行，它首先使事故影响地区恢复最起码的服务，使社区恢复到正常状态。要求立即开展的恢复工作包括事故损失评估、清理废墟、食品供应、提供避难所和其他装备，长期恢复工作包括厂区重建和社区的再发展以及实施安全减灾计划。

预备、响应和短期恢复工作，要求在政府部门和企业间协调和决策时具备熟练的战术，以便应对事故情况下的应急行动。长期恢复和减灾，则要求在计划、政策设计和采取降低风险行动以及控制潜在事故的影响方面，具有战略性的行动。在应急行动产生之前，预防和预备阶段可持续几年、几十年甚至几百年。然而，如果应急发生，则导致随之的恢复阶段，新的应急管理又以预防工作开始。

应急管理和危机管理存在相同之处，即两者通常都按照其循环周期划分为预防、预备、响应和恢复四个阶段，但两者管理的对象不同。应急管理的对象是事故或者事件，危机管理的对象是危机。由于管理对象的性质不同，因此管理的方式、方法和意义也有所不同。危机管理可以说是应急管理的最高级阶段。风险管理的范围比危机管理和应急管理的范围更广，包括所有危机管理和应急管理的全过程。

二、城市轨道交通应急能力

城市轨道交通应急能力是衡量一个城市轨道交通安全发展能力高低的重要因素。高水平的应急能够有效地减轻城市轨道交通突发事件的损失，保证城市的可持续发展；由于各种因素所造成的应急能力上的不足，则会扩大城市灾害的影响，增加灾害损失。在未来的城市化进程中，一个缺乏地铁应急能力或者说这种能力很弱的城市，是无法跻身发达城市行列的，有时甚至会遭受突发事件的致命性打击，甚至消亡。人类现在虽然掌握了比过去更为发达的科技手段，具备了更强大的经济实力，但也不敢说已完全能够摆脱一个城市被巨灾吞灭的命运。在推进城市化的进程中，所有城市轨道交通都应提高应急管理这方面的能力。

城市轨道交通应急能力是随着应急制度的建立和应急事业的发展而提出的。从解决城市地铁运营能力与突发事件损失同步增长这一难题的角度看，城市轨道交通突发事件应急能力在很大程度上取决于该城市轨道交通的风险状况以及突发事件发生后公众、体制与技术的能力。城市轨道交通应急能力是指重大突发事件发生后，与城市轨道交通相关的组织、人力、科技和资源等要素所表现出的敏感性，从而最终能够减少人员伤亡、财产损失、环境破坏以及尽快恢复正常运营状态的能力；它是与城市轨道交通运营相关的自然要素与社会要素、硬件设施与软件环境、人力资源和体制资源、工程能力与组织能力等多方面因素所表现出来的绩效。城市轨道交通应急能力能否提高取决于该城市的政府、地铁运营公司和公众是否对灾害约束与发展需求之间的关系有正确认识和决策。

城市轨道交通突发事件应急能力既是涵盖自然要素与社会要素、硬件条件与软件、人力资源与体制资源、工程能力与组织能力等多方面要素的复合概念，又是现代城市可持续发展能力的重要体现。城市轨道交通应急能力取决于以下方面。

(一)建立应急管理机构

通过立法，建立统一协调的专门应急机构，对地铁突发事件应急处理进行统一领导和指挥，这可以说是重中之重。强化应急指挥系统，明确职责，及时了解全面的信息并对信息做出科学决策。在整合资源的问题上，政府始终要发挥主导作用，形成应急的合力。

在遇到重大灾情时，能及时、准确地进行预报，并提出相应防范措施。立即争取上级及各方面的帮助(包括人力、物资等)，同时采取相应的紧急措施。请有关方面专家出面提出合理措施，并迅速通过媒体及单位、社区、街道传达，帮助市民进行应急。

要切实加强突发事件的应变及防范工作，特别是对城市轨道交通发生的爆炸、人员骚乱、恐怖袭击、投毒及其他破坏活动，要能立即进行及时、果断、强有力的处理，将损失减到最小。

(二)完善应急资源

1. 资金投入

在资金的投入上，应该探索市场经济运行条件下城市轨道交通应急管理的运行机制。各级政府对地铁运营公司在这方面的投入应做出强制性的要求和规定。在地铁建设中，要按照国家要求，把防灾减灾纳入工程设计，将所需资金纳入概算预算，用制度和法规保证地铁防灾减灾工程的投入到位。同时，大力发展防灾减灾方面的科学技术研究，把科技减灾纳入城市轨道交通发展规划，并设立专项基金，给予经济上的支持。

2. 物资准备

应对地铁各种突发性事件(如应对生物生化的恐怖破坏、应对电子信息系统的破坏、控制恶性流行性疾病等),除了要有应急预案和相应的救援体系,还要做好必要的物资准备,做到有备无患。另外,还要扩建救灾物资储备网络,储备必要物资,在目前现有的物资储备仓库基础上,适当增加储备物资总量和品种。

3.救援力量

第一,要创造条件,组建地铁专业救援队伍,并使其具有一定的机动能力,做到随时都可以应战。有救援需求,就有救援市场。现在市场上已经有计算机和汽车的专业救援服务机构。政策应加以引导和扶持,吸引民间资本建立专业的应急救援服务企业,开拓地铁应急救援服务市场。第二,以城市社区为依托,通过培训,组成具有一定自救、互救知识和技能的社区志愿者队伍。第三,国内还较少有民间组织与国际性专业组织和国际性志愿者组织接轨,应当尽快改变这种局面。

4.保险理赔

灾害保险是应急资源的最后一道屏障,各级政府应该在自觉担当起防灾减灾投入主体责任的同时,发展地铁灾害保险事业,扩大应急管理能力。应该借鉴国际通行做法,抓紧设立巨灾保险基金,建立巨灾保障制度。在国家政策的支持下,商业保险公司应该在不谋求盈利的前提下科学地承保和理赔。与此同时,也不应该排斥社会力量、慈善机构的介入。

(三)培训演练

1.制订应急预案

为了及时应对地铁突发事件,如应对生化恐怖破坏、控制恶性流行性疾病等,制订城市轨道交通应急预案至关重要。有关部门应当按照分类指导、快速反应的要求,制订应急预案,并报请批准。应急预案应当包括应急指挥部的组成和相关部门的职责、信息报告与通报、突发事件的分级以及应急方案和应急储备等主要内容。此外,还要规定应急预案的启动程序。

2.加强教育培训

城市轨道交通重大灾害是对政府以及地铁运营公司的考验,也是对我们整个社会和城市居民的考验。政府采取一系列的应急措施之后,必须有全民的配合与动员,才能形成真正有效的社会应急管理机制,使突发事件得到有效控制。因此,必须对市民进行安全教育,通过各种媒体普及救灾和自救知识,增强抗灾意识,并开展防御知识和技术的培训工作,真正全面提高人民群众的危机意识和防范意识,提高民众的识别能力和应变处理能力。

3.加强实战演练

要从城市社区抓起,建立多层次的城市轨道交通应急救援体系,结合应急管理特点,要从开展应急预案演练等方面狠下功夫。要加强应急预案研究,特别要重视战备与人防要素,按照指挥一元化、管理智能化、信息图文化、决策有序化实施综合安全减灾,以提高处理突发事件的能力。

(四)信息发布

1.提供真实可靠的公共信息是政府和媒体的社会责任

信息发布就是从谣言中筛选出事实,并向公众报告。应该转变传统观念,健全信息渠道,建立严格的汇报制度,并重视民众的知情权,及时有效地发布主流信息,让民众第一时间掌握事态真相。

2.要发挥新闻媒体的宣传引导作用

城市轨道交通发生突发事件,公众最希望知道其严重到什么程度,怎么预防。而目前来看,很多时候都是市民采取自救的办法,结果导致一系列问题出现。应该在法律范围内全面开放新闻媒体,开设专门频道,全天候实时直播,引导民众,安定民心,以防出现因为信息闭塞导致进一步的失控和无谓的恐慌。

(五)合作协调

1.国内协作

突发事件的应对,是一个复杂的系统工程。除了组织抢救、实施各种果断措施,还必须统筹全局,考虑到人民群众的安危、社会的稳定、经济的发展、市场的供给、知识的普及、科学的研究等。各部门要顾全大局,通力合作。协调全局的观念在任何时候都很重要,在处理地铁突发事件时尤为重要。

2.国际协作

在应对地铁重大灾害时,除了在国内进行合作与协调,还要进行国际交流与合作。国际合作可以吸收并聚集人类克服灾害的最高智慧和能力。处理突发事件应有开放的胸怀,应该鼓励、支持开展突发事件监测、预警、应急处理有关技术的国际交流与合作,实现信息资源共享,必要时可以主动寻求国际援助。

(六)法律强制

1.有法可依

必须尽快开展地铁应急的立法研究,将应急管理纳入法治化轨道,促使我国城市轨道交通应急管理机制的完善。应当在总结国外立法经验的基础上,在相关法规中明确规定城市轨道交通应急管理机制,制定统一的应急法律,规定统一的应急机构。只有这样,才能贯彻法治原则,真正保障公民的权利不受侵犯。

2.执法必严

法律不能只停留在表面上;要知道法律制定得再好、再细,如果不加以切实贯彻执行,只能变成一纸空文,同时,也有损法律的权威性和严肃性。

3.违法必究

城市轨道交通应急处理工作具有艰巨性、复杂性,要保证各项法律制度得到贯彻落实,实行合理的责任追究制度是关键之一。要通过公正严格的司法程序,惩处相关责任人,以消除民愤。城市轨道交通应急是为市民服务、改变政府自身形象和重建社会公信力的机会,所奉行的最高原则只能是生命至上、人民至上。

4.防患于未然

法律颁布的本意不是以惩处为目的。出了重大安全事故,追究责任固然必要,但也不是治本的办法。与其事后追究,不如事前防范,防范的关键就在于依法办事,建立高效灵活的城市轨道交通应急管理机制,建立行之有效的奖惩措施和监督约束手段。

三、城市轨道交通应急管理

(一)管理体制

城市轨道交通应急管理应当遵循预防为主、常备不懈的方针,应当贯彻统一领导、分级负责、反应及时、措施果断、依靠科学、加强合作的原则。我们应当根据城市轨道交通应急管理的总体发展目标,综合运用工程技术及法律、经济、教育等手段,全面提高城市轨道交通应急能力。在全球化的背景下,我们应该着眼于解决应急处理中存在的信息渠道不畅、信息统计不准、应急反应不快、应急准备不足等问题,建立统一、高效、有权威的城市轨道交通应急管理机制。为今后及时有效地处理突发事件,应建立起一整套较为完整的,指挥有力、准备充分、信息畅通、反应快捷、责任明确的地铁应急管理机制,使之与世界接轨。

所谓突发事件应急管理机制,是指针对突发事件而建立的国家统一领导、综合协调、分类管理、分级负责、属地为主的应急管理体制,是一套集预防与应急准备、监测与预警、应急处置与救援等于一体的应急体系和工作机制,它包括信息披露机制、应急决策机制、处理协调机制、善后处理机制等。

突发事件应急管理实行预防与应急并重、常态与非常态结合的原则,建立统一高效的应急信息平台,建设精干实用的专业应急救援队伍,健全应急预案体系,完善应急管理法律法规,加强应急管理宣传教育,提高公众参与和自救能力,实现社会预警、社会动员、快速反应、应急处置的整体联动,完善安全生产体制机制、法律法规和政策措施,尽量消除重大突发事件风险隐患,最大限度地减轻重大突发事件的影响。

1.应急管理体制的特点

应急管理体制是经过应急管理实践检验的,并证明是行之有效、较为固定的方法。任何组织的工作机制,不因组织负责人的变动而随意变动,而单纯的工作方式、方法是以根据个人主观意识而改变的。

应急管理体制本身含有制度因素,并且要求所有相关人员严格遵守,而单纯的工作方式、方法往往体现为个人做事的一种偏好或经验。例如,监督机制不仅指人人必须遵守的制度,而且应该包括各种监督的手段和方法。

应急管理体制是比一般制度更具有刚性的制度。制度虽然要求所有人都应当遵守,但它仍保留有一定的自由裁量空间,或者说,制度在执行过程中具有一定弹性。但是,应急管理体制则是一种强制性的制度。

应急管理体制是在各种方式方法基础上总结和提炼出来的，并经过加工使之系统化、科学化的方法。而单纯的工作方式方法则因人而异，并不要求上升到理论高度。

应急管理体制一般是依靠多种方式方法共同作用来运作的，而一般方式方法可以是单一起作用的。例如，建立起各种工作机制的同时，还应有相应的激励机制、动力机制、制衡机制和监督机制来保证工作的落实、推动、纠错、评价等。

2. 应急管理体制构成要素

(1)机构设置

建立健全的机构设置可以使政府各部门发展均衡，增强个别应急职能机构自身的功能，减少机构建设条块分割，降低对政府本身的依赖。

(2)法制建设

建立起独立的、综合性的应急管理法规标准体系。制定应对各种突发事件或者紧急突发事件的配套法规。

(3)技术支撑

应急管理的技术支撑体系是应急管理者做出决策的依据来源，同时也是能够顺利实现应急响应联动的保障。根据应急管理所需发挥的职能，应急管理的技术支撑体系主要包括信息化的应急联动响应系统、应急过程中的事态检测系统、事故后果预测与模拟系统和应急响应专家系统。

(4)预案体系

应急管理体制预案是针对各种突发事件类型而事先制订的一套能迅速、有效、有序解决问题的行动计划或方案，旨在使得政府应急管理更为程序化、制度化，做到有法可依、有据可查。它是在辨识和评估潜在的重大危险、事故类型、发生的可能性、发生过程、事故后果及影响严重程度的基础上，对应急管理机构与职责、人员、技术、装备、设施(备)、物资、救援行动及其指挥与协调等方面预先做出的具体安排。

(5)评估体系

突发事件应对工作实行预防与应急相结合的原则。国家建立重大突发事件风险评估体系，对可能发生的突发事件进行综合性评估，采取有效措施，减少重大突发事件的发生，最大限度地减轻重大突发事件的影响。

(6)运行程序

国家应急管理机构应设立应急指挥中心。各个应急指挥中心都应设有固定的办公场所，为应急工作所涉及的各个部门和单位设立固定的职位，配备相应的办公、通信设施。一旦发生突发事件或进入紧急状态，各有关方面代表迅速集中到应急指挥中心，进入各自的代表席位，进入工作状态。应急指挥中心根据应急工作的需要，实行集中统一指挥协调，联合办公，以确保应急工作反应敏捷、运行高效。

(7)资金保障

各级财政部门应该设立一定额度的应急准备金，专门用于突发事件的应急支出。同时，我国政府部门还应设立日常应急管理费用，专门处理突发事件应急管理机制的日常保障运行，并且为建立网络信息维护系统、应急预案等提供经费保障。同时，各级财政部门在一段时间内应该对突发事件财政应急保障资金使用情况进行定期审核。

(8)安全教育

为了保持地铁系统长周期的正常运行，要求设立专门的安全管理机构，配备足够的专、兼职安全管理人员，明确规定他们各自的职责，并且管理人员只有在经过相应的安全培训后才能持证上岗。规范、完备的安全管理制度是实现地铁运营安全的基础。为方便乘客，地铁从早上一直运行到晚上，工作人员白天管理力度较强，而早晚管理力度相对较弱，都容易发生事故。安全教育是安全管理中的一项重要工作。

(二)应急支援与装备保障

1. 救援装备保障

有地铁运营的城市人民政府负责地铁应急装备的保障。领导小组负责指导、监督地铁应急装备保障工作。

2. 应急队伍保障

领导小组和国务院有关部门、军队、武警根据本预案规定的职责分工，做好应急支援力量准备。地方人民政府建立并完善以消防部队为骨干的应急队伍。

3. 交通运输保障

发生事故灾难后，事发地人民政府有关部门负责对事发现场和相关区域进行交通管制，根据需要开设应急特别通道，确保救灾物资、器材和人员运送及时到位，满足应急处置需要。

4. 治安秩序保障

应急响应时，事发地公安机关负责事故灾难现场的治安秩序保障工作。

5. 物资保障

省级人民政府和城市人民政府及其有关部门，应建立应急设备、救治药物和医疗器械等储备制度。领导小组根据实际情况，负责监督应急物资的储备情况。中华人民共和国国家发展和改革委员会、中华人民共和国商务部协调有关省级人民政府跨地区的物资调用。

6. 社会动员保障

事发地人民政府根据需要动员和组织社会力量参与地铁事故灾难的应急。领导小组协调事发地以外的社会力量参与救援。

7. 紧急避难场所保障

城市人民政府负责规划与建设能够基本满足事故灾难发生时人员避难需要的场所。

8. 应急保障的衔接

省级、市级的应急保障按国家有关法律、法规、标准的规定及各自批准的应急预案进行。

应急保障应为各自所需的应急响应能力提供保证,并保证各级响应的相互衔接与协调。

第三节　城市轨道交通应急设备及突发事件的处理

一、城市轨道交通应急设备

城市轨道交通系统的地铁列车是在封闭状态下运营的大型载客交通工具,因设备故障、技术行为、人为破坏、不可抗力等原因,均可能会发生突发事故。为能保证紧急情况下乘客的人身安全,在列车和车站都安装有相应的应急设备,当出现紧急情况时,乘客可以通过应急设备进行报警或自救。

(一)列车应急设备

一般情况下,地铁列车上应配备的应急设备包括紧急报警器、紧急开门装置、灭火器、逃生装置。

列车的每节车厢至少要安装两个紧急报警器。当车厢内发生意外事件、火灾等紧急情况时,乘客可以立即使用该装置通知列车驾驶员,以便列车驾驶员及时采取相关措施进行处理。

在列车的每个车门上都安装紧急开门装置,其主要作用是列车在故障或紧急情况下,需要人工开门时使用。

灭火器也是为预防列车发生火灾情况配备的应急设备。每节车厢一般配两个 6kg 的灭火器。当列车发生火灾初期,乘客除通过车厢内的紧急报警按钮或紧急对讲器通知列车驾驶员外,还可以用列车配备的灭火器灭火自救,尽量将火势控制、扑灭。

逃生装置一般安装在列车两端的驾驶员室。如果该城市的轨道交通系统采取疏散平台方式进行疏散,列车的逃生装置则为客室门。列车逃生装置一般在发生紧急情况下,必须通过人工疏散时才使用。

(二)车站应急设备

车站的应急设备分为火灾紧急报警器、自动扶梯紧停装置、紧急停车按钮、屏蔽门紧急开关四类。其安装位置和数量均根据不同的城市轨道交通系统建设的要求而有所不同,但各类应急设备启用时机相同,就是必须在发生危及列车行车安全或危及人身安全的紧急情况下使用。

二、突发事件的应急处理

(一)各类突发事故信息的报告原则

(1)迅速、准确、客观的原则。

(2)逐级报告的原则。事故发生在区间时,列车驾驶员应立即报告行车调度。

在车站内或车场内时，车站值班站长或车场调度员应立即报告行车调度。火灾应急处理发生人员伤亡、火灾、爆炸、毒气袭击、聚众闹事、劫持人质及其他恐怖活动等事故，需要报告 119、120 或报警服务台时，由现场负责人或目击者在第一时间直接报告；如果无法直接报告，则应以尽快报告的原则，向就近的车站或控制中心或上级报告，再报告 119、120 或 110。

(二)大面积停电的应急处理

(1)地铁线路发生停电事故时，应沉着镇静，稳定乘客情绪、维持秩序，尽力保证乘客安全。控制中心根据停电影响情况，组织抢修抢险，发布列车停运、急救和车站关闭命令，并及时将灾情向上级报告。

(2)车站工作人员应加强检查紧急照明的启动情况，巡查各部位如升降电梯中是否有人员被困等，根据控制中心命令清站和关闭车站。

列车驾驶员负责维持列车进站停车后，组织车上乘客向车站疏散。如果列车在区间停车，则利用列车广播安抚乘客，要求乘客不擅自操作车上设备，并立即报告行车调度，按行车调度指令操作。

(三)火灾的应急处理

1. 车站发生火灾时的处理措施

(1)车站立即向乘客广播发生火灾情况，暂停列车服务，并指引车站乘客有序地进行疏散，撤离车站。同时，向控制中心报告，视火灾情况报 119 和 120。

(2)组织人员进行灭火和关闭车站的各类电梯，救助受伤的乘客。

(3)列车驾驶员接到车站火灾通知后，听从行车调度指挥，并通过列车做好乘客广播。

(4)控制中心接报后，立即执行列车火灾应急程序，扣住列车不能进入火灾车站，保持与驾驶员和车站的联系，并视情况报 119 和 120。

2. 列车在站台发生火灾时的处理措施

(1)驾驶员开启客室门、屏蔽门并通过列车广播安抚乘客，引导乘客疏散和使用列车的灭火器进行灭火自救，确认火灾位置并向车站和控制中心报告。

(2)车站接报后，立即广播通知乘客列车发生火灾情况，暂停列车服务。同时组织人员进行灭火和引导乘客有序进行疏散，并视火灾情况报 119 和 120。

(3)控制中心接报后，立即执行列车火灾应急程序，控制好列车间的距离，保持与驾驶员和车站的联系，并视情况报 119 和 120。

3. 列车在区间(隧道)发生火灾时的处理措施

(1)驾驶员保持列车运行至前方车站后，开门疏散乘客。在运行途中通过列车广播安抚乘客，引导乘客使用车厢内的灭火器进行灭火自救，并确认火灾位置向车站和控制中心报告。

(2)如列车在区间(隧道)不能运行，则应打开列车的逃生装置，引导乘客有序地往就近车站方向疏散。

(3)车站接报后，立即广播通知乘客，引导乘客进行紧急疏散，并安排人员前往事故列车接应驾驶员，组织乘客进行疏散。

控制中心接报后，立即执行列车火灾应急程序，控制好列车间的距离，保持与驾驶员和车站的联系，并视情况报119和120。

(四)特殊气象的应急处理

1.特殊气象应急预案分类

根据特殊气象对城市轨道交通运营的影响，特殊气象应急预案包含台风、雷雨大风(含龙卷风)应急预案，暴雨应急预案，高温应急预案，大雾、灰霾应急预案，冰雹、道路结冰应急预案和寒冷应急预案六种情况。

2.特殊气象应急预案启动原则

以当地气象台发布的气象预警信号为准。当当地某区域气象台发布相应的台风和雷雨大风、暴雨、高温、大雾和灰霾、冰雹和道路结冰及寒冷气象预警信号后，由责任控制中心在受影响的线路范围内启动相应的特殊气象应急预案。

3.相应的特殊气象应急预案的解除原则

满足以下两个条件，责任控制中心可解除相应的特殊气象灾害应急预案，并向下令启动预案的领导汇报：

(1)当地某区域气象台解除相应的台风和雷雨大风、暴雨、高温、大雾和灰霾、冰雹和道路结冰及寒冷气象预警信号后；

(2)控制中心确认受相应的特殊气象影响的设备已全部恢复正常。

4.停止某线路段运营的启动及解除程序

启动程序：当需要停止某线路段运营时，控制中心OCC向运营公司总经理汇报，总经理下令启动。因特殊情况联系不上时，分别依次由运营分管安全、行车组织的副总经理下令启动。

解除程序：当达到恢复某线路段运营条件时，控制中心OCC向运营公司总经理汇报，总经理下令恢复。因特殊情况联系不上时，分别依次由运营分管安全、行车组织的副总经理下令解除。

恢复因台风、雷雨大风(含龙卷风)造成高架或地面路段停运的行车条件：接获气象台取消橙色信号及在过去1h监测到的最高风速低于74 km/h(8级)。恢复高架段行车的程序：首先，组织客车或工程车限速25 km/h进行线路检查；然后，安排专业维修人员跟车检查相关设备设施，确认具备条件后，恢复正常运营服务。

5.特殊气象发生险情的应急处理原则

(1)抓住主要矛盾，先全面，后局部；先救人，后救物；先抢救通信、供电等要害部位，后抢救一般设施。

(2)根据需要，各部门积极合理地调动人力、物力投入抢险，在确保安全的情况下，尽快开通线路，恢复运营。

(3)发生灾害时，应迅速准确地报告事故情况，确保信息渠道畅通。

(4)各部门、员工均应采取有效措施控制事态、减少损失，防止次生灾害的发生。

(5)贯彻抢险与运营并重、地铁运输与公交运输系统统筹兼顾的工作方针，在积极稳妥地处理事故的同时，按照总部相关规定最大限度地维持地铁运营或尽快恢复地铁运营。

(五)正线车辆脱轨的应急处理

(1)确定脱轨后，控制中心立即扣停开往受影响区域的列车，对已进入该区间的列车，组织其退回始发车站。

(2)控制中心通知电力调度做好关闭脱轨区段的牵引电流和挂接地线的准备。

(3)通知相关线路的车辆控制中心派出救援队起复车辆，启动应急公交接驳预案。

(4)控制中心、驾驶员和车站组织乘客疏散。确认具备停电条件后，控制中心组织停电。

(5)如在隧道内脱轨，控制中心组织隧道送风。

(6)组织好抢修期间的客车降级运营工作(小交路运营)。

(7)维修调度在接到车辆脱轨事故的明确报告后，应立即组织车辆抢险队前往事故现场，车辆抢险队员接到车场控制中心 OCC 维修调度命令时须在 10 min 内出发前往事故现场。

(8)第一个赶往事故现场的车辆员工，自动成为车辆事故现场抢险指挥负责人，负责现场抢险工作并将所观察到的情况反馈回事发分部车场控制中心 OCC，使 OCC 能够及时获得现场情况，做出有利于抢险工作的人员和设备安排；当车辆抢险指挥小组成员赶到后，现场抢险指挥向车辆抢险指挥小组成员汇报现场情况，并将指挥权移交。

(9)恢复后，必须执行以下的工作：第一，确认接地线拆除和线路出清后，通知电力调度送电，做好恢复正常运营的准备工作；第二，组织一列客车清客或工程车前往救援，连挂脱轨列车限速运行进入就近的存车线，待运营结束后再安排事故列车回场检修。

(10)组织备用客车上线服务。

(六)大客流应急处理

1. 启动条件

当地铁周边环境影响或因设备故障导致设备能力不足等不可预见的情况造成突发性进、出站客流增大，超过车站设备承受能力。

2. 现场应急处理

车站发生突发性大客流时，由站长或值班站长负责现场客运组织，安排、监督各岗位的职责实施情况。①根据三级客流控制的原则，站长或值班站长在车站出入口、入闸机组、站厅与站台的楼梯、扶梯处进行客流控制。②站长或值班站长及时了解产生突发客流的原因、规模及可能持续时间,合理安排岗位。③车站行车值班员及时播放相应的广播疏导乘客。④值班站长及时组织人员维持购票秩序,增设兑零点,对乘客做好疏导、服务工作。⑤票亭减缓兑零速度。⑥行车值班员监控 15 min 进站客流变化。如车站现有人员无法应对突发性大客流时,值班站长组织驻站人员参与客流控制,同时安排行车值班员通知公安部门协助,报告行车调度请求支援。⑦出现特大客流时,车站应立即请示控制中心,要求调派列车直达特大客流车站进行增援。⑧站台拥挤时,值班站长立即安排其他岗位员工或支援人员到站台维持候车秩序,对站厅与站台的楼梯、扶梯处进行第一级客流控制,先让下车乘客出站,再放坐车的乘客进入站台,控制进站的乘客人数。行车值班员及站台员工利用广播提醒乘客注意安全,同时加强对站台乘客候车动态及站台屏蔽门工作状态的监控。⑨若因设备故障,造成列车晚点,车站乘客拥挤时,车站值班站长安排行车值班员及时通知公安部门协助,安排巡视岗、客运值班员在出入口、票亭及进闸机前摆放立柱告示,告知购票进闸的乘客客车延误信息。同时做好退票和公交接驳的准备工作。⑩由于特殊气象(如暴雨)导致突发性大客流时,车站值班站长及时安排员工做好滞留乘客的疏散。

需调整本站员工工作岗位或工作内容时,由站长、值班站长根据现场情况组织安排;需抽调其他车站临时支援人员时,由站长、值班站长报车务部门生产管理人员,由车务部门生产管理人员协调人员配置。

3. 结束条件

车站客流有效缓解,恢复正常,站长或值班站长宣布结束预案的实施,各岗位员工恢复正常工作,临时支援人员在现场指挥的安排下回原车站、原岗位。

(七)隧道疏散的应急处理

1. 驾驶员的应急处理

(1)列车停车后,应立即播放广播安抚乘客,提醒乘客保持镇定,切勿打开车门跳下轨道,并将列车位置(区间、百米标、上下行正线)及现场情况报告控制中心,或设法联系就近车站。

(2)接到行车调度通知疏散后,确认疏散方向,并做好疏散准备。

(3)待车站工作人员到达后,打开每列车疏散平台侧疏散方向的第一、二个车门,组织乘客从该车门下车,通过疏散平台疏散到就近车站。

(4)广播引导乘客疏散,并协助车站工作人员维持疏散的秩序。

2. 控制中心的应急处理

(1)控制中心接报信息,确认需进行乘客疏散后,按向就近车站疏散的原则组织乘客疏散。

(2)通知就近车站安排人员进入区间组织乘客疏散。

(3)通知邻线列车在疏散区间限速运行,并注意瞭望和鸣笛。

(4)按规定开启区间照明和隧道通风系统。

3. 车站的应急处理

(1)接到行车调度要组织列车区间疏散的命令后，确认疏散方向。

(2)按规定穿戴好防护用品，得到行车调度同意后，值班站长带领人员进入区间。

(3)车站工作人员到达现场后，安排人员在列车头部及尾部引导，在正线与入段线连接处、联络通道、疏散平台断开处等关键地点安排人员引导乘客。

(4)通知驾驶员在疏散平台侧，打开每列车疏散方向的第一、二个车门，组织乘客从该车门下车，通过疏散平台疏散到就近车站。

(八)列车故障救援

(1)出现列车故障时，及时组织备用车上线调整运行。

(2)若故障车在车站内，故障车在清客后再与救援列车连挂；若故障车在区间，故障车与救援列车连挂后运行到前方车站清客。

(3)列车发生故障时，行车调度视情况及时扣停后续第二列或第三列客车在就近设有辅助线的车站内，并做好小交路运营的准备。

(4)发生客车故障救援时，运营遵循有限度列车服务的原则，列车的运行间隔由行调组织调整，在中间站折返至上行线或下行线时，若客车采用站前折返，需在折返站的前一站清客；若采用站后折返，则在折返站本站清客，行车调度必须按要求及时通知本线和另一线车站相关的运营信息。必要时，另一线路行车调度应采取有效措施配合、协助故障线路的行车调度进行救援。

(5)在故障明确，可以进行准确判断后，调度应严格遵循行车组织方案组织。若在各项前提条件不满足，或故障不明确时，应采取机动灵活的措施进行行车组织。

(6)列车救援时，按规定速度推进或牵引运行(驾驶员须按车辆故障处理指南操作相应的开关)。

(7)列车在区间出现故障，若无人引导，原则上不要求驾驶员到后端驾驶员室尝试动车，达到时限后立即组织救援。

第四节　城市轨道交通的伤害急救

在任何生产活动过程中，都可能会发生一些人身伤害事故，城市轨道交通系统也不例外。发生事故后的现场急救对抢救伤者非常关键，如果现场急救正确及时，不仅可以减轻伤者的痛苦，降低事故的严重程度，而且可以争取抢救时间，挽救人的生命。

一、机械伤害急救基本要点

(1)发生机械伤害事故后，现场人员不要害怕和慌乱，要保持冷静，迅速对受伤人员进行检查。

急救检查应先看神志、呼吸，接着摸脉搏、听心跳，再查瞳孔，有条件者测血压。检查局部有无创伤、出血、骨折、畸形等变化，根据伤者的情况，有针对性地采取人工呼吸、心脏按压、止血、包扎、固定等临时急救措施。

(2)迅速拨打急救电话，向医疗救护单位求援。我国通用的医疗急救电话为120，但除了120，各地还有一些其他的急救电话。在发生伤害事故后，要迅速及时拨打急救电话。

(3)遵循"先救命、后救肢"的原则，优先处理颅脑伤、胸伤、肝或脾破裂等危及生命的内脏伤，然后处理肢体出血、骨折等伤。

(4)检查伤者呼吸道是否被舌头、分泌物或其他异物堵塞。

(5)如果呼吸已经停止，立即实施人工呼吸。

(6)如果脉搏不存在，心脏停止跳动，立即进行心肺复苏。

(7)如果伤者出血，要进行必要的止血及包扎。

(8)大多数伤员可以毫无顾忌地抬送医院，但对于颈部、背部严重受损者要慎重，以防止其进一步受伤。

(9)让患者平卧并保持安静，如有呕吐，同时无颈部骨折时，应将其头部侧向一边以防止噎塞。

(10)动作轻缓地检查患者，必要时剪开其衣服，避免突然挪动增加患者痛苦。

(11)救护人员既要安慰患者，自己也应尽量保持镇静，以消除患者的恐惧。

(12)不要给昏迷或半昏迷者喝水，以防液体进入呼吸道而导致窒息，也不要用拍击或摇动的方式试图唤醒昏迷者。

二、机械伤害的现场急救技术

(一)人工呼吸

口对口(鼻)吹气法是现场急救中采用最多的一种人工呼吸方法，其具体操作方法如下。

(1)对伤员进行初步处理。将需要进行人工呼吸的伤员放在通风良好、空气新鲜、气温适宜的地方，解开伤员的衣领、裤带、内衣(包括乳罩)，清除口鼻分泌物、呕吐物及其他杂物，保证呼吸道畅通。

(2)使伤员仰卧，施救人员位于其头部一侧，捏住伤员的鼻孔，深吸气后，将自己的嘴紧贴伤员的嘴吹入气体。之后，离开伤员的嘴，放开鼻孔，以一手压伤员胸部，助其呼出体内气体。如此，有节律地反复进行，每分钟进行15次。吹气时不要用力过度，以免造成伤员肺泡破裂。

(3)吹气时，应配合对伤员进行胸外心脏按压。一般吹一次气后，做四次心脏按压。

(二)心肺复苏

胸外心脏按压是心肺复苏的主要方法，它是通过按压胸骨，对心脏进行间接按压，使心脏排出血液参与血液循环，以恢复心脏的自主跳动。

1. 具体操作方法

(1)让需要进行心脏按压的伤员仰卧在平整的地面或木板上。

(2)施救人员位于伤员一侧，双手重叠放在伤员胸部两乳正中间处，用力向下挤压胸骨，使胸骨下陷 3～4 cm 然后迅速放松，放松时手不离开胸部。如此反复有节律地进行，其按压速度为每分钟 60～80 次。

2. 胸外心脏按压时的注意事项

(1)胸部严重损伤、肋骨骨折、气胸或心包填塞的伤员，不应采用此法。

(2)胸外心脏按压应与人工呼吸配合进行。

(3)按压时，用力要均匀，力量大小看伤员的身体及胸部情况而定；按压时，手臂不要弯曲，用力不要过猛，以免使伤员肋骨骨折。

(三)止血

当伤员身体有外伤出血现象时，应及时采取止血措施。常用的止血方法有以下几种。

1. 伤口加压法

这种方法主要适用于出血量不太大的一般伤口，通过对伤口的加压和包扎，减少出血，让血液凝固。其具体做法是：如果伤口处没有异物，用干净的纱布、布块、手绢、绷带等物或直接用手紧压伤口止血；如果出血较多时，可以用纱布、毛巾等柔软物垫在伤口上，再用绷带包扎以增加压力，达到止血的目的。

2. 手压止血法

临时用手指或手掌压到伤口靠近心端的动脉，将动脉压向深部的骨头上，阻断血液的流通，从而达到临时止血的目的。这种方法通常是在急救中与其他止血方法配合使用，其关键是要掌握身体各部位血管止血的压迫点。

手压止血法仅限于无法止住伤口出血或准备敷料包扎伤口的时候。施压时切勿超过 15 min。施压过久，肢体组织可能因缺氧而损坏，以致不能康复，继而还可能需要截肢。

3. 止血带法

这种方法适合于四肢伤口大量出血时使用。主要有布止血带绞紧止血、布止血带加垫止血、橡皮止血带止血三种。使用止血带法止血时，绑扎松紧要适宜，以出血停止、远端不能摸到脉搏为好。使用止血带的时间越短越好，最长不宜超过 3 h，并在此期间每隔 0.5 h(冷天)或 1 h 慢慢解开、放松一次。每次放松 1～2 min，放松时可用指压法暂时止血。不到万不得已时不要轻易使用止血带，因为上好的止血带能把远端肢体的全部血流阻断，造成组织缺血，时间过长会引起肢体坏死。

(四)搬运转送

转送是危重伤病员经过现场急救后由救护人员安全送往医院的过程，是现场急救过程中的重要环节。因此，必须寻找合适的担架，准备必要的途中急救力量和器材，尽可能调度速度快、震动小的运输工具。同时，应注意掌握各种伤病员不同的搬运方式。

(1)上肢骨折的伤员托住固定伤肢后，可让其自行行走。

(2)下肢骨折用担架抬送。

(3)脊柱骨折伤员，用硬板或其他宽布带将伤员绑在担架上。

(4)昏迷患者，头部可稍垫高并转向一侧，以免呕吐物吸入气管。

三、触电伤害的急救方法

(一)脱离电源

触电发生后，必须迅速使触电者脱离电源。如果触电者触及低压带电设备，应立即切断电源，拉开电源开关或刀闸，使用绝缘工具、绝缘手套和干燥的木棒、竹竿等不导电物体使触电者脱离电源。抢救者要避免碰到金属物体和触电者裸露的身躯，切忌直接用手去接触触电者或用无绝缘的东西接触触电者，抢救者也可以站在绝缘垫或干木板上再进行抢救。

如果触电者触及断落在地上的带电高压导线时，在尚未确定线路是否带电、救护人员尚未做好安全措施(如穿救援靴等)前，不得接近断线点 8～10 m 范围内，以防止跨步电压伤人。触电者脱离带电导线后亦应迅速离开断线点 8～10 m 以外处进行急救。若已确定线路无电，可在触电者脱离触电导线后，立即就地进行抢救。

如触电者位于高处，脱离电源后会自高处坠落，应做好预防坠落措施。

(二)现场急救

迅速将脱离电源的触电者移至通风、凉爽处，平卧并解松衣裤，保持呼吸道畅通，检查触电者有无呼吸、心跳。若发现呼吸停止，应立即实施心肺复苏。及时、正确地施行心肺复苏，不但能挽救触电者的生命，而且能减少和减轻并发症和后遗症的发生。

人工呼吸和胸外心脏按压要坚持不懈地进行，在医务人员未到达接替抢救之前，现场的抢救人员不应放弃现场抢救，直至触电者复苏或出现尸僵、尸斑为止。触电者复苏后应密切注意心跳情况，千万不要随意搬动，以防心室颤动再次发生而导致心跳停止，应该等医务人员到达或触电者完全清醒后再搬动。切忌在未弄清醒触电者的情况下做长途搬运而错过抢救时机。

在现场急救的同时，应请其他人协助拨打 120 急救电话并通知附近的医疗单位。

四、其他伤害的急救方法

(一)中暑

中暑是指在高温的作用下，机体发生体温调节功能障碍，水电解质平衡失调，以心血管和中枢神经系统功能紊乱等为主要症状的一组综合征。

中暑可分为先兆中暑、轻症中暑和重症中暑三级。中暑的急救方法如下。

(1)对于先兆中暑、轻症中暑的患者,应迅速脱离高温环境,转移至阴凉通风处休息或平卧,给予口服凉盐水、糖盐水、各种含盐的清凉饮料、藿香正气水,涂擦清凉油、万金油,掐捏合谷穴、风池穴、太阳穴等穴位。

(2)对于重症中暑的患者,除积极采取以上措施,还应采取以下的急救措施。第一,将患者移至空调室内,没有空调设备时,可在室内放置冰块、电风扇,尽快使室温降至25℃以下。第二,用凉水淋浴,用冰水或酒精擦浴,亦可在头部、腋窝、腹沟等处放置冰袋。第三,保持呼吸道畅通,改善缺氧。第四,在采取以上各种措施的同时,请其他人协助拨打120急救电话,尽快将患者送往就近医院治疗。

(二)高空坠落

高空坠落是指人们日常工作或生活中,从高处坠落,受到高速的冲击力,使人体组织和器官遭到一定程度破坏而引起的损伤。高空坠落伤除有直接或间接受伤器官表现外,还可有昏迷、呼吸窘迫、面色苍白和表情淡漠等症状,可导致胸、腹腔内脏组织器官发生广泛的损伤。

高空坠落的急救方法如下:

(1)去除伤员身上的用具和口袋中的硬物。

(2)在搬运和转送过程中,颈部和躯干不能前屈或扭转,而应使脊柱伸直,绝对禁止一个抬肩一个抬腿的搬法,以免发生截瘫。

(3)创伤局部妥善包扎,但对颅底骨折和脑脊液泄露患者切忌做填塞,以免导致颅内感染。

(4)对于颌面部受伤伤员首先应保持呼吸道畅通,撤除假牙,清除移位的组织碎片、血凝块、口腔分泌物等,同时松解伤员的颈、胸部纽扣。

(5)复合伤要求平仰卧位,保持呼吸道畅通,解开衣领扣。

(6)对于周围血管受伤,压迫伤部以上骨干动脉至骨骼。直接在伤口上放置厚敷料,绷带加压包扎,以不出血和不影响肢体血循环为宜。当上述方法无效时可用止血带,原则上尽量缩短使用时间,一般以不超过1 h为宜,做好标记,注明止血带使用时间。

(7)快速平稳地送医院救治。

参考文献

[1]齐伟.城市轨道交通概论第2版[M].上海:上海交通大学出版社,2022.04.

[2]赵矿英.城市轨道交通概论第3版[M].北京:电子工业出版社,2022.02.

[3]孙玥,朱国巍,黄欣荣.城市轨道交通行车组织[M].北京:人民邮电出版社,2022.04.

[4]罗钦,陈菁菁.城市轨道交通概论第2版[M].成都:西南交通大学出版社,2021.05.

[5]夏刚毅,周渝力.城市轨道交通车站设备[M].重庆:重庆西南师范大学出版社,2021.08.

[6]林瑜筠.城市轨道交通概论第2版[M].北京:中国铁道出版社,2021.03.

[7]文永蓬.城市轨道交通车辆结构与原理[M].北京:中国铁道出版社,2021.03.

[8]刘志钢,丁小兵.城市轨道交通运营安全管理[M].北京:中国铁道出版社,2021.12.

[9]盛海洋.城市轨道交通安全管理[M].武汉:华中科学技术大学出版社,2021.12.

[10]杨莉,周琳,杨洁.城市轨道交通安全管理[M].北京:中国建材工业出版社,2021.01.

[11]常博,刘建利,牛林杰.城市轨道交通行车组织[M].武汉:华中科学技术大学出版社,2021.06.

[12]张文宏,高建峰,孙松涛.城市轨道交通弱电工程[M].北京:中国建材工业出版社,2021.06.

[13]牛红霞,解慧.城市轨道交通行车组织[M].北京:高等教育出版社,2021.08.

[14]肖曼琳.城市轨道交通通信技术[M].北京:中国铁道出版社,2020.10.

[15]眭小利,王乾.城市轨道交通车辆构造[M].苏州:苏州大学出版社,2020.03.

[16]王星华.城市轨道交通工程学[M].北京:中国铁道出版社,2020.03.

[17]肖敬伟,龙讯.城市轨道交通行车规章[M].北京:中国建材工业出版社,2020.03.

[18]段军朝,吴贤国,贾锐奇.城市轨道交通工程BIM技术应用[M].成都:西南交通大学出版社,2020.10.

[19]涂晓燕.城市轨道交通服务质量管理[M].成都:电子科学技术大学出版社,2020.08.

[20]王艳荣.城市轨道交通车辆电气检修[M].上海:上海科学技术出版社,2020.08.

[21]王锋峰,杨敏.城市轨道交通法规[M].天津:天津科学技术出版社,2019.04.

[22]黄共.城市轨道交通概论[M].成都:电子科技大学出版社,2019.08.

[23]林瑜筠.城市轨道交通ATC系统[M].北京:中国铁道出版社,2019.06.

[24]邓捷,罗江莲.城市轨道交通行车组织[M].武汉:武汉大学出版社,2019.01.

[25]刘婷婷.城市轨道交通安全管理[M].北京:北京理工大学出版社,2019.10.

[26]刘志义. 城市轨道交通工程设计[M]. 北京:中国铁道出版社,2019.12.

[27]黄克勇,束元. 城市轨道交通信号概论[M]. 北京:北京交通大学出版社,2019.01.

[28]张联权. 城市轨道交通客运组织[M]. 成都:电子科技大学出版社,2019.09.

[29]凌小平. 城市轨道交通站务管理[M]. 成都:电子科技大学出版社,2019.11

[30]杨旭丽,杨燕,王晓飞. 城市轨道交通应急处理[M]. 上海:上海交通大学出版社,2018.08.

[31]谭丽娜,李晓红. 城市轨道交通信号基础[M]. 北京:北京理工大学出版社,2018.08.